Kulturgüterschutz

Europäische Hochschulschriften

Publications Universitaires Européennes

European University Studies

Reihe II

Rechtswissenschaft

Série II Series II

Droit

Law

Bd./Vol. 3191

PETER LANG

Frankfurt am Main · Berlin · Bern · Bruxelles · New York · Oxford · Wien

Frank Kohls

Kulturgüterschutz

Wirkungen von Verstößen gegen Ausfuhrverbote und Möglichkeiten der Rückführung illegal verbrachter Kulturgüter

Eine vergleichende Untersuchung mit den Rechten Dänemarks, Norwegens und Schwedens

PETER LANG
Europäischer Verlag der Wissenschaften

Die Deutsche Bibliothek - CIP-Einheitsaufnahme

Kohls, Frank:

Kulturgüterschutz : Wirkungen von Verstößen gegen Ausfuhrverbote und Möglichkeiten der Rückführung illegal verbrachter Kulturgüter ; eine vergleichende Untersuchung mit den Rechten Dänemarks, Norwegens und Schwedens / Frank Kohls. - Frankfurt am Main ; Berlin ; Bern ; Bruxelles ; New York ; Oxford ; Wien : Lang, 2001
(Europäische Hochschulschriften : Reihe 2, Rechtswissenschaft ; Bd. 3191)
Zugl.: Freiburg (Breisgau), Univ., Diss., 2000
ISBN 3-631-37954-4

D 25
ISSN 0531-7312
ISBN 3-631-37954-4

www.peterlang.de

Meiner Frau und meinen Eltern

Inhaltsverzeichnis

B) Regelungen der Europäischen Gemeinschaft

C) Konkurrenz zwischen nationalen Schutzgesetzen und EG-Recht

D) Bewertung der nationalen Rechte und der Rechtsakte der EG im Hinblick auf deren Bestimmtheit und Rechtschutz

3. Teil

Verhinderung der Abwanderung von Kulturgütern

A) Staatliche Repressionen und Anreize zum Verbleib der Kulturgüter

C) Verhinderung des Eigentumserwerbs

Abkürzungsverzeichnis

Aufgeführt werden nur die verwendeten ausländischen Abkürzungen. Im übrigen wird auf KIRCHNER, Abkürzungsverzeichnis der Rechtssprache, 4. Aufl. Berlin, New York 1993, verwiesen.

A.C.	Appeal Cases
Aftl.	Aftalelov (Vertragsgesetz)
All ER	All England Law Report
Bet.	Betænkning (staatliches Gutachten)
Bkg.	Bekendtgørelse (Verordnung)
CISG	Convention on Contracts for the International Sale of Goods, vom 11.4.1980, BGBl. II 1989, 588 (Wiener UN-Kaufrecht)
Del	Teil
DK	Dänemark
dkr	dänische Kronen
DL	Danske Lov (Das Dänische Gesetz)
H	Højesteretsdom (Urteil des Obersten Gerichtshofs, Dänemark)
HD	Hovrätts dom (Urteil des Obersten Gerichts, Schweden)
KML	Kulturminnelag (Denkmalschutzgesetz)
m.m.	med mera (und ähnliches)
N	Norwegen
NJA	Nytt Juridiskt Arkiv, Tidskrift för Lagstiftning (Neues juristische Archiv, Zeitschrift für die Gesetzgebung)
NL	Norske Lov (Das Norwegische Gesetz)
NTfIR	Nordisk Tidsskrift for international ret (Nordische Zeitschrift für internationales Recht)
N.Y.S.	New York Supplement

Prop.	Proposition (Gesetzesentwurf)
Rt	Retstidende (Rechtszeitschrift)
S	Schweden
SFS	Svensk Författningssamling (schwedische Gesetzessammlung)
skr	schwedische Kronen
SOU	Statens offentliga Utredningar (amtl. Gutachten)
StrL	Straffeloven (Strafgesetzbuch)
SvJT	Svensk Juristtidning (Schwedische Juristenzeitschrift)
TfR	Tidsskrift for retsvidenskap (Zeitschrift für Rechtswissenschaft)
UfR	Ugeskrift for Retsvæsen (Wochenschrift für das Rechtswesen) Teil A Gerichtsentscheidungen, Teil B Aufsätze
V	Vestre Landsret (Entscheidung des Landgerichts West)
Vol.	Volume, Band
W.L.R.	Weekly Law Report

1. TEIL

A) Aufgabenstellung

Die vorliegende Arbeit untersucht die Kulturgüterschutzgesetze Deutschlands, Dänemarks, Schwedens und Norwegens sowie die Regelungen der EG auf diesem Gebiet unter der Fragestellung, ob durch nationale Kulturgüterschutzgesetze ein effektiver Schutz vor unerlaubter Ausfuhr bedeutender Kulturgüter erreicht wird.

I. Beschreibung des Untersuchungsgegenstandes

Kulturgüterschutz hat die Sicherung und den Erhalt des kulturellen Erbes zum Ziel. Das kulturelle Erbe wird durch Kulturgüter repräsentiert, die allgemein als bewahrens- und beschützenswerte Bilder, Gegenstände, Bücher, Manuskripte und Archivalien definiert werden, die einen unersetzlichen Teil des kulturellen Erbes eines Staates ausmachen.[1] Auch wenn die Frage, welche konkreten Güter und Werte als unersetzlicher Teil eines kulturellen Erbes anzusehen sind, in unterschiedlicher Weise beantwortet werden kann, finden sich in fast jedem Staat Schutzgesetze, die die Ausfuhr von Kulturgütern, die einen Teil des nationalen und staatlichen Kulturerbes darstellen, verbieten oder zumindest einer Kontrolle unterstellen, um den Schutz des nationalen Kulturerbes sicherzustellen.[2]

Diese nationalen Kulturgüterschutzgesetze der eingangs erwähnten Staaten sollen Gegenstand der Untersuchung sein.

Trotz teilweise erheblicher Kritik an nationalen Kulturgüterschutzgesetzen, die ein Umdenken zu einer Bewahrung des Kulturerbes der Menschheit fordert,[3] ist

---

1 Vgl. Art. 1 der UNESCO-Konvention über den Schutz von Kulturgütern vom 14.11.1970.

2 In der EG findet man in Italien und Griechenland Schutzgesetze, die eine Ausfuhr von Kulturgütern an besonders strenge Bedingungen knüpfen, vgl. *Müller-Katzenburg*, Internationale Standards im Kulturgüterverkehr und ihre Bedeutung für das Sach- und Kollisionsrecht, S. 43 f.

3 Insbesondere *Merryman*, Thinking about the Elgin Marbles, Michigan Law Review 83 (1985), S. 1916 ff., 1922 f.; ihm folgend *Knott*, Der Anspruch auf Herausgabe gestohlenen und illegal exportierten Kulturgutes, S. 21; auch *Seidl-Hohenveldern*, Ausfuhr und Rückführung von Kunstwerken, S. 137-145, FN 11; *Bator*, An Essay on the International Trade in Art, Stanford Law Review 34 (1982), S. 303 f.

die Berechtigung, das nationale Kulturerbe durch Gesetze zu schützen und die unerlaubte Ausfuhr von bedeutenden Kulturgütern zu verhindern, heute weitgehend anerkannt.[4]

Ein nationaler Kulturgüterschutz hat seine Berechtigung, solange er den Austausch von Kultur nicht unterbinden, sondern nur eine notwendige Kontrolle sichern will.[5]

Durch die Verbotsgesetze soll die Ausfuhr von Kulturgütern, die als schützenswert für das kulturelle Erbe eines Staates angesehen werden, verhindert werden. Dabei sind nicht Kulturgüter betroffen, die im Eigentum des Staates stehen. Auch ist nicht in erster Linie beabsichtigt, Kulturgüter in staatliches Eigentum zu überführen. Von den Schutzgesetzen werden vielmehr Kulturgüter erfaßt, die im privaten Eigentum stehen. Der Handel mit Kulturgütern, insbesondere die Ausfuhr aus dem Ursprungsstaat, wird dabei durch die Schutzgesetze unter staatliche Kontrolle gestellt bis hin zu der Versagung der Genehmigung zur Ausfuhr der Kulturgüter. Betroffen ist somit die freie Ausfuhrmöglichkeit für den privaten Eigentümer eines Kulturgutes.

Die mit diesen Restriktionen verbundenen juristischen Probleme bei der Durchsetzbarkeit von staatlichen Ausfuhrbeschränkungen, der Verhinderung der unerlaubten Ausfuhr und die Rückführung von unerlaubt ausgeführten Kulturgütern sollen dabei unter Berücksichtigung der Auswirkungen der Schutzgesetze auf die privatrechtlichen Rechtsgeschäfte, die einem verbotswidrigen Handel mit Kulturgütern zugrunde liegen, untersucht werden.

II. Gang der Untersuchung

1. Aufbau

Nationale Kulturgüterschutzgesetze, die die Bewahrung eines nationalen Kulturerbes als Schutzzweck zum Ziel haben und daher die Ausfuhr bestimmter

---

Es wird insoweit Bezug genommen auf die Präambel der *Haager Konvention zum Schutze von Kulturgut bei bewaffneten Konflikten* von 1954, "cultural property belonging to any people whatsoever" is "the cultural heritage of all mankind".

4 Vgl. die Nachweise bei *Müller-Katzenburg*, aaO., S. 156; *Jayme*, Kunstwerk, S. 34, FN 112; *Schwarze*, Der Schutz nationalen Kulturguts im europäischen Binnenmarkt, JZ 1994, S. 111 ff., 117.

5 Daß ein legitimes Interesse an nationalem Kulturgüterschutz besteht, ist daher heute weitgehend anerkannt, s.o.

privater Kulturgegenstände verbieten, müssen durchsetzbar sein, wenn sie überhaupt eine Berechtigung in den Zeiten zunehmender internationaler Wirtschafts- und Kulturbeziehungen haben sollen.

Gegenstand der Arbeit ist es zu prüfen, ob die nationalen Schutzgesetze diese Aufgabe erfüllen können, und gegebenenfalls andere, wirksamere Alternativen zu finden.

Zunächst sollen die einzelnen Ziele, die ein effektiver Kulturgüterschutz erfüllen muß, herausgearbeitet werden, wobei die unterschiedlichen Interessen der Beteiligten bestimmt und dem Schutzinteresse des Staates gegenübergestellt werden sollen.

Im zweiten Teil der Arbeit wird eine Bestandsaufnahme der Kulturgüterschutzgesetze der untersuchten Länder erfolgen, die bisher in der Diskussion fehlte.[6]

Im dritten Teil der Arbeit wird anhand der bestehenden Gesetze untersucht werden, ob die Ziele des Kulturgüterschutzes erreicht werden können und welche Alternativen es gegebenenfalls zu entwickeln gilt, um die Ziele zu erreichen.

2. Länderauswahl

Kulturgüterschutz ist von vornherein nicht auf das Recht eines einzelnen Staates beschränkt. Bei der Untersuchung von Verstößen gegen Kulturgüterschutzgesetze wird man zwingend mit Rechtsordnungen anderer Staaten konfrontiert werden. Denn ein Verstoß gegen Kulturgüterschutzgesetze, die die Abwanderung von Kulturgütern in das Ausland verhindern wollen, setzt die Abwanderung des Kulturgutes in einen anderen Staat mit anderer Rechtsordnung voraus. Will man durch Schutzgesetze nicht nur eine Ausfuhr verhindern, sondern nach einer verbotswidrigen Ausfuhr die Rückführung des Kulturgutes in den Ursprungsstaat sichern, so muß die Auswirkung der nationalen Schutzgesetze anhand der Rechtsordnung des Staates untersucht werden, in dem sich das Kulturgut nach der Ausfuhr befindet. Auf der anderen Seite ist zu untersuchen, wie unsere Rechtsordnung auf Ausfuhrverbote anderer Staaten reagiert.

Hierbei ist zu berücksichtigen, daß innerhalb der einzelnen Staaten unterschiedliche Wege zur Sicherung und Bestimmung der schützenswerten Kulturgüter

---

6 *Knott*, aaO., S. 104 -113, untersucht in seiner Arbeit zwar einige nationale Gesetze, bleibt dabei aber in seinem Bestreben, möglichst alle europäischen Staaten aufzuführen, bei einer rein deskriptiven Darstellung der Gesetzestexte. Die Auswirkungen der Gesetze auf die zugrundeliegenden Rechtsgeschäfte und die Umsetzung der verfolgten staatlichen Ziele werden nicht untersucht. Weitergehend nunmehr *Maurer*, Kulturgüter, S. 120 ff.

beschritten werden. So werden in Deutschland die schützenswerten Kulturgüter jeweils in einem Register einzeln aufgeführt,[7] während andere Staaten die Kulturgüter über bestimmte objektive Kriterien wie Wert und Alter definieren.[8] Auch die EG geht mit ihren Regelungen den letzteren Weg.[9]

Bei der Länderauswahl wurde dieser Aspekt berücksichtigt. Die vergleichend herangezogenen nordischen Staaten bedienen sich bei der Bestimmung der schützenswerten Kulturgüter objektiver Kriterien. Es erscheint deshalb sinnvoll, zwei grundsätzliche Schutzmodelle miteinander zu vergleichen und deren Kompatibilität mit den mittlerweile erlassenen EG-Regelungen zu untersuchen.

Die nordischen Staaten sollen vor allem auch deshalb vergleichend herangezogen werden, weil durch ihre Einbeziehung Gemeinsamkeiten und Unterschiede von Schutzgesetzen dargestellt werden können, die unterschiedlichen Alters sind. Während die deutsche Regelung, das Gesetz zum Schutz deutschen Kulturgutes vor Abwanderung ins Ausland,[10] am 6.8.1955 erlassen wurde,[11] sind in Dänemark und Schweden erst in jüngerer Zeit Regelungen zum nationalen Kulturgüterschutz verabschiedet worden[12], während Norwegen sein Kulturgüterschutzgesetz 1978 erlassen hat[13].

Ein weiterer Aspekt ist durch den Beitritt Schwedens zur EG hinzugekommen, während Norwegen als einziger nordischer Staat nach wie vor der EG fernbleibt. Ein innernordischer Vergleich der Rechte des Nicht-EG-Staates Norwegen mit Dänemark und Schweden erscheint unter diesem Aspekt sinnvoll.

Neben den nationalen Schutzgesetzen wird das EG-Gemeinschaftsrecht in die Untersuchung miteinbezogen werden. Auf dem Gebiet des Kulturgüterschutzes

---

7 Vgl. § 1 Abs. 1 des Gesetzes zum Schutz deutschen Kulturgutes gegen Abwanderung (KuSchG), BGBl I 1999, S. 7155.

8 So die untersuchten nordischen Staaten.

9 Vgl. die Verordnung Nr. 3911/92/EWG des Rates vom 9.12.1992 sowie die Richtlinie 93/7/EWG des Rates vom 15.3.1993.

10 BGBl. I 1955. S. 501, neubekanntgemacht in BGBl I 1999, S. 1755.

11 Nunmehr geändert und ergänzt durch das Kulturgütersicherungsgesetz vom 15.10.1998, BGBl. I 1998, S. 3162, in Umsetzung der Richtlinie 93/7/EWG.

12 In Dänemark durch *Gesetz 1986:332 om sikring af kulturværdier i Danmark*, in Schweden durch *Gesetz 1985:1104 om skydd mot utförsel av vissa äldre kulturföremål*, jetzt *Kap. 5 im Gesetz 1988:950 om kulturminnen m.m.*

13 Norwegen durch *Gesetz 1978:50 om kulturminner i.V. mit Forskrifter 15.2.1979 om forbud mot utførsel av kulturminner.*

hat die EG mit der Verordnung Nr. 3911/92 und der Richtlinie 93/7/EWG[14]. Regelungen erlassen, die erstmals einen Schutz von Kulturgütern außerhalb von nationalen Schutzgesetzen regeln und auch auf die Reichweite der nationalen Schutzgesetze erheblichen Einfluß haben.

B) Aufgaben eines nationalen Kulturgüterschutzes

Zu Beginn der Untersuchung soll zunächst herausgearbeitet werden, welche Aufgaben ein effektiver Kulturgüterschutz, der die Verhinderung der Ausfuhr und die Bewahrung schützenswerter Kulturgüter im Inland zum Ziel hat, erfüllen muß.

I. Verhinderung der Abwanderung von national wertvollem Kulturgut

Es ist sinnvoll, bereits im Vorfeld sicherzustellen, daß die privaten Eigentümer von schützenswerten Kulturgütern sich ihrer Verantwortung für den Erhalt des nationalen kulturellen Erbes bewußt sind und präventiv gesetzeswidriges Verhalten vermieden wird. Die Schwierigkeit, die hierbei zu berücksichtigen ist, liegt darin, daß der Kulturgüterschutz auf den Erhalt des Kulturgutes im Lande ausgerichtet ist. D.h., zum einen werden dem Kunsthandel potentiell wertvolle Stücke entzogen, zum anderen aber werden vor allem auch die Eigentümer der Kulturgüter selbst davon abgehalten, den in den Kulturgütern liegenden Wert, der u.U. ihr einziges Vermögen darstellt (das schnell realisiert werden könnte), durch Veräußerung für sich nutzbar zu machen.

Daß dies gerade in jüngster Zeit nicht nur theoretische Überlegungen sind, zeigen etwa in Deutschland der Verkauf von Kunstgegenständen aus dem Besitz der Fürstin von Thurn und Taxis[15] und des Hauses Baden[16] oder die Veräußerungsabsichten der Erben der Lebensgefährtin von Ernst Barlach, Marga Böhmer.[17] In

---

[14] Vgl. die Verordnung Nr. 3911/92/EWG des Rates vom 9.12.1992 über die Ausfuhr von Kulturgütern sowie die Richtlinie 93/7/EWG des Rates vom 15.3.1993 über die Rückgabe von unrechtmäßig aus dem Hoheitsgebiet eines Mitgliedstaats verbrachten Kulturgütern.

[15] Vgl. *Gropp*, Die Ware Kunst, FAZ vom 17.9.1994, S. 1.

[16] Vgl. Art, Heft 5, 1995, S. 128.

[17] Vgl. hierzu die Kleine Anfrage der Abgeordneten Lautenschläger im Landtag Mecklenburg -Vorpommern, 2. Wahlperiode, Drucksache 2/101 sowie die Antwort der Landesregierung 2. Wahlperiode, Drucksache 2/127.

allen Fällen erwies sich auch die problematische Haushaltslage der öffentlichen Hand als hinderlich, entsprechende Werke anzukaufen.[18]

Eine Möglichkeit der Prävention liegt in der Schaffung strafbewehrter Ausfuhrverbote. Auch wenn die Prävention nicht der einzige Zweck von strafrechtlichen Normen ist, ist ihre Legitimität in der Rechtsprechung und Literatur anerkannt.[19] Nur durch Verbotsnormen eine unerwünschte bzw. unerlaubte Ausfuhr von Kulturgütern verhindern zu wollen, stellt jedoch zu einseitig auf die Interessen des Staates ab. Dem jeweiligen Eigentümer von Kulturgütern muß für den Fall der Versagung der Genehmigung des Verkaufs bzw. der Ausfuhr eine Alternative geboten werden, die auch sein legitimes Interesse an dessen Verwertung berücksichtigt. Insbesondere, wenn Kulturgüter in wirtschaftlichen Notlagen die einzigen realisierbaren Vermögenswerte des Eigentümers darstellen, sollte eine Rechtsordnung, die privates Eigentum respektiert und schützt, ohne entsprechende Kompensation der mit dem Verbot der Ausfuhr verbundenen Einschränkungen der Verfügungsbefugnis des Eigentümers keine wirksamen Beschränkungen erlassen.

Sinnvoll wäre deshalb eine möglichst effektive Kombination von strafrechtlicher Sicherung dieser Verbote einerseits und positivem Anreiz zu gesetzestreuem Verhalten andererseits, indem dem Eigentümer von schützenswertem Kulturgut eine Entschädigung für den Eingriff in seine Verfügungsbefugnis angeboten wird. Wenn ein Staat Kulturgüter als national bedeutsam erklärt, übernimmt auch der Staat eine Mitverantwortung für den Erhalt des Kulturgutes im Lande. Ob dieses Ziel durch gesetzliche Regelungen in den untersuchten Staaten zu verwirklichen ist, soll im ersten Abschnitt des dritten Teils der Arbeit untersucht werden.

II. Unwirksamkeit von gesetzeswidrigen Verträgen

Wenn entgegen den Verboten der Kulturgüterschutzgesetze ein Kulturgut ausgeführt werden soll bzw. bereits ausgeführt wurde, kann ein Schutzgesetz sich nicht auf eine Sanktion gegen den ursprünglichen Eigentümer des Kulturgutes

---

[18] Vgl. zum Fall Barlach die Antwort der Landesregierung Mecklenburg - Vorpommern, Landtag Mecklenburg-Vorpommern, Drucksache 2/127 vom 27.02.1995. Daß dieses Problem nicht nur in Deutschland besteht, zeigt der - gelungene - Ankauf eines Werkes des dänischen Malers Abildgaards in Dänemark durch den Kulturværdiudvalget 1991, vgl. Beretning 1991, S. 10. Vgl. im übrigen auch Art, Heft 5, 1995, S. 128.

[19] BVerfGE 51, 324, 343.

beschränken. Vielmehr muß dem dem Verstoß zugrundeliegenden Rechtsgeschäft seine Wirksamkeit versagt werden. Eine verbotswidrige Ausfuhr darf nicht den Erwerb neuer Rechtspositionen nach sich ziehen, vielmehr muß den Rechtsgeschäften, mit Hilfe derer der Eigentümer des Kulturgutes die verbotswidrige Ausfuhr erreichen will, auch zivilrechtlich die Wirksamkeit genommen werden. Wenn auf die Verbringungsverträge inländisches Recht anwendbar ist, erscheint das Problem noch lösbar. Da ein Verstoß gegen ein Schutzgesetz aber von vornherein auf eine Verbringung des Kulturgutes in das Ausland gerichtet ist, müsste die Unwirksamkeit der Verträge auch im Ausland anerkannt werden und Verbotsnormen, die die Unwirksamkeit der Verbringungsverträge vorsehen, müßten auch im Ausland Geltung erlangen.

Ob dieses Ziel durch die bestehenden Gesetze erreicht wird und inwieweit Verbote auch im Ausland respektiert werden und ob andere Lösungsmöglichkeiten bestehen, wird in einem zweiten Abschnitt des dritten Teils der Arbeit untersucht werden.

III. Verhinderung des Eigentumserwerbs im Ausland

Eng mit der Unwirksamkeit von gesetzeswidrigen Verträgen hängt ein weiteres Ziel eines effektiven Kulturgüterschutzes zusammen. Es muß möglichst verhindert werden, daß Erwerber von verbotswidrig ausgeführten Kulturgütern im Ausland wirksam Eigentum an dem Kulturgut erlangen, sei es durch Übereignung vom Eigentümer oder im Wege eines gutgläubigen Erwerbs. Während die Frage der Unwirksamkeit von verbotswidrigen Verträgen nach deutschem Verständnis dem Schuldrecht zuzuordnen und die Wirksamkeit des Eigentumserwerbs getrennt hiervon nach sachenrechtlichen Gesichtspunkten zu prüfen ist, fehlt diese auf dem deutschen Abstraktionsprinzip beruhende strikte Trennung in vielen ausländischen Rechtsordnungen, u.a. in denen der nordischen Staaten.

Dennoch soll der sachenrechtliche Aspekt in einem eigenen Abschnitt des dritten Teils behandelt werden, da vor allem der in diesem Zusammenhang zu prüfende gutgläubige Erwerb auch in den untersuchten nordischen Staaten eigenen Regelungen unterworfen ist.[20]

---

20 Vgl. hierzu den gesamtnordischen Entwurf eines Gesetzes über den gutgläubigen Erwerb, Betænkning Nr. 370/1964 om fællesnordiske regler om erhvervelse af løsøre i god tro; so-

IV. Rückführungsansprüche des Staates

Von effektivem Kulturgüterschutz kann man jedoch erst dann sprechen, wenn der Staat auch die Möglichkeit hat, auf unerlaubt ausgeführte Kulturgüter, die im Ausland belegen sind, zuzugreifen und diese wieder in den Ursprungsstaat zurückzuführen. Definieren Staaten in Kulturgüterschutzgesetzen schützenswerte Kulturgüter danach, ob diese Kulturgüter einen bedeutenden Teil des nationalen Kulturerbes ausmachen und ob durch die Ausfuhr dieser Kulturgüter eine Verringerung des nationalen Kulturerbes erfolgt,[21] dann muß es das Ziel eines solchen Kulturgüterschutzgesetzes sein, im Falle eines Verstoßes die Verringerung des nationalen Kulturerbes durch die verbotswidrige Verbringung zu revidieren und das Kulturgut wieder in den Ursprungsstaat zurückzuführen.

Dazu muß der Staat die Möglichkeit haben, sei es aus eigenem oder aus fremdem Recht, selbst aussichtsreich eine Rückführung vor ausländischen Gerichten durchzusetzen. Hierbei ist anhand der vorhergehenden Untersuchungen herauszuarbeiten, inwieweit der Staat bei der Durchsetzung eines Rückführungsanspruchs auf die Hilfe ausländischer Gerichte zählen kann und inwieweit Rechte Dritter, die an den Kulturgütern erworben wurden, einem Rückführungsanspruch entgegenstehen.

Ein Lösungsvorschlag für einen effektiven Kulturgüterschutz muß sich an diesen Anforderungen messen lassen, soll ein befriedigender Weg zwischen den widerstreitenden Interessen des freien Handels, denen des Eigentümers an der freien Verfügung über sein Eigentum, und dem Interesse des Staates an der Bewahrung nationaler Kulturgüter im Lande gefunden werden.

---

wie in Dänemark 6-17-5 Dankse Lov, Norwegen Lov om godtroerverv af løsøre av 2. juni 1978, Schweden Lag 1986:796 om förvärv i god tro.

21 So § 1 Gesetz zum Schutz deutschen Kulturgutes vor Abwanderung ins Ausland (KuSchG); Bet. 1040/1985, S. 75 (Dänemark); Kap. 5 § 1 KML (Schweden).

2. TEIL
GESETZLICH GEREGELTER KULTURGÜTERSCHUTZ

A) Nationale Kulturgüterschutzgesetze

I. Deutschland

1. Geschichte des Kulturgüterschutzes

a) Landesgesetze

Gesetzliche Normierungen des Kulturgüterschutzes finden sich in Deutschland erstmals im ausgehenden 19ten Jahrhundert. Es waren Ländergesetze, die den Gedanken des Kulturgüterschutzes in die neu erlassenen Denkmalschutzgesetzen mit aufnahmen, so das *Denkmalschutzgesetz für das Großherzogtum Baden* aus dem Jahr 1883,[22] das hessische *Gesetz den Denkmalschutz betreffend* vom 16.7.1902[23] sowie das *Denkmalschutzgesetz für das Großherzogtum Oldenburg* vom 18.5.1911.[24] Eine reichseinheitliche Regelung des Kulturgüterschutzes e-xistierte nicht. Sie war aufgrund der begrenzten Gesetzgebungskompetenz des Reiches[25] auch nicht möglich, denn nach Art. 4 RVV hatte das Reich keine Kompetenz zum Erlaß von Regelungen für den Kulturgüterschutz. Erst durch die Weimarer Reichsverfassung erhielt das Reich eine eigene Gesetzgebungs-kompetenz, wobei die Regelungen der Denkmalschutzgesetze in Hessen und Oldenburg als Vorbilder für die Bestimmungen der Weimarer Reichsverfassung im Bereich des Kulturgüter- und Denkmalschutzes angesehen werden können.[26]

b) Weimarer Reichsverfassung

Der Kulturgüterschutz war in der Weimarer Republik in der Verfassung des deutschen Reiches vom 11.08.1919[27] in Art. 150 verankert. Art. 150 WRV hat folgenden Wortlaut:

---

22 Vgl. *Maurer*, Kulturgüter, S. 120.

23 Großherzoglich Hessisches Regierungsblatt 1902, S. 275 ff.

24 Gesetzblatt für das Großherzogtum Oldenburg, Band 37 (1911), S. 959 ff.

25 Vgl. *Mitteis/Lieberich*, Deutsche Rechtsgeschichte, 18. Aufl. Kap. 47 V.

26 Vgl. hierzu auch *Jayme*, Kunstwerk, Heidelberg 1991, S. 9.

27 RGBl. 1919, S. 1383 ff.

Abs. 1: „Die Denkmäler der Kunst, der Geschichte und der Natur sowie die Landschaft genießen den Schutz und die Pflege des Staates."
Abs. 2: „Es ist Sache des Reichs, die Abwanderung deutschen Kunstbesitzes in das Ausland zu verhüten."[28]
Während Art. 150 Abs. 1 WRV Denkmal- und Landschaftsschutz allgemein als staatliche Aufgabe bezeichnete, bezog sich Art. 150 Abs. 2 WRV als Reichskompetenz ausdrücklich auf den Schutz von Kulturgütern vor Abwanderung ins Ausland.[29]

c) Verordnung über die Ausfuhr von Kulturgütern vom 11.12.1919

Das Reich hat mit der Verordnung vom 11.12.1919 über die Ausfuhr von Kunstwerken[30] von der Kompetenzzuweisung der Verfassung Gebrauch gemacht. Die Verordnung stellte eine reichseinheitliche Regelung für den Schutz von Kulturgütern dar. Geregelt wurde, unter welchen Voraussetzungen ein Kulturgut als schutzwürdig anzusehen und einzutragen war, sowie das dazugehörige Verwaltungsverfahren.

Die Verordnung vom 11.12.1919 machte die Genehmigungspflichtigkeit der Ausfuhr von der Eintragung des Kulturgutes in ein Verzeichnis der Kunstwerke abhängig, "deren Verbringung in das Ausland einen wesentlichen Verlust für den nationalen Kulturbesitz bedeutet."[31] Über die Frage, welche Kunstwerke in das Verzeichnis einzutragen waren, entschied gemäß § 1 der Ausführungsbestimmung zur Verordnung vom 11.12.1919[32] die "Regierung des Landes, in dem sich das Kunstwerk befindet."

Die Genehmigungspflichtig für die Ausfuhr eines Kunstwerkes entstand, "sobald es in das Verzeichnis der Werke eingetragen ist, deren Verbringung in das Ausland einen wesentlichen Verlust für den nationalen Kunstbesitz bedeuten würde." (§ 1). Die Ausfuhrbeschränkung wurde gemäß § 1 Abs. 1 der Ausführungsbestimmungen zur Verordnung vom 11.12.1919 wirksam mit Eintragung in das Verzeichnis schützenswerter Kunstwerke. Gegen diese Entscheidung war kein Rechtsmittel gegeben. Vielmehr bestimmte § 1 Abs. 2 der Ausführungsbe-

---

28 Zitiert nach *Dürig/Rudolf*, Texte zur deutschen Verfassungsgeschichte, 2. Aufl. 1979, S. 207.

29 Vgl. *A. B. Schmidt* in: *Nipperdey* (Hrsg.), Die Grundrechte und Grundpflichten der Reichsverfassung, Kommentar, dritter Teil, Berlin 1930, S. 99 ff., S. 100.

30 RGBl. 1919, S. 1961, verlängert durch Gesetz vom 21.12.1925 (RGBl. I, S. 469) und Gesetz vom 21.12.1927 (RGBl. I, S. 485).

31 Vgl. § 1 der Verordnung vom 11.12.1919.

32 RGBl. 1919, S. 1962 f.

stimmungen ausdrücklich: "Eine Beschwerde gegen die Eintragung findet nicht statt".[33]

Die Ausfuhrgenehmigung wurde nur erteilt, wenn nach Ansicht eines durch den Reichsinnenminister benannten Ausschusses "der materielle Gewinn des Reichs den Verlust des Kunstwerkes rechtfertigt" (§ 3). Über die Genehmigung entschied der Reichskommissar für Aus- und Einfuhrbewilligungen (§ 3 Abs. 1).[34]

Die Verordnung sah keine Entschädigungsleistungen vor. Weder bei der Eintragung des schützenswerten Kulturgutes in das Schutzverzeichnis, mit der die Verkehrsfähigkeit des Kulturgutes eingeschränkt wurde, noch bei der Versagung einer begehrten Ausfuhrgenehmigung war nach der Verordnung eine Entschädigung für die mit den Hoheitsakten einhergehenden Beschränkungen möglich. Der Eigentümer hatte die Beschränkungen vielmehr entschädigungslos hinzunehmen.[35]

Ein Verstoß gegen die Verordnung durch eine unerlaubte Ausfuhr war strafbewehrt. Er konnte mit Gefängnis und Geldstrafe bis zur dreifachen Höhe des Wertes des betreffenden Kunstwerkes sowie mit der Einziehung des Kunstwerkes ("ohne Unterschied, ob es dem Täter gehört oder nicht" [§ 6]) geahndet werden.

2. Heutige Regelung

Der Kulturgüterschutz ist geregelt durch das Gesetz zum Schutz deutschen Kulturgutes gegen Abwanderung ins Ausland vom 6.8.1955[36] (KuSchG). Ziel des Gesetzes ist es, Kunstwerke und anderes Kulturgut, das sich im Privatbesitz befindet und dessen Abwanderung aus dem Geltungsbereich dieses Gesetzes einen wesentlichen Verlust für den deutschen Kulturbesitz bedeuten würde, im Lande zu sichern.

---

33 RGBl. 1919, S. 1962 f.

34 RGBl. 1919, S. 1963.

35 Vgl. *A. B. Schmidt*, aaO., S. 121 ff. m.w.N., der aufgrund der restriktiven Regelung der Verordnung von einer "fortschreitenden Bindung des Privateigentums auf dem Gebiet des Denkmalrechts" spricht.

36 BGBl. I 1955, S. 501.

a) Schutzgut des Gesetzes

Schutzgüter des Gesetzes sind gemäß § 1 Abs. 1 KuSchG "Kunstwerke und anderes Kulturgut einschließlich Bibliotheksgut, deren Abwanderung aus dem Geltungsbereich dieses Gesetzes einen wesentlichen Verlust für den deutschen Kulturbesitz bedeuten würde, ..."[37] Unterfällt ein Kulturgut dem Schutzbereich des Gesetzes, wird es in ein Verzeichnis der geschützten Kulturgüter eingetragen. Die Eintragung in das Verzeichnis ist konstitutiv für die Anwendbarkeit des Gesetzes, wie sich aus § 1 Abs. 1 KuSchG ergibt. Ist Kulturgut in das Verzeichnis eingetragen, darf es nicht mehr ohne Genehmigung ausgeführt werden, vgl. § 4 KuSchG. Mit der Eintragung des Kulturgutes wird somit die Verfügungsgewalt des Eigentümers über das Kulturgut eingeschränkt. Für das Verbot der Ausfuhr wird allerdings bereits auf den Zeitpunkt der Einleitung des Eintragungsverfahrens abgestellt, vgl. § 4 KuSchG.

Eine Definition der Begriffe "Kunstwerke und anderes Kulturgut" enthält das Gesetz nicht. Allgemein wird der Begriff Kulturgut sehr weit gefaßt. So hat der VGH München mit Urteil vom 4.12.1991[38] auch eine naturwissenschaftliche, weltweit einmalige Käfersammlung als Kulturgut eingestuft. Das BVerwG hat dies mit Beschluß vom 30.3.1992[39] bestätigt, da eine entgegenstehende Einschränkung im Gesetz nicht enthalten sei. Man wird dieser Auslegung folgen müssen. Denn auch vergleichbare Gesetze ziehen den Kreis der geschützten Kulturgüter sehr weit. So erfassen etwa das Gesetz zur Errichtung der Stiftung "Preußischer Kulturbesitz" vom 25.7.1957[40] und die Konvention zum Schutz von Kulturgut bei bewaffneten Konflikten vom 14.5.1954[41] ausdrücklich auch wissenschaftliche Sammlungen als Kulturgut. Daß der Begriff "Kulturgut" weit zu fassen ist, wird heute zurecht allgemein in der Literatur anerkannt.[42]

---

[37] Vgl. § 1 Abs. 1 des Gesetzes zum Schutz deutschen Kulturgutes gegen Abwanderung, im folgenden KuSchG genannt.

[38] NJW 1992, S. 2584, 2586.

[39] NJW 1992, S. 2584.

[40] BGBl. I 1957, S. 841.

[41] BGBl. II 1967, S. 1235.

[42] Vgl. *Maunz/Dürig*, Grundgesetz, Loseblattkommentar, RN 100 zu Art. 74 GG; *Hönes*, Das Gesetz zum Schutz deutschen Kulturgutes gegen Abwanderung vom 6. August 1955, BayVBl 1989, S. 38, 39; *Pieroth/Kampmann*, Außenhandelsbeschränkungen für Kunstgegenstände, NJW 1990, S. 1385, 1387.

Daneben wird vom Gesetz auch Archivgut mit besonderer Bedeutung für die deutsche politische Kultur- und Wirtschaftsgeschichte erfaßt.[43] Dieser - sehr spezielle - Bereich soll in der nachfolgenden Untersuchung ausgespart bleiben. Im internationalen Kunsthandel hat der Handel mit Archiven nur einen geringen Stellenwert. Die Schutzregelungen für Archivgut entsprechen im übrigen weitgehend denen für allgemeine Kunst- und Kulturgüter.[44]

aa) Deutsches Kulturgut als Schutzgut

Geschützt wird nur deutscher Kulturbesitz. Allerdings enthält das Kulturgüterschutzgesetz keine Regelung darüber, welche Gegenstände zum *deutschen* Kulturbesitz gehören. Eine Beschränkung dahingehend, daß nur Kulturgüter, die deutscher Herkunft sind oder deren Eigentümer bzw. Besitzer Deutscher ist, läßt sich in dem Gesetz nicht finden. Im Gegenteil ist eine solche Beschränkung durch das Gesetz nicht gewollt.[45] Abgestellt wird lediglich auf die Belegenheit des Kulturgutes im Geltungsbereich des Gesetzes, wobei auch nicht erforderlich ist, daß sich das Kulturgut seit seiner Herstellung in der Bundesrepublik befunden haben muß. Vielmehr kann auch ein Kulturgut, das wieder in den Geltungsbereich zurückgelangt, dem Gesetz unterfallen.[46]

Ferner sieht die Empfehlung der Kultusministerkonferenz der Länder, die in einem Kriterienkatalog, der den möglichst gleichmäßigen Vollzug des Kulturgüterschutzgesetzes sichern soll, Werke von Künstlern internationalen Ranges als eintragungsfähig an, ohne daß ein entsprechender Bezug zur deutschen Kultur besteht.[47] Zwar soll nach § 1 KuSchG der deutsche Kulturbesitz geschützt werden. Allerdings besteht der in Deutschland belegene Kulturbesitz nicht nur aus deutschen Kulturgütern, sondern aus der Gesamtheit aller Kulturgüter, mithin auch aus ausländischen Kulturgütern. Eine Beschränkung deutschen Kulturbesitzes nur auf Kulturgüter von einheimischen Künstlern scheint zu eng gefaßt. Die Einbeziehung ausländischer Kulturgüter ist deshalb auch trotz der Regelung des § 1 KuSchG grundsätzlich gerechtfertigt.[48] Bedenklich weit geht allerdings

---

43 Vgl. §§ 10 ff. KuSchG.

44 Vgl. §§ 10 ff. KuSchG.

45 Amtl. Begr. des Regierungsentwurfs, BT-Drucksache 76, 2. Wahlperiode, S. 7.

46 Vgl. den Schriftlichen Bericht des Ausschusses für Kulturpolitik, BT Drucksache 76, 2. Wahlperiode, S. 1.

47 Vgl. Ziff. 6a des Kategorienkataloges der Kultusministerkonferenz vom 20.5.1983 (GMBl. 1983, S. 442).

48 Vgl. *Pieroth/Kampmann*, NJW 1990, S. 1387.

der VGH München in einem Urteil vom 4.12.1991,[49] der das Zuordnungskriterium "deutscher Kulturbesitz" lediglich im Sinne einer Ortsbestimmung versteht. Die bloße Belegenheit eines im Privatbesitz befindlichen Kulturgutes aus einem ausländischen Kulturkreis in Deutschland als Sammlerstück, das keinen weiteren Bezug zur deutschen Kultur aufweist, wird aber kaum allein aufgrund der Belegenheit als deutsches Kulturgut anzusehen sein.[50]

Als ungeschriebenes Tatbestandsmerkmal wird man aber einen irgendwie gearteten Bezug zur deutschen Kultur fordern müssen. Letztlich soll durch das Schutzgesetz der Bestand des nationalen Kulturerbes geschützt werden. Dies setzt einen Bezug des jeweiligen Kulturgutes zu dem Kulturerbe voraus. Die bloße Belegenheit eines Kulturgutes in Deutschland macht das Kulturgut jedoch nicht zu einem Teil des nationalen Kulturerbes. So wurde die Eintragungsfähigkeit eines völkerkundlichen Gegenstandes, der sich zwar in der Bundesrepublik befand, aber ansonsten keinerlei Verbindungen zur deutschen Kultur aufwies,[51] vom VG Gelsenkirchen auch zu Recht abgelehnt.[52]

bb) Kriterien der Schutzwürdigkeit

Das Kulturgüterschutzgesetz enthält keine Bestimmungen darüber, welche Kunstwerke und Kulturgüter bei einer Abwanderung einen wesentlichen Verlust für den Kulturbesitz Deutschlands bedeuten würden. Im Gegensatz zu der Unesco-Konvention von 1970, in der die zu schützenden Kulturgüter in einzelnen Kategorien aufgeführt und detailliert beschrieben sind,[53] kennt das deutsche Gesetz solche Kategorien nicht.[54] Schützenswerte Kulturgüter werden konstitutiv durch ihre Eintragung in das Verzeichnis bestimmt.

Eine Präzisierung könnte das Gesetz allerdings durch eine aufgrund der Ermächtigung in § 21 KuSchG zu erlassende Rechtsverordnung zur Regelung der Entscheidung über die Eintragung gemäß § 2 Abs. 2 KuSchG erfahren. Eine solche Rechtsverordnung erscheint auch unter dem Gesichtspunkt der hinreichenden Bestimmtheit des Gesetzes sinnvoll. Von dieser Ermächtigung wurde jedoch bisher nicht Gebrauch gemacht. Es existieren lediglich zwei Beschlüsse der

---

49 VGH München, Urt. v. 4.12.1991, NJW 1992, S. 2584, 2586.

50 So auch *Pieroth/Kampmann*, NJW 1990, S. 1387.

51 So schwierig dies auch zu definieren sein wird.

52 VG Gelsenkirchen, Urt. v. 5.6.1985, 4 K 1357/84, S. 13 f.; *Pieroth/Kampmann*, NJW 1990, S. 1387.

53 Unesco-Konvention vom 14.11.1970, Art. 1, BT-Drucksache 3511, 6. Wahlperiode, vom 26.05.1972.

54 Vgl. *Stich/Burhenne*, Denkmalrecht der Länder und des Bundes, Nr. 420, S. 13.

Kultusministerkonferenz vom 03.12.1976 und 20.05.1983.[55] Danach wird die Eintragung empfohlen bei

(1) wichtigen Objekten von Künstlern, die einen internationalen Rang haben,

(2) wichtigen Objekten von Künstlern, die für die deutsche Kunst und Kunstentwicklung von besonderer Bedeutung sind,

(3) allen Objekten, die für die deutsche Kunst, Kunst- und Kulturgeschichte von herausragender Bedeutung sind,

(4) allen Objekten, die für bestimmte Bereiche oder Zeitabschnitte der Landesgeschichte von herausragender Bedeutung sind, sowie

(5) den wichtigsten Objekten, die für die regionale oder lokale Geschichte von Bedeutung sind.[56]

Da es sich hier allerdings nur um Empfehlungen handelt, bleibt unter dem Blickwinkel des Bestimmtheitsgrundsatzes die Vorfrage problematisch, welches Kulturgut in das Verzeichnis einzutragen ist.[57] Das Gesetz selbst kennt nur die eingangs erwähnte Definition, daß eine Abwanderung des Kulturgutes aus dem Geltungsbereich des Gesetzes einen wesentlichen Verlust für den deutschen Kulturbesitz mit sich bringen würde.[58]

---

55 Beschlüsse der Kultusministerkonferenz vom 3.12.1976 (GMBl. 1977, S. 85) und 20.05.1983 (GMBl. 1983, S. 442).

56 Empfehlungen der Kultusministerkonferenz vom 20.0.1983, GMBL. 1983, S. 442.

57 A.a. *Hönes*, BayVBl 1989, S. 38-42, 39 f., der die Ansicht vertritt, es gebe keine Bedenken gegen das Bestimmtheitsgebot.

58 Als Entscheidungshilfen sind zwar die Beschlüsse der Kultusministerkonferenz vom 3.12.1976 (GMBl. 1977, S. 85) und vom 20.5.1983 (GMBl. 1983, S. 442) heranzuziehen. Diese präzisieren die Eintragungspflicht. Es werden jedoch nur Teilbereiche des Bestandes an Kulturgütern angesprochen, vgl. a. *Stich/Burhenne*, aaO., Nr. 420, S. 13 ff.; *Hönes*, aaO., S. 39.

b) Verwaltungsverfahren

Ist ein Kulturgut so bedeutend, daß sein Verlust einen wesentlichen Nachteil für das kulturelle Erbe darstellen würde, so ist das Kulturgut in ein Verzeichnis einzutragen.[59]

aa) Eintragung

Zuständig für die Eintragung ist die oberste Landesbehörde desjenigen Landes, in dem sich das Kulturgut zum Zeitpunkt der Verfahrenseinleitung befindet (arg. § 4 KuSchG). Vor der Entscheidung über die Eintragung hat die oberste Landesbehörde gemäß § 2 Abs. 2 KuSchG einen von ihr zu berufenden fünfköpfigen Sachverständigenausschuß anzuhören.[60]

Nach § 2 Abs. 2 KuSchG ist das Expertengremium nur zu hören. Die Auffassung dieses Gremiums bindet die Behörde bei ihrer Entscheidung nicht.[61] Das heißt, die Behörde hat selbständig zu entscheiden, ob das Kulturgut, das in das Verzeichnis eingetragen werden soll, die Kriterien für eine Eintragung erfüllt.[62] Formal wird die Entscheidung alleinverantwortlich durch den Innenminister des jeweiligen Landes getroffen.

Nach dem ursprünglichen Regierungsentwurf sollte der Sachverständigenausschuß selbst - und nicht die oberste Landesbehörde - sowohl über die Eintragung als auch über die Genehmigung zur Ausfuhr entscheiden. Gegen diese Entscheidung sollte vor Einreichung einer Klage bei den Verwaltungsgerichten jeweils Beschwerde an einen vom Bundesinnenminister zu berufenden Bundesausschuß erhoben werden. Der Bundesrat sah diesen außergerichtlichen Land-Bund-Instanzenzug zu Recht als eine unzulässige Mischverwaltung an, so daß der Vor-

---

59 § 1 Abs. 1 zweiter Halbsatz KuSchG bestimmt, daß ein Kulturgut, das von dem Gesetz erfaßt wird, "in ein Verzeichnis national wertvollen Kulturgutes eingetragen" wird.

60 Vgl. *Pieroth/Kampmann*, aaO.

61 Vgl. *Erichsen - Badura*, Allg. VerwR, 11. Aufl., § 37 RN 33 S. 514; *Maurer*, Allg. VerwR, 11. Aufl., S. 135, 138.

62 Auch in Dänemark entscheidet über die Frage der Schutzwürdigkeit von national wertvollen Kulturgütern ein Expertengremium. Dieses ist aber in der aufgrund des Gesetzes erlassenen Verordnung genau bezeichnet, vgl. Verordnung des Kulturministeriums Nr. 404 vom 11.06.1987, wobei zu berücksichtigen ist, daß das Expertengremium tatsächlich selbst entscheidet.

Bei der deutschen Regelung wird das Gremium nur zwingend gehört. Unter Berücksichtigung der Rechtssicherheit sind an die Bestimmtheit des Entscheidungsträgers sicherlich höhere Anforderungen zu stellen.

schlag nicht übernommen wurde.[63] Die Entscheidungskompetenz für die Eintragung wurde deshalb dem jeweiligen Landesinnenminister, diejenige für die Ausfuhr dem Bundesinnenminister übertragen.[64]

Was die personelle Zusammensetzung des Sachverständigenausschusses anbelangt so bestimmt § 2 Abs. 2 Satz 4 KuSchG: "Bei der Berufung der Sachverständigen sind die Kreise der Fachleute aus der öffentlichen Verwaltung, der Hochschullehrer, der privaten Sammler, des Kunsthandels und des Antiquariats zu berücksichtigen."[65] Auf diese Weise soll eine sachgerechte Entscheidungsfindung über die Frage der Eintragung von Kunst- und Kulturgut gewährleistet sein. Die Antragsberechtigung für die Eintragung eines Kulturgutes können gemäß § 3 Absatz 1, Satz 2 und 3 KuSchG die einzelnen Bundesländer durch Rechtsverordnung regeln.[66]

Die eingetragenen Kulturgüter werden in unregelmäßigen Abständen durch Veröffentlichung des "Verzeichnisses national wertvollen Kulturgutes" im Bundesanzeiger bekannt gemacht.[67]

bb) Ausfuhrverbot

Die Behörden können bei einem Antrag auf Erteilung einer Ausfuhrerlaubnis ein zeitlich unbefristetes Ausfuhrverbot verhängen, wenn ein Kulturgut in das Verzeichnis der schützenswerten Kulturgüter eingetragen ist. Ein solches Ausfuhrverbot ist gemäß § 1 Abs. 4 KuSchG dann zu verhängen, wenn bei der Abwägung der betroffenen Interessen "wesentliche Belange des deutschen Kulturbesitzes überwiegen". Zuständige Behörde für die Erteilung bzw. Versagung einer Ausfuhrgenehmigung ist gemäß § 5 Abs. 1 KuSchG der Bundesminister des Inneren, der vor einer Entscheidung einen Sachverständigenausschuß anhören muß. Das gleiche gilt für Kulturgüter, deren Eintragung eingeleitet, jedoch noch nicht abgeschlossen ist. Auch für diese Kulturgüter ist eine Ausfuhr ohne Zu-

---

63 Vgl. *Pieroth/Kampmann*, aaO.

64 Amtl. Begründung des Regierungsentwurfs, BT-Drucksache 76, 2. Wahlperiode, S. 19.

65 Vgl. § 2 Abs. 2 KuSchG. Dies sind der Eigentümer selbst, der Kunsthandel und Vertreter von Museen, vgl. a. *Hönes*, BayVBl 1989, S. 38-42, S. 40.

66 Gebrauch gemacht haben davon bisher lediglich sieben der elf alten Bundesländer, so Berlin, GVBl. v. 30.06.1958, S. 565; Hamburg, Sammlung des ber. hbg. LandesR I, S. 224b; Niedersachsen, GVBl. v. 3. 8. 1957, S. 97; Nordrhein-Westfalen, GVNRW 1958, S. 54; Rheinland- Pfalz, GVBl. 1960, S. 231; Saarland, ABl. v. 24.10.1961; Schleswig-Holstein, GVBl. 1959, S. 166. Vgl. insoweit die Nachweise bei *Pieroth/Kampmann*, aaO., S. 1388, FN 33.

67 Vgl. die aktuelle Bekanntmachung vom 19.4.1999, BAnz. Nr. 97a vom 28.5.1999.

stimmung der Behörden verboten, wobei es sich hier allerdings zunächst um ein befristetes Ausfuhrverbot bis zur endgültigen Entscheidung über die Eintragung handelt, um den Behörden eine sorgfältige Prüfung zu ermöglichen.[68]

c) Rechtsschutz

aa) Gerichtliche Kontrolle der Eintragung

Sobald das Kulturgut in das Verzeichnis schützenswerten Kulturgutes eingetragen bzw. der Eintragungsantrag gestellt ist, ist eine Ausfuhr des Kulturgutes nur noch mit behördlicher Genehmigung möglich. Die Eintragung des Kulturgutes beschränkt somit die Verfügungsbefugnis des Eigentümers. Rechtlich ist die Eintragung des Kulturgutes in das Verzeichnis als ein den Eigentümer belastender Verwaltungsakt zu definieren.[69] Dem Eigentümer muß deshalb aus rechtsstaatlichen Gründen eine Rechtsschutzmöglichkeit an die Hand gegeben werden. In der Tat kann der Betroffene den Verwaltungsrechtsweg beschreiten und eine Anfechtungsklage erheben.[70] Entscheidend ist dabei, daß bereits die Eintragung des Kulturgutes selbst eine Beschränkung der Verfügungsgewalt des Eigentümers herbeiführt, so daß dem Eigentümer als Betroffenem auch schon gegen diese Entscheidung eine Rechtsschutzmöglichkeit eröffnet wird, nicht erst gegen die endgültige Versagung der Ausfuhrgenehmigung.

Fraglich ist, ob den Behörden bei der Entscheidung über die Eintragung ein Ermessensspielraum zusteht. Entgegen der Vorinstanz[71] vertritt der VGH Mannheim den Standpunkt, die Eintragungsentscheidung der Behörde unterliege vollständig der richterlichen Kontrolle.[72] Diese Entscheidung ist auch allein mit Art. 19 Abs. 4 GG vereinbar, da es sich bei der Eintragung, die die Anwendbarkeit des Kulturgüterschutzgesetzes nach sich zieht und damit auch die dort enthaltenen Verfügungsbeschränkungen, um einen belastenden Verwaltungsakt handelt,

---

68 Vgl. BT-Drucksache 76, 2. Wahlperiode, S. 8; auch *Müller-Katzenburg*, aaO., S. 137 f.

69 Die Eintragung erfüllt alle Merkmale des § 35 Satz 1 VwVfG, vgl. dazu VGH München, BayVBl 1989, S. 50 f. Dies ergibt sich auch bereits aus § 4 KuSchG, der die Frage des Rechtszustandes von der Entscheidung zur Eintragung des Kulturgutes bis zur tatsächlichen Eintragung behandelt. Hier wird die Unanfechtbarkeit der Eintragungsentscheidung als Zeitpunkt der Eintragung bezeichnet.

70 Vgl. *Pieroth/Kampmann*, Außenhandelsbeschränkungen für Kunstgegenstände, NJW 1990, S. 1385-1390, 1388.

71 VG Sigmaringen, Urt. v. 21.4.1983 - 4 K 1746/81, S. 7, Gründe wiedergegeben in der Berufungsentscheidung des VGH Mannheim vom 27.12.1983 - 10 S 1515/83.

72 VGH Mannheim, NJW 1987, S. 1440.

gegen den der Rechtsweg mit der vollen Überprüfbarkeit der Verwaltungsentscheidung eröffnet werden muß.[73]

bb) Rechtmäßigkeit des Eingriffs in die Eigentumsgarantie

Da durch die Eintragung bereits eine Beschränkung der Verfügungsbefugnis ausgelöst wird, stellt sich die Frage, ob es sich hierbei um einen Eingriff handelt, der als Inhalts- und Schrankenbestimmung Art. 14 Abs. 1 Satz 2 GG unterfällt oder eine Enteignung gemäß Art. 14 Abs. 3 GG darstellt.

Eine Schutzwirkung vor Enteignungen entfaltet die Eigentumsgarantie des Art. 14 GG erst, nachdem nach Maßgabe des Regelungsvorbehalts des Art. 14 Abs. 1 Satz 2 GG Inhalt und Schranken des Eigentums durch die Gesetze bestimmt worden sind.[74] Fraglich ist deshalb, ob das Kulturgüterschutzgesetz unter den Vorbehalt der Inhaltsbestimmung fällt.

Entscheidend ist hierbei, daß die im Vorbehalt der Schrankenbestimmung enthaltene Eigentumsbindung dem Grundsatz der Verhältnismäßigkeit folgen muß. Die Bindungsbefugnis geht dabei um so weiter, je stärker das Eigentum in seinem sozialen Bezug und seiner sozialen Funktion betroffen ist. Äußerste Grenze ist hierbei jedoch die Erhaltung der Zuordnungsverhältnisse und der Substanz des Eigentums.[75]

Zunächst ist zu überprüfen, ob es sich bei den Beschränkungen des Verfügungsrechts des Eigentümers um eine Enteignung im Sinne des Art. 14 Abs. 3 GG handelt. Allerdings liegt eine allein in Betracht kommende Administrativenteignung nicht vor. Denn Wesensmerkmal einer Enteignung im verfassungsrechtlichen Sinne ist der staatliche Zugriff auf das Eigentum des einzelnen. Er zielt auf die vollständige oder teilweise Entziehung konkreter subjektiver Rechtspositionen, die durch Art. 14 Abs. 1 Satz 1 GG geschützt sind.[76] Die Eintragung eines Kulturgutes in das Verzeichnis national wertvollen Kulturgutes entzieht jedoch nicht bestehende Rechte an den davon betroffenen Kulturgütern, sondern unterstellt lediglich deren Ausfuhr einem besonderen Genehmigungsvorbehalt. Die freie Verfügbarkeit über das Kulturgut wird nicht schlechthin ausgeschlossen. Vielmehr bleiben Verfügungen im Inland uneingeschränkt mög-

---

73 Vgl. *Pieroth/Kampmann*, NJW 1990, S. 1388.

74 Vgl. *Hesse*, Verfassungsrecht, RN 448.

75 Vgl. BVerfGE 50, 290, 339 ff., m. umfassenden N.; 52, 1, 29f.; 58, 137, 147 f.; 58, 300, 330, 338; 62, 169, 183; 91, 295, 308 f. Aus der Literatur *Hesse*, aaO.; *Leisner*, Sozialbindung des Eigentums, S. 185 ff.; *Schwerdtfeger*, Die dogmatische Struktur der Eigentumsgarantie, S. 15 ff.

76 Vgl. BVerfGE 79, 174, 191 m.w.N.

lich, Verfügungen ins Ausland sind ebenfalls rechtlich nicht ausgeschlossen.[77] Es ist deshalb zu überprüfen, ob es sich bei dem Kulturgüterschutzgesetz um eine zulässige Inhalts- und Schrankenbestimmung des Eigentums handelt.

Der Gesetzgeber muß bei der Wahrnehmung des ihm in Art. 14 Abs. 1 Satz 2 GG erteilten Auftrages, Inhalt und Schranken des Eigentums zu bestimmen, sowohl die grundgesetzliche Anerkennung des Privateigentums durch Art. 14 Abs. 1 Satz 1 GG als auch das Sozialgebot des Art. 14 Abs. 2 GG beachten.[78] Er hat dabei die schutzwürdigen Interessen der Beteiligten in einen gerechten Ausgleich und in ein ausgewogenes Verhältnis zu bringen.[79] Entscheidend ist dabei die soziale Funktion und der soziale Bezug des Eigentumsobjektes, hier des Kulturgutes.[80]

Überträgt man diesen Prüfungsmaßstab auf das Kulturgüterschutzgesetz, ergibt sich folgendes: Ziel des Kulturgüterschutzgesetzes ist die Bewahrung des durch den Krieg stark dezimierten Kulturbesitzes gegen weitere Abwanderung.[81] Dieses Ziel ist nicht nur verfassungsmäßig, sondern durch die Verfassung sogar vorgegeben. Denn wenn in dem Katalog zur konkurrierenden Gesetzgebung in Art. 74 Nr. 5, nunmehr zur Rahmenkompetenz Art. 75 Abs. 1 Nr. 6 GG, der Schutz deutschen Kulturgutes vor Abwanderung ausdrücklich erwähnt wird, wird die besondere Sozialpflichtigkeit der Eigentümer von Kulturgütern klargestellt.[82] Abgehoben wird im Kulturgüterschutzgesetz auch ausschließlich auf die soziale Funktion der Eigentumsobjekte, nämlich deren kulturellen Wert und deren Qualität als wertvoller Bestandteil des deutschen Kulturbesitzes. Der Schutz von Kulturgütern dient somit allein den qualifizierten öffentlichen Interessen an der Bewahrung herausragender Kulturgüter in Deutschland. Der hierfür geschaffene Genehmigungsvorbehalt, der eine Verbringung ins Ausland nicht verbietet, sondern von einer vorherigen Genehmigung abhängig macht, enthält angesichts der sozialen Funktion der Kulturgüter keine Beschränkungen, die zu übermäßigen Belastungen des Eigentümers führen würden.

Die Vereinbarkeit des KuSchG mit dem Grundgesetz ist deshalb bislang auch zu Recht nicht bezweifelt worden. Die Eintragung gem. § 1 Abs. 1 KuSchG wird von der Rechtsprechung vielmehr als verfassungsrechtlich unbedenkliche In-

---

77 Vgl. BVerwG, Urt. v. 27.5.1993, NJW 1993, S. 3280, 3281.

78 Vgl. BVerfGE 58, 300, 338; 37, 132, 140.

79 Vgl. BVerfGE 58, 137, 147.

80 Vgl. BVerfGE 58, 137, 148.

81 Vgl. BT-Drucksache 76, 2. Wahlperiode, S. 6.

82 Vgl. BVerwG, Urt. v. 27.5.1993, NJW 1993, S. 3280, 3281.

halts- und Schrankenbestimmung i.S. des Art. 14 Abs. 1 Satz 2 GG angesehen.[83] Dies ist mittlerweile durch das BVerwG bestätigt worden.[84] In dem vom BVerwG entschiedenen Fall klagte der Herzog von Braunschweig-Lüneburg als Eigentümer des durch sein Silbermobiliar einzigartigen "Silberzimmers der Welfen" gegen die Eintragung in das Verzeichnis national wertvollen Kulturbesitzes. Allerdings blieb die Klage letztlich vor dem Bundesverwaltungsgericht erfolglos, da die Eigentumsbeschränkung rechtmäßig und im Hinblick auf ihren Gesetzeszweck auch angemessen sei.[85]

cc) Rechtsschutz gegen die Versagung der Ausfuhrgenehmigung

Während die Eintragung des Kulturgutes dieses nur der Prüfungsbefugnis der Behörden bei der Entscheidung über die Ausfuhr unterstellt, ist die ablehnende Entscheidung über ein Ausfuhrersuchen ein weiterer, nunmehr konkretisierter Eingriff in die Verfügungsbefugnis des Eigentümers.

Obwohl in dem Gesetz selbst keine Rechtsschutzmöglichkeit gegen die Entscheidung über die Ausfuhrgenehmigung eröffnet wird,[86] ist aus dem Gedanken des Art. 19 Abs. 4 GG für die Eingriffsentscheidung der Rechtsweg vor dem Verwaltungsgericht eröffnet. Dies ist auch unstreitig.[87]

Die Rechtsschutzmöglichkeiten des von den Beschränkungen des Kulturgüterschutzgesetzes betroffenen Eigentümers sind somit sowohl bezüglich der Entscheidung über die Eintragung als auch bezüglich der Versagung einer beantragten Ausfuhrgenehmigung gegeben. Bedenken aus rechtsstaatlicher Sicht gegen die mit dem Kulturgüterschutzgesetz verbundenen Einschränkungen bestehen deshalb nicht.

---

83 Vgl. BVerwG, Urt. v. 27.5.1993, NJW 1993, S. 3280, 3281; VGH Mannheim NJW 1987, S. 1440 und VGH München, BayVBl 1963, S. 254. Im Bereich des Denkmalschutzes differenzierend aber BGH, Urt. v. 8.6.1978, NJW 1979, S. 210, 211 f. für den hier nicht einschlägigen Fall, daß bauliche Erhaltungsmaßnahmen an einem Baudenkmal den Eigentümer über Gebühr belasten.

84 Vgl. BVerwG, Urt. v. 27.5.1993, NJW 1993, S. 3280.

85 Vgl. BVerwG aaO.; auch *Siehr*, Kulturgüter als res extra commercium, in: Festschrift für Trinkner, Heidelberg 1995, S. 703-724, 705 f.

86 Dies war in dem ersten Entwurf des Gesetzes durch die Bundesregierung 1953 für den beabsichtigten § 9 Entwurf Kulturgüterschutzgesetz vorgesehen, der jedoch aus kompetenzrechtlichen Gründen im Hinblick auf die Kulturhoheit der Länder wegen eines anderen Punktes völlig neu gefaßt wurde, vgl. BT-Drucksache 76, 2. Wahlperiode, S. 9 sowie BT-Drucksache 1373, 2. Wahlperiode, S. 1 f. zur endgültigen Fassung und den verfassungsrechtlichen Änderungen.

87 Vgl. *Pieroth/Kampmann*, NJW 1990, S. 1385-1390, 1388, m.w.N.

II. Dänemark

1. Geschichte des Kulturgüterschutzes

In Dänemark findet man die ersten Regelungen über den Kulturgüterschutz in § 6 des Lehenauflösungsgesetzes Nr. 563 vom 4.10.1919. Danach sollten Gegenstände von allgemeinem künstlerischen oder historischen Wert bei dem Übergang in freies Eigentum in Dänemark verbleiben.[88]

Die Sicherung religiöser Kulturwerte ist in dem Gesetz zur Pflege und Erhaltung von Kirchen und Kirchhöfen (Gesetz Nr. 455 vom 23.9.1947 mit dazugehörender königlicher Anordnung Nr. 136 vom 11.4.1953) geregelt. Danach dürfen Volkskirchen und deren Inventar nicht ohne Genehmigung des Kirchenministeriums verändert werden. Bei Veränderungen sind dem Nationalmuseum besondere Befugnisse im Hinblick auf die Sicherung des Kircheninventars eingeräumt.[89] Das Nationalmuseum kann vorrangig Kircheninventar erwerben, wenn das Inventar in den Kirchen nicht mehr erhalten werden kann.

Die Sicherung von Kulturgütern in Museen ist in §§ 5 Abs. 1, 11 Abs. 1 Nr. 6 des Museumsgesetzes (Gesetz Nr. 291 vom 6.6.1984) geregelt und verbietet den staatlichen oder vom Staat unterstützten Museen den Verkauf von Gegenständen aus ihrer Sammlung. Zu nennen ist ferner § 16 desselben Gesetzes, der bei einer Museumsauflösung den Verbleib der Sammlung in öffentlichem dänischen Eigentum sichert.[90]

Die Notwendigkeit eines umfassenden allgemeinen Kulturgüterschutzes zeigte sich in den 70er Jahren, als in mehreren Fällen der Ankauf von wertvollen Kulturgütern, die sich in Privatbesitz befanden, durch den Staat scheiterte, so daß sie auf ausländischen Auktionen veräußert wurden.[91] Das Gesetz Nr. 332 vom 6.4.1986 über die Sicherung von Kulturwerten (im folgenden KuWertG) in Dänemark ist das erste dänische Gesetz, das ausschließlich Regelungen zum Kul-

---

[88] Vgl. Bet. 1040/1985 aaO., S. 20; Love og Anordninger A, 1919, S. 1545-1553.

[89] Vgl. Lovtidende A, 1947, S. 1183-1203.

[90] Vgl. Lovtidende A, 1984, S. 905-912.

[91] So bei dem Verkauf von holländischen Gemälden aus einer Sammlung in Gavnø 1976. Bei diesem Verkauf wurde eine besondere Bewilligung zum Erwerb der Malereien durch den Staat erreicht, jedoch erst zu einem so späten Zeitpunkt, daß diese sich bereits in einem ausländischen Auktionshaus befanden. Der Ankauf durch den Staat scheiterte deshalb, vgl. Bet. 1040/1985, S. 7.

turgüterschutz enthält.[92] Das Kulturgüterschutzgesetz wurde in weitgehender Abstimmung mit den nordischen Nachbarstaaten erarbeitet.[93]

2. Heutige Regelung

a) Anwendungsbereich der heutigen Regelung

Das Gesetz zur Sicherung von Kulturwerten in Dänemark (Nr. 332 vom 6.4.1986) bezieht sich ausschließlich auf Kulturgüter, die in privatem Eigentum stehen. Das dänische Gesetz enthält keine Legaldefinition des Begriffes "Kulturværdier" (Kulturwerte) und präzisiert das Schutzgut nicht (wie das deutsche Gesetz) durch ein Verzeichnis. Die Frage, wann ein Kulturgut in den Schutzbereich des Gesetzes fällt, wird vielmehr durch objektive Kategorien bestimmt, die im Gesetz selbst genannt sind.

Das Gesetz nennt für den Begriff des Kulturgutes zwei Definitionsmerkmale: den Wert eines Kunstgegenstandes und dessen Alter. Dabei ist als Altersgrenze das Jahr 1660 festgesetzt, weil im Jahre 1660 in Dänemark als entscheidender Einschnitt die Erbmonarchie in der Form des Absolutismus eingeführt worden ist[94]. Kunst- und Kulturgüter, die älter als 1660 sind, unterfallen damit unabhängig von ihrem Wert automatisch dem Kulturwertegesetz. Sind Kulturgüter nach 1660 geschaffen worden, so unterliegen sie dem Schutz des Gesetzes, wenn sie älter als 100 Jahre sind und einen Wert von mehr als 100.000 dkr. besitzen.[95]

Daneben sind Fotografien mit einem Wert von mindestens 30.000 dkr. ohne Altersbeschränkung geschützt.[96]

Kulturgegenstände, die nicht unter diese Kategorien fallen, bei denen aber besondere Umstände für deren Schutzwürdigkeit sprechen (sog. "nationale Kleinodien"[97]), können auf Vorschlag des sog. Kulturwerteausschusses durch

---

92 Vgl. Betænkning (Bet.) 1040/1985, S. 20.

93 Vgl. Empfehlungen des nordischen Rates Nr. 14/1977.

94 Vgl. Lov 1986-06-04 nr. 332, § 2 Abs. 1 Nr. 1, vgl. Bet. 1040/1985, S. 88.

95 Vgl. Lov 1986-06-04 nr. 332, § 2 Abs. 1 Nr. 2. Die Altersbegrenzung orientiert sich dabei an internationalen Gepflogenheiten, vgl. Bet. 1040/1985, S. 88; vgl. auch *Müller-Katzenburg*, aaO., S. 140.

96 Vgl. Lov 1986-06-04 nr. 332, § 2 Abs. 2.

97 Vgl. *Banke/Dübeck* in: *Karnov(DK)*, Anm. 2 zu Lov 1986-06-04 nr. 332, S. 560. Beispiele für solche "nationalen Kleinodien", die gesondert unter den Schutz des Gesetzes gestellt wurden, waren 1988 zwei Stammbücher des Kupferstechers G. L. Lahde (1765-1833) im Wert von 40-60.000 dkr. und ein Aquarell von C. W. Eckerberg, ca. 1812, im Wert von

Beschluß des Kultusministeriums dem Schutz des Gesetzes unterworfen werden.[98]

Trotz der auf den ersten Blick sehr weiten Fassung der Kriterien für die Bestimmung von Kulturgütern ging man in den Gesetzesvorarbeiten von insgesamt jährlich 100 gehandelten Stücken aus, die die Wert- und Alterskriterien erreichen.[99]

Wenn somit zwar die Frage, wann ein Kulturgut dem Gesetz unterfällt, anhand von im Gesetz selbst genannten objektiven Kategorien überprüft werden kann, findet sich im Gesetz doch keine nähere Definition des Begriffes "Kulturgut" (Kulturværdie). Allerdings wurde dieser Begriff in den Vorarbeiten des Gesetzes, dem Betænkning Nr. 1040/1985 (staatliches Rechtsgutachten) näher präzisiert als: "bewahrungs- und beschützenswerte Bilder, Gegenstände, Bücher, Manuskripte und Archivalien, die einen unersetzlichen Teil des dänischen Kulturerbes ausmachen und im Falle einer Ausfuhr zu einer schwerwiegenden Verringerung dieses Erbes führen würden."[100]

Die Definition in den Gesetzesvorarbeiten orientiert sich an der Legaldefinition des Art. 1 der UNESCO-Konvention vom 14.11.1970[101], übernimmt aber aus Gründen der Übersichtlichkeit nicht den dort enthaltenen Katalog von einzelnen Gegenständen. Um auf der anderen Seite eine mögliche Rechtsunsicherheit durch die Verwendung eines unbestimmten Rechtsbegriffes zu vermeiden, wird in den Gesetzesvorarbeiten der Begriff des Kulturgutes anhand von einzel

---

20.000 dkr., gemalt während dessen Aufenthalts in Paris und für dessen künstlerische Entwicklung und die Entwicklung der dänischen Malerei bedeutsam, vgl. Beretning 1988, S. 4 f. 1989 wurde ein Louis-XVI-Sekretär, als einziges Möbelstück dieser Art bekannt, dem Schutzbereich des Gesetzes unterstellt, vgl. Beretning 1989, S. 5.

98 Vgl. Lov 1986-06-04 nr. 332, § 2 Abs. 4: "Stiller kulturværdiudvalget, jfr. § 5, forslag herom, kan ministeren for kulturelle anliggender, når særlige omstændigheder taler derfor, beslutte, at loven anvendes på en kulturgenstand, der ikke er omfattet af loven." (Legt der Kulturwerteausschuß einen Vorschlag gemäß § 5 vor, kann der Minister für kulturelle Angelegenheiten beschließen, daß das Gesetz auf Kulturgüter anzuwenden ist, die nicht von dem Gesetz erfaßt sind, wenn besondere Umstände hierfür sprechen.).

99 Vgl. Bet. 1040/1985, S. 103.

100 Vgl. Bet. 1040/1985, S. 75: "...bevarings- og beskyttelsesværdige billeder, genstande, bøger, manuskripter, arkivalier, som udgør en umistlig del af Danmarks kulturarv, og som i tilfælde af udførsel vil medføre en alvorlig forringelse af denne."

101 Vgl. Bet. 1040/1985, S. 79. Diese Konvention ist jedoch in keinem der untersuchten Staaten ratifiziert worden. In der EG haben lediglich Griechenland, Spanien, Italien und Portugal die Konvention ratifiziert.

nen Beispielen näher präzisiert. Diesen Beispielen soll laut dem Gesetzesvorschlag klarstellende und ausfüllende Bedeutung für den Gesetzestext zukommen.[102]

b) Verwaltungsverfahren

Fällt ein Kulturgut unter den Schutz des Gesetzes, so darf es ohne Erlaubnis nicht aus Dänemark ausgeführt werden.[103]

aa) Prüfung der Schutzwürdigkeit

Der Antrag auf Erteilung einer Erlaubnis ist von dem Eigentümer des Gegenstandes an den Kulturwerteausschuß zu richten. Dessen Zusammensetzung ist in § 5 Abs. 1 des KuWertG geregelt. Der Ausschuß besteht aus Vertretern der dänischen Museen und Bibliotheken als Fachgremium. Bei Streitfragen, die sich bei der Bestimmung des Wertes eines potentiell schützenswerten Kulturgutes ergeben, sind außerdem Sachverständige des Kunst- und Antiquitätenhandels hinzuzuziehen.[104] Der Ausschuß entscheidet, ob die Ausfuhr eines Gegenstandes eine "ernste Verringerung des nationalen Kulturerbes"[105] mit sich bringen kann. Wird über den Antrag auf Erteilung der Ausfuhrgenehmigung nicht innerhalb von drei Monaten entschieden, gilt die Genehmigung als erteilt.[106]

Während in Deutschland bereits mit der als Verwaltungsakt zu wertenden Eintragung ein Kulturgut konstitutiv als schützenswert unter die Beschränkungen des Gesetzes fällt, wird in Dänemark durch das Kulturwertegesetz erst bei der Prüfung des konkreten Ausfuhrersuchens festgelegt, ob dieses Kulturgut potentiell schutzwürdig ist. Es muß deshalb bei der Prüfung eines Ausfuhrersuchens als Vorfrage entschieden werden, ob es sich um ein Kulturgut handelt. Ferner muß geprüft werden, ob es unter die Alters- und Wertkategorien des Gesetzes fällt und ob durch eine Ausfuhr eine ernste Verringerung des nationalen Kulturerbes zu befürchten ist. Die Prüfung erfolgt somit erst bei der Beantragung der Ausfuhr.

Es gibt lediglich eine Ausnahme im Bereich des Auktionsverkaufs. Gemäß § 9 Abs. 2 der Kulturgüterschutzverordnung hat ein Auktionshaus die Verpflichtung, den Katalog einer geplanten Auktion dem Kulturwerteausschuß zur Über-

---

102 Vgl. Bet. 1040/1985, S. 78 und 81 ff.

103 Vgl. Lov 1986-06-04 nr. 332, § 3 Abs. 1.

104 Vgl. § 5 Abs. 2 Bekendtgørelse 1987-06-11 nr. 404 sowie Bet. 1040/1985, S. 106.

105 Vgl. Bekendtgørelse 1987-06-11 nr. 404, § 3 Abs. 2.

106 Vgl. § 6 Abs. 2 Lov 1986-06-04 nr. 332.

prüfung vorzulegen. In diesem Fall ist der Kulturwerteausschuß berechtigt, bezüglich bestimmter Gegenstände, die nach Meinung des Ausschusses schützenswerte Kulturgüter darstellen, einen sog. Vorbehalt anzumelden. Die Gegenstände, für die ein Vorbehalt angemeldet wird, bedürfen bei einem Verkauf ins Ausland der Genehmigung.[107] In diesem Fall wird somit bereits vor der eigentlichen Entscheidung über die Ausfuhrgenehmigung eine Entscheidung darüber getroffen, welche Gegenstände als schützenswerte Kulturgüter angesehen werden, so daß bezüglich der Ausfuhr nur noch darüber zu entscheiden ist, ob die Ausfuhr der Kulturgüter eine ernste Verringerung des kulturellen Erbes mit sich bringen würde.

In allen anderen Fällen wird jedoch über sämtliche Merkmale erstmals und ausschließlich bei der Prüfung eines Ausfuhrersuchens entschieden. [108] Das heißt, die Frage, inwieweit der Eigentümer eines Kunstgegenstandes in der Verfügung über diesen Gegenstand beschränkt ist, wird erst dann geklärt, wenn der Eigentümer über den Gegenstand verfügen will und sein Ausfuhrersuchen von dem Kulturwerteausschuß geprüft wird.

bb) Rechtsfolgen der Versagung einer Ausfuhrgenehmigung

Wird die Ausfuhrerlaubnis versagt, ist dem Eigentümer des Kulturgutes ein Kaufangebot zum Marktwert des Kulturgutes zu unterbreiten[109], wobei der Marktwert durch Sachverständige festzusetzen ist. Dieses Angebot gilt längstens 3 Monate.[110]

Wird trotz eines Verbotes der Gegenstand ausgeführt, kann dieser Verstoß mit einer Geldstrafe geahndet werden.[111]

c) Rechtsschutz

Die Entscheidung des Ausschusses kann nicht von einer anderen Behörde überprüft werden. Eine verwaltungsinterne Kontrolle, die ansonsten in Dänemark möglich ist,[112] entfällt. [113] Die verwaltungsinterne Kontrolle ist ausdrücklich

---

107 Vgl. Bekendtgørelse 1987-06-11 nr. 404, § 9 Abs. 2.

108 Vgl. § 5 Lov 1986-06-04 nr. 332; Bekendtgørelse 1987-06-11 nr. 404, § 6 f. Vgl. auch *Maurer*, Kulturgüter, S. 117.

109 Vgl. § 11 Abs. 2 Lov 1986-06-04 nr. 332.

110 Vgl. § 11 Abs. 2 Lov 1986-06-04 nr. 332, Bekendtgørelse 1987-06-11 nr. 404, § 5 Abs. 3.

111 Vgl. § 13 Lov 1986-06-04 nr. 332.

112 Vgl. *Dübeck*, Einführung in das dänische Recht, S. 120 f.

113 Vgl. § 14 Lov 1986-06-04 nr. 332, Folketingstidende 1985/86, 4224.

durch die Regelung des § 14 Kulturgüterschutzgesetz Nr. 332/1986 ausgeschlossen. Dies war in den Gesetzgebungsvorarbeiten noch nicht vorgesehen.[114] Auch in der Kommentierung des Kulturgüterschutzgesetzes ist der Ausschluß nicht näher begründet. Der Grund kann deshalb nur in der Entscheidungskompetenz des Ausschusses durch Sachverständige gesehen werden, die nur einer Überprüfung durch die ordentlichen Gerichte unterliegen soll. Dem Betroffenen steht eine Klage vor den ordentlichen Gerichten[115] gegen die Entscheidung des Ausschusses offen. Eine besondere Verwaltungsgerichtsbarkeit existiert in Dänemark nicht.[116] Darüber hinaus besteht in Dänemark die Möglichkeit, verwaltungsrechtliches Handeln vom Ombudsmann überprüfen zu lassen. Beim Ombudsmann handelt es sich um eine Institution, die vor allem im nordischen Raum zu finden ist. Der Ombudsmann in Dänemark nimmt in großem Umfang Aufgaben der Verwaltungsgerichte und des Petitionsausschusses wahr. Er ist vom Parlament, dem Folketing, eingesetzt und kontrolliert als Bevollmächtigter des Parlaments die Verwaltung. Faktisch gesehen dient er als Klageinstanz für die Bevölkerung, da er bei Beschwerden die Recht- und Zweckmäßigkeit des Verwaltungshandelns überprüft. [117] Die Entscheidungen des Ombudsmannes werden jährlich veröffentlicht und haben für die Verwaltung den Rang von (Gerichts)entscheidungssammlungen. [118] Diese Kontrolle stellt für den Betroffenen eine Alternative zur Überprüfung vor den ordentlichen Gerichten dar.[119]

III. Norwegen

1. Geschichte des Kulturgüterschutzes

In Norwegen wurde die heute geltende Regelung des Kulturgüterschutzes nach den Empfehlungen des Nordischen Rates als umfassendes Denkmalschutzgesetz (Gesetz Nr. 50 vom 9.6.1978 in Verbindung mit den Vorschriften über das Verbot der Ausfuhr von Kulturgütern vom 15.2.1979) verabschiedet. Vorläufer waren in Norwegen die Gesetze Nr. 2 von 1920 und Nr. 3 vom 29.6.1951.

---

114 Vgl. Bet. 1040/85, S. 130 f.

115 Vgl. § 63 Abs. 1 dän. Grundgesetz.

116 Vgl. *Dübeck*, Einführung in das dänische Recht, S. 33.

117 Vgl. *Dübeck*, aaO., S. 38.

118 Vgl. *Dübeck*, aaO., S. 38.

119 Vgl. *Dübeck*, aaO., S. 121 ff.

Geltende Vorschriften für den Kulturgüterschutz in Norwegen sind §§ 23, 27 des Denkmalschutzgesetzes (Nr. 50 von 1978) i.V.m. der Rechtsverordnung über ein Verbot der Ausfuhr von Kulturgütern vom 15.02.1979.

2. Heutige Regelung

a) Anwendungsbereich

Im Gegensatz zu Dänemark und Deutschland gibt es in Norwegen kein eigenes Ausfuhrverbotsgesetz, sondern nur eine Rechtsverordnung, die aufgrund der Ermächtigung des § 23 des allgemeinen Denkmal(schutz)gesetzes erlassen wurde. Schutzzweck des Denkmal(schutz)gesetzes ist es, Kulturgüter zu bewahren und zu pflegen.[120] Kulturgüter sind dabei nach der Legaldefinition des § 2 des Denkmal(schutz)gesetzes feste oder bewegliche frühgeschichtliche oder mittelalterliche Werte und Schiffsfunde in oder über der Erde und architektonisch oder kulturhistorisch wertvolle Bauwerke und Anlagen jeder Art.[121]

Im Vergleich zu Deutschland und Dänemark findet sich in Norwegen in der Regelung des § 2 des Denkmal(schutz)gesetzes eine gesetzliche Definition des Denkmalbegriffes anhand der in § 2 Denkmal(schutz)gesetz angeführten Kriterien. Hierauf nimmt die Rechtsverordnung Bezug, so daß auch für die Frage, welche Kulturgüter dem Ausfuhrverbot unterliegen, auf die Definition im Denkmal(schutz)gesetz zurückgegriffen werden muß. Allerdings werden schon wegen der Natur der Sache nur bewegliche Kulturgüter den Ausfuhrbeschränkungen unterliegen.

Die Frage, welche Kulturgüter den Ausfuhrbeschränkungen des Denkmal(schutz)gesetzes unterfallen, ist in Norwegen ähnlich wie in Dänemark nach Kategorien geregelt. Diese Kategorien sind in § 23 Denkmal(schutz)gesetz näher bezeichnet. Danach dürfen ohne besondere Erlaubnis des Umweltschutzministeriums nicht ausgeführt werden:

- Denkmäler aus frühgeschichtlicher Zeit und dem Mittelalter;

- Bauten jeder Art, ebenso Fahrzeuge;

---

120 Vgl. § 1 Lov om Kulturminner: "Lovens formål er å verne og ta vare på våre kulturminner."

121 Vgl. § 2 Lov om Kulturminner: "Med Kulturminner menes i denne lov faste og løse fornminner og skipsfunn i eller over jorden, sjøbunnen og vassdrag, og arkitektonisk eller kulturhistorisk verdifulle byggverk og anlegger enhver art."

- andere Gegenstände von kunst- und kulturhistorischem Interesse, soweit sie älter als 100 Jahre sind;[122]

- Kunstgegenstände, die gemäß § 1 Nr. 3 der Rechtsverordnung vom 15.02.1979 auch bei einem Alter von weniger als 100 Jahren erfaßt werden, wenn diese von herausragenden Künstlern geschaffen wurden und das Werk einen besonderen Bezug zu Norwegen hat. Ferner ist in § 23 Denkmal(schutz)gesetz die Notwendigkeit einer Ausfuhrgenehmigung auf Beschluß des zuständigen Ministeriums unabhängig vom Alter vorgesehen, soweit ein besonderer Grund vorliegt;

- Samische Kulturgegenstände[123];

- Gegenstände, die im Eigentum hervorragender Persönlichkeiten standen, ohne Rücksicht auf das Alter der Gegenstände.

In der Rechtsverordnung vom 15.02.1979 werden die ersten drei Fallgruppen durch Beispiele näher bestimmt.

Bei der norwegischen Regelung fällt auf, daß für die Frage, welche Kulturgüter schutzwürdig sind, zwar Alterskategorien, jedoch keine Wertkategorien entscheidend sind (mit Ausnahme des Kriteriums herausragender Künstlerschaft). D.h., in Norwegen sind praktisch alle Kunst- und Kulturgegenstände, die älter als 100 Jahre sind, vom Schutzbereich des Ausfuhrverbotes umfaßt. Im Vergleich zu den bisher untersuchten Regelungen in Dänemark und Deutschland ist in Norwegen der Schutzbereich des Denkmal(schutz)gesetzes somit erheblich weiter. In Deutschland sind in dem zuletzt veröffentlichten Verzeichnis der schutzwürdigen Gegenstände etwa 5000 Einzelpositionen aufgeführt,[124] Dänemark grenzt die Gegenstände außer durch Alter auch noch durch Wertkategorien ein. Auf diese Eingrenzung verzichtet Norwegen ganz. Dies führt zwangsläufig dazu, daß die Zahl der potentiell schützenswerten Kulturgüter in Norwegen sehr viel höher liegt und in der Tat auch eine umfangreichere Ausfuhrkontrolle stattfindet.

---

122 Einzelbeispiele wie Skulpturen, Malereien, Manuskripte u.ä. werden aufgelistet.

123 Gegenstände, die aus der Kultur der Samen stammen, einem nordischen Volksstamm, dessen Siedlungsgebiet zum größten Teil im heutigen Norwegen liegt.

124 Vgl. die letzte Bekanntmachung mit Stand vom 19.4.1999, BAnz. Nr. 97a vom 28.5.1999.

b) Verwaltungsverfahren

aa) Entscheidungsbehörden

Mit dem weiten Schutzumfang korrespondiert die Zahl der über die Ausfuhrgenehmigung entscheidenden Behörden. 33 verschiedene Institutionen, die über das ganze Land verteilt sind, sind dazu berufen über ein Ausfuhrersuchen zu entscheiden.[125] Allerdings ist dem Reichsantiquar in Oslo eine Kopie von jeder Entscheidung zuzusenden. Damit ist eine zentrale Dokumentation der Entscheidungen gesichert.[126] Auch ist der Reichsantiquar bei einem Vorgehen gegen die Versagung der Ausfuhrgenehmigung allein passiv legitimiert.[127]

bb) Ausfuhrverbot und Sanktionen

Das Denkmal(schutz)gesetz i.V.m. der Rechtsverordnung vom 15.02.1979 verbietet eine Ausfuhr ohne Genehmigung von Gegenständen, die von dem Gesetz bzw. der Vorschrift erfaßt sind.[128] Wird die Ausfuhrbewilligung versagt, ist die Ausfuhr des betreffenden Gegenstandes verboten.[129] Das Verbot ist strafbewehrt. Mögliche Sanktionen sind Geldstrafe und Ersatz des verursachten Schadens[130], in schweren Fällen kann auf Gefängnis bis zu 6 Monaten erkannt werden.[131] Die Überwachung eines Ausfuhrverbotes ist dem Zoll aufgetragen.[132]

Neben den allgemeinen Schutzvorschriften, die sich auf die individuellen Ausfuhrersuchen beziehen, hat sich informell die Praxis herausgebildet, daß der Staat bei großen Auktionen Vorbesichtigungen durchführt. Die Bewilligungsbehörden können dabei die einzelnen Kunstgegenstände auf ihre Schutzwürdigkeit hin untersuchen und gegebenenfalls mit einem Ausfuhrverbot belegen.

---

125 Vgl. § 2 Forskrifter 15.2.1979.

126 Vgl. § 3 Forskrifter 15.2.1979.

127 Vgl. Bet. 1040/85, S. 38.

128 Vgl. § 1 Forskrifter 15.2.1979.

129 Vgl. § 23 Lov om kulturminnen Nr. 50, 6.6.1978.

130 Im Gegensatz zu der deutschen Strafrechtsdogmatik sind in den nordischen Staaten vielfach die Idee der Wiedergutmachung und der Ersatz des Schadens in das Sanktionensystem mitaufgenommen worden, vgl. *Eser*, (Hrsg.), Neue Wege der Wiedergutmachung im Strafrecht, 1990. Dies ist der Grund, warum § 27 Lov om kulturminnen Nr. 50, 6.6.1978 den Schadensersatz in Verbindung mit Strafsanktionen erwähnt.

131 Vgl. § 27 Lov om kulturminnen Nr. 50, 6.6.1978.

132 Vgl. § 5 Forskrifter 15.02.1979.

c) Rechtsschutz

Gegen eine Entscheidung der zuständigen Behörde über ein Ausfuhrersuchen kann lediglich vor dem Umweltschutzministerium Widerspruch eingelegt werden.[133] Der Rechtsweg zu den ordentlichen oder den Verwaltungsgerichten ist nicht eröffnet. Somit wird in Norwegen der Weg praktiziert, der in Deutschland wegen kompetenzrechtlicher Probleme nicht beschritten werden konnte.[134]

IV. Schweden

1. Geschichte des Kulturgüterschutzes

Die erste gesetzliche Regelung in Schweden, die sich mit Kulturgüterschutz befaßte, war die Rechtsverordnung über das Ausfuhrverbot für bestimmte ältere Kulturgüter Nr. 129 vom 6.5.1927. Die Rechtsverordnung enthielt ein Ausfuhrverbot mit Erlaubnisvorbehalt für Kulturgüter, die vor 1860 geschaffen wurden. Von dieser Rechtsverordnung wurden vor allem Möbel und Hausgerätschaften erfaßt.[135] Ergänzt wurde diese Verordnung durch das Denkmalgesetz Nr. 350 von 1942, das für bestimmte "bewegliche" Denkmäler ebenfalls ein Ausfuhrverbot vorsah.

Reformbestrebungen begannen 1930 mit dem Vorschlag zur Registrierung von Kunstgegenständen und einer Begrenzung der Dispositionsbefugnis des Eigentümers bei Verkäufen im Inland.[136] Dieser Vorschlag wurde aber als zu eingriffsintensiv abgelehnt.

1964 wurde die Ausweitung des Ausfuhrverbotes auf weitere Kulturgüter sowie die Einführung einer Altersgrenze von 100 Jahren erwogen, verbunden mit der Verpflichtung des Staates, bei Zurückweisung eines Ausfuhrersuchens den Gegenstand selbst zu kaufen. Auch wenn diese Initiative nicht zum Erlaß eines Gesetzes führte, so wurde doch ein Kulturgüterfonds errichtet, so daß ab 1965/66 ein bestimmter Haushaltsposten bereitstand, mit dem der Ankauf von Kul-

---

133 Vgl. Bet. 1040/1985, S. 38.

134 S.o., S. 37, vgl. auch *Pieroth/Kampmann*, NJW 1990, S. 1388.

135 Die Beschränkung läßt sich aus der Entstehungsgeschichte des Gesetzes herleiten. In den 20er Jahren wurden vor allem alte Bauernmöbel besonders in den USA in einem Maße nachgefragt, der die Gefahr für den Bestand in Schweden mit sich brachte, vgl. Bet. 1040/1985, S. 35.

136 Vgl. SOU 1930:3, Bet. 1040/1985, S. 35.

turgegenständen ermöglicht wurde, bei denen die Gefahr einer Ausfuhr bestand.[137]

2. Heutige Regelung

Das geltende Kulturgüterschutzgesetz beruht auf Reformvorschlägen aus dem Jahr 1979. Aufgrund dieser Vorschläge wurde das Gesetz über den Schutz vor Ausfuhr für bestimmte ältere Kulturgüter von 1985, Nr. 1104, erlassen, das mit geringen redaktionellen Änderungen als 5. Kapitel in das Denkmalschutzgesetz (Lov om kulturminnen m.m. (KML)) Nr. 950 vom 30.6.1988 übernommen wurde.[138] Die Bestimmungen des 5. Kapitels des Denkmalschutzgesetzes sind die zur Zeit gültige Regelung des Kulturgüterschutzes in Schweden.

a) Anwendungsbereich

Nach den Regelungen des schwedischen Denkmalschutzgesetzes ist ein Kulturgut gemäß Kap. 5 § 1 Denkmalschutzgesetz (KML) dann als schutzwürdig anzusehen, wenn es unter eine der Kategorien des Gesetzes fällt und besondere Bedeutung für das nationale Kulturerbe besitzt. Der Begriff Kulturgut selbst wird im Gesetz nicht definiert.[139] In Kap. 5 § 3 ff. KML sind diejenigen Gegenstände aufgeführt, die einer Ausfuhrgenehmigung bedürfen.

Das schwedische Gesetz bedient sich ähnlich wie das dänische bzw. norwegische Gesetz zur Bestimmung der von ihm erfaßten Gegenstände der Kategorien Alter und Wert. Im Gegensatz zu den Regelungen in Dänemark und Norwegen werden die Kategorien aber „nach Gegenständen bestimmt".[140]

aa) Schwedische Kulturgüter

Kap. 5 § 4 KML erfaßt schwedische Kulturgüter, die, ohne Rücksicht auf ihren Wert, vor 1600 als gedruckte Schriften, Karten und Bilder sowie Handschriften auf Pergament oder Papier hergestellt wurden.
Außerdem sind Kulturgüter ohne Rücksicht auf ihren Wert geschützt, wenn sie älter als 100 Jahre sind und es sich um Trachten, Stickereien, gemusterte Trachtentextilien oder Wandteppiche oder Möbel, Spiegel, Truhen oder Uhren oder signierte Fayencen oder Musikinstrumente oder Schuß-, Hieb- oder Schutzwaffen handelt.

---

137 Vgl. SOU 1964:22, Bet. 1040/1985, S. 34 ff.

138 Vgl. Prop. 1987/88:104, Nr. 3.6.

139 Vgl. *Karnov(S)/Adlerkreutz*, RN 1 zu § 1 1. Kap. KML.

140 Vgl. *Karnov(S)/Adlerkreutz*, RN 105 zu § 4 5. Kap. KML.

Ferner umfaßt Kap. 5 § 4 KML Gegenstände, die älter als 100 Jahre alt sind, einen Wert von über 50.000 skr. besitzen und unter die Kategorien Malereien, Zeichnungen und Skulpturen oder Gegenstände aus Keramik, Glas und Porfyr oder aus Gold, Silber und Bronze (mit Ausnahme von Münzen und Medaillen) oder Kronleuchter und gewebte Tapeten fallen.
Außerdem sind samische Kulturgüter, nicht gedruckte Protokolle, Briefe, Tagebücher, Manuskripte, Noten und Rechnungsbücher oder handgezeichnete Karten und Zeichnungen oder technische Modelle und Prototypen sowie wissenschaftliche Instrumente geschützt, soweit sie älter als 50 Jahre sind und einen Wert von über 2.000 skr. haben.

cc) Ausländische Kulturgüter

Ausländische Kulturgüter fallen nach Kap. 5 § 5 KML unter den Ausfuhrschutz, wenn sie vor 1840 nach Schweden gelangt sind und einen Wert von mehr als 50.000 skr. haben und unter folgende Kategorien fallen: Möbel, Spiegel und Truhen, Uhren oder Musikinstrumente, Waffen, Malereien, Zeichnungen und Skulpturen oder Gegenstände, die aus Keramik, Glas oder Elfenbein, oder aus Gold, Bronze oder Silber hergestellt sind mit Ausnahme von Münzen und Medaillen, ferner Kronleuchtern und gewebten Tapeten.

Damit enthält das schwedische Recht eine Sonderregelung für den Schutz von Kulturgütern, die nicht ursprünglich aus Schweden stammen. Im Gegensatz hierzu steht das deutsche KuSchG, das keine Vorschrift über ausländisches Kulturgut enthält.[141] Es ist somit unzutreffend, wenn JAYME[142] die schwedische Regelung als Beispiel dafür benennt, daß lediglich von einem Schweden geschaffene Kunstwerke unter den Schutzbereich des Gesetzes fallen.[143] Vielmehr ist gerade Schweden einer der wenigen Staaten, die ausdrücklich auch ausländische Kulturgüter dem Schutz des Ausfuhrkontrollgesetzes unterstellen. Im Hinblick auf die Behandlung ausländischer Kulturgüter verdient die schwedische Regelung den Vorzug, zumal durch die Nennung eines Einfuhrdatums (vor 1840) wird allerdings eine Verbindung zum schwedischen Kulturerbe sichergestellt ist.

Auch wenn in dem schwedischen Denkmalschutzgesetz der Begriff des Kulturgutes nicht definiert ist, ergibt sich durch die Benennung einzelner Fallgruppen im Gesetz selbst recht detailliert der Anwendungsbereich des Gesetzes.

---

141 Wie oben, S. 29 f. gezeigt, existiert in Deutschland lediglich der Beschluß der Kultusministerkonferenz vom 20.05.1983 (GMBl. 1983, S. 442), der ausländisches Kulturgut von dem Kulturgüterschutzgesetz umfaßt, aber keine materiellen Kriterien enthält, wann ausländisches Kulturgut dem KuSchG unterfällt.

142 Vgl. *Jayme*, Kunstwerk, S. 9.

143 So aber auch *Müller-Katzenburg*, aaO., S. 64.

b) Verwaltungsverfahren

Bei der Entscheidung über ein Ausfuhrersuchen ist zu prüfen, ob der Gegenstand unter eine der Kategorien des Gesetzes fällt. In diesem Fall darf ein Kulturgut nicht ohne Genehmigung ausgeführt werden.[144] Die Genehmigung zur Ausfuhr wird erteilt, wenn das Kulturgut nicht von besonderer Bedeutung für das nationale Kulturerbe ist. Selbst wenn ein Kulturgut aber von besonderer Bedeutung ist, kann die Genehmigung dann erteilt werden, wenn der Gegenstand von einer ausländischen Institution, etwa einem Museum, im Rahmen eines Kulturaustausches verwahrt wird.[145]

Entscheidungen über das Ersuchen zur Ausfuhr sind von der kgl. Bibliothek, dem Reichsantiquar, dem staatlichen Kunstmuseum oder der Stiftung des Nordischen Museums zu treffen.[146]

c) Rechtsschutz

Wird das Ersuchen abgelehnt, ist dagegen die Möglichkeit der Anfechtung vor der Oberrechnungskammer gegeben.[147] Gegen den Ablehnungsbescheid wird somit zwar keine gerichtliche, wohl aber eine behördliche Überprüfung ermöglicht.

B) Recht der Europäischen Gemeinschaft

I. Rechtsakte der Gemeinschaft im Bereich des Kulturgüterschutzes

Neben den nationalen Regelungen zum Kulturgüterschutz sind seit 1993 auch Regelungen der Gemeinschaft zu beachten. Die EG-Kommission hat am 20.01.1992 einen Richtlinienvorschlag für die Rückgabe von Kulturgütern, die unrechtmäßig aus dem Hoheitsgebiet eines Mitgliedstaates in einen anderen ausgeführt wurden, sowie am gleichen Tag einen Verordnungsvorschlag zur Regelung der Ausfuhr von Kulturgütern aus der Gemeinschaft in Drittstaaten vorgelegt. Diese Vorschläge sind mit Änderungen vom Rat beschlossen worden.[148]

---

144 Vgl. Kap. 5 § 3 KML.

145 Vgl. *Karnov(S)/Adlerkreutz*, RN 117 zu § 8 5. Kap. KML.

146 Vgl. § 9 5. Kap. KML, auch *Karnov(S)/Adlerkreutz*, RN 111 zu § 9 5. Kap. KML zu der internen Prüfungsaufteilung zwischen den zu der Entscheidung berufenen Stellen.

147 Vgl. *Karnov(S)/Adlerkreutz*, RN 117 zu § 15 KML.

148 Verordnung Nr. 3911/92 des Rates vom 9.12.1992 über die Ausfuhr von Kulturgütern sowie die Richtlinie 93/7/EWG des Rates vom 15.3.1993 über die Rückgabe von unrechtmäßig aus dem Hoheitsgebiet eines Mitgliedstaates verbrachten Kulturgütern.

Die Verordnung Nr. 3911/92 ist seit dem 30.3.1993 in Kraft,[149] die Richtlinie 93/7/EWG vom 15.3.1993 war gemäß Art. 18 in der Bundesrepublik bis zum 15.3.1994 umzusetzen. Eine Umsetzung ist nunmehr durch Gesetz vom 15.10.1998[150] erfolgt. Allerdings hat der deutsche Gesetzgeber die Möglichkeit des Art. 1 Nr. 1 der Richtlinie, Kulturgut auch nach der Verbringung als nationales und damit schützenswertes Kulturgut einzustufen, bewußt nicht übernommen.[151] Dänemark hat die Richtlinie bereits mit Gesetz Nr. 1104 vom 22.12.1993 in innerstaatliches Recht umgewandelt,[152] Schweden durch Gesetz Nr. 1524 vom 15.12.1994.[153]

II. Regelungskompetenz der EG

Der Schutz von Kulturgütern ist ein Bereich im Recht der Europäischen Gemeinschaften, der durch Art. 36 EWG-Vertrag (EGV), nunmehr Art. 30 EGV, ausdrücklich dem nationalen Gesetzgeber vorbehalten bleibt. Auch nach der Verwirklichung des Binnenmarktes bleibt der Schutz von Kulturgütern selbst dann den Mitgliedstaaten überlassen, wenn der innergemeinschaftliche Handel durch die Schutzgesetze beeinträchtigt würde.[154]

Allerdings widersprechen die nationalen Schutzgesetze im Grundsatz dem angestrebten freien Warenverkehr innerhalb der Gemeinschaft, da der Handel mit Kulturgütern der staatlichen Kontrolle der Mitgliedstaaten durch die nationalen Schutzgesetze unterworfen ist. Aus diesem praktischen Problem allein ergibt sich noch keine Regelungskompetenz der EG. Vielmehr liegt nach dem neuen Art. 128 EGV eine grundsätzliche Kulturkompetenz bei den einzelnen Mitglied-

---

149 Vgl. Art. 11 der Verordnung 3911/92 i.V.m. der Bekanntmachung der Richtlinie 93/7/EWG im Amtsblatt der Europäischen Gemeinschaft vom 27.3.1993 ABlEG 1993 Nr. L 74/74.

150 BGBl. I 1998, S. 3162.

151 BT-Drucks. 13/10789, S. 8. Vgl. auch *Fuchs*, IPRax 2000, S. 281, 283, die zurecht darauf hinweist, daß durch die weite Formulierung der Richtlinie ein Verstoß gegen das Rückwirkungsverbot geradezu provoziert würde.

152 Lov 1993-12-22 nr. 1104, Lovtidende 1993, S. 6135.

153 SFS 1994:1524.

154 Vgl. *Uhl*, Der Handel mit Kunstwerken im europäischen Binnenmarkt, Berlin 1993, und *Schwarze*, Der Schutz nationalen Kulturguts im europäischen Binnenmarkt, JZ 1994, S. 111-117, 117. Wie bereits oben dargelegt, ist die Frage, ob nationale Kulturgüterschutzgesetze noch mit dem EG-Recht vereinbar sind, aufgrund des Vorbehaltes des Art. 36 EWG-Vertrag eindeutig zu bejahen. Für weitere Details sei auf die eben genannten Fundstellen verwiesen.

staaten. Die Frage, aufgrund welcher Kompetenz der Rat befugt ist, im Bereich des Kulturgüterschutzes Regelungen zu erlassen, ist bisher kaum problematisiert worden.[155] Vielmehr wird untersucht, ob die nationalen Gesetze den Regelungen auf der Ebene der Gemeinschaft entsprechen.[156] In Frage kämen insoweit Artt. 95 (100a alt) und 133 (113 alt) EGV. Fraglich ist aber, ob die Berechtigung aufgrund der vorgenannten Bestimmungen auch in dem Fall, in dem durch Art. 30 (36 alt) EGV dem nationalen Gesetzgeber weiterhin die Kompetenz zum Erlaß entsprechender nationaler Schutzgesetze eingeräumt wird, eingreift.

Allerdings ist zu untersuchen, ob tatsächlich Art. 30 (36 alt) EGV die dort genannten Bereiche der ausschließlichen Gesetzgebungskompetenz der Mitgliedstaaten übertragen hat. Nur in diesem Fall würde Art. 30 (36 alt) EGV dem Erlaß der Verordnung und der Richtlinie des Rates entgegenstehen.

Eine solche Interpretation ist jedoch bereits durch den Vertragstext des Art. 30 (36 alt) EGV nicht zu rechtfertigen. Denn Art. 30 (36 alt) EGV regelt allein Ausnahmen von den Verboten mengenmäßiger Beschränkungen im freien Warenverkehr zwischen den Mitgliedstaaten, jedoch nicht Gesetzgebungskompetenzen.[157] So wurde zu Recht von dem Europäischen Gerichtshof in ständiger Rechtsprechung entschieden, daß "Artikel 36 nicht bestimmte Sachgebiete der ausschließlichen Zuständigkeit der Mitgliedstaaten vorbehalten (soll), vielmehr läßt er nur Ausnahmen vom Grundsatz des freien Warenverkehrs durch innerstaatliche Normen insoweit zu, als dies zur Erreichung der in diesem Artikel bezeichneten Ziele gerechtfertigt ist und weiterhin gerechtfertigt bleibt."[158]Art. 30 (36alt) EGV steht somit einer EG-einheitlichen Regelung nicht im Wege.

Allerdings folgt aus dem vorgenannten noch keine Kompetenzregelung für den Erlaß der Verordnung und der Richtlinie. Diese müßte sich allein aus der Kompetenz zum Erlaß der Harmonisierungsrichtlinien gemäß Artt. 94 (100 alt), 95 (100a alt), 133 (113 alt) EGV ergeben.

Diese setzen jedoch voraus, daß tatsächlich das Bedürfnis für eine Harmonisierung besteht. Dies ist zu bejahen. Durch die fortschreitende Entwicklung der EG im Hinblick auf die Einführung eines EG-Binnenmarktes 1993 und den damit verbundenen Wegfall der Grenz- und Zollkontrollen innerhalb der Gemeinschaft ist ein Problem hinsichtlich der Durchsetzbarkeit nationaler Regelungen entstan-

---

155 Soweit ersichtlich behandelt nur *Fechner*, Die Vorhaben der EG zum Kulturgüterschutz, DÖV 1992, 612, diese Frage.

156 Vgl. *Schwarze*, aaO., JZ 1994, S. 111-117, 117.

157 Vgl. *Matthies* in: *Grabitz*, Kommentar zur Europäischen Union, München Loseblattsammlung, Stand 1999, RN 6 zu Art 36 EGV.

158 Rs. 153/78, *Kommission/Deutschland*, Slg. 1979, S. 2554/2564 m.w.N.

den. Zwar ist den Mitgliedstaaten auch nach 1992 das Recht zugestanden, die notwendigen Maßnahmen zum Schutz der nationalen Kulturgüter zu treffen, jedoch können sie sich nicht mehr der Kontrollen und Formalitäten an den Binnengrenzen bedienen, um die Bestimmungen durchzusetzen.[159]

Ein weiteres Problem ergibt sich bei der Ausfuhr von Kulturgütern über die EG-Außengrenzen. Da dort nach wie vor Ausfuhrkontrollen stattfinden, stellt sich die Frage, wie Ausfuhrverbote an den Außengrenzen der Gemeinschaft überwacht werden können. Zwar bestehen die nationalen Schutzgesetze, aber eine Kontrolle an den Außengrenzen wäre ineffektiv.[160] Die Beamten müßten sämtliche nationalen Gesetze kennen, was unrealistisch erscheint, so daß erhebliche Rechtsunsicherheiten bei der Anwendung der nationalen Regelungen die Folge wären.[161] Aus diesen Gründen liegt es nahe, das Problem des Kulturgüterschutzes und der damit verbundenen Schutzgesetze EG-einheitlich zu regeln.[162]

Ob die Vorhaben der Kommission diesem Bedürfnis gerecht werden, wird im Zusammenhang mit der Verordnung und der Richtlinie überprüft werden.

III. Verordnung über die Ausfuhr von Kulturgütern

1. Regelungsbereich

Die Verordnung Nr. 3911/92 (VO) regelt die Genehmigungsbedürftigkeit der Ausfuhr von geschützten Kulturgütern aus EG-Staaten in Drittstaaten. Gemäß Art. 2 Abs. 1 VO darf die Ausfuhr von Kulturgütern aus dem Zollgebiet der Gemeinschaft nur erfolgen, wenn eine Ausfuhrgenehmigung vorliegt. Ausfuhrgenehmigungen werden gemäß Art. 2 Abs. 2 VO auf Antrag von den zuständigen Behörden des Mitgliedstaates erteilt, in dem sich das Kulturgut am 1.1.1993 rechtmäßig und endgültig befunden hat oder in den es nach diesem Datum rechtmäßig eingeführt worden ist.

---

159 Vgl. *Fechner*, Die Vorhaben der EG zum Kulturgüterschutz, DÖV 1992, S. 612.

160 Vgl. *Fechner*, aaO.

161 Vgl. die Begründung der Kommission KOM (91) 447 vom 17.1.1992, S. 6.

162 Vgl. *Fechner*, aaO.

In der Verordnung sind keine materiellen Regelungen darüber enthalten, wann die Versagung einer Ausfuhrgenehmigung gerechtfertigt ist.[163] Vielmehr kann eine Ausfuhrgenehmigung gemäß Art. 2 Abs. 4 VO dann versagt werden, wenn das betreffende Kulturgut unter eine Rechtsvorschrift zum Schutz nationalen Kulturgutes in dem betreffenden (über die Ausfuhrgenehmigung entscheidenden) Mitgliedstaat fällt.

2. Zuständigkeit zur Umsetzung der Verordnung

Die Zuständigkeit für die Überprüfung liegt ebenfalls bei den Behörden der Mitgliedstaaten. Die Kontrolle der Zollformalitäten ist den Zollstellen der Mitgliedstaaten übertragen, vgl. Art. 4 VO. Die Mitgliedstaaten können gemäß Art. 5 VO die Zahl der zuständigen Zollstellen beschränken.

Die Entscheidung über die Ausfuhr wird durch die VO nach wie vor den nationalen Behörden übertragen. Die Entscheidung richtet sich auch materiell nach den jeweiligen nationalen Regelungen der Mitgliedstaaten. Allein danach ist zu überprüfen, ob eine Ausfuhrgenehmigung zu erteilen ist oder nicht. Allerdings gilt das Ergebnis dieser Überprüfung gemäß Art. 2 Abs. 3 VO innerhalb der gesamten Gemeinschaft. Aufgrund der Verordnung werden somit z.B. durch eine Verwaltungsentscheidung von den deutschen Behörden über die Ausfuhr eines Kulturgutes auch die anderen Mitgliedstaaten gebunden. Eine eigene Verwaltungsentscheidung eines Mitgliedstaates ist somit ausgeschlossen, wenn bereits durch einen anderen Mitgliedstaat über die Ausfuhr entschieden worden ist. Die Entscheidung gilt in allen anderen Mitgliedstaaten.[164]

IV. Richtlinie zur Rückgabe von Kulturgütern

1. Regelungsbereich der Richtlinie

a) Rückführungsanspruch

Während die Verordnung des Rates in erster Linie der Vereinheitlichung der Ausfuhrformalitäten dienen soll, gehen die Regelungen der Richtlinie 93/7/EWG

---

163 Vgl. *Müller-Katzenburg,* aaO., S. 114 f.; ausführlich hierzu auch *Maurer*, Kulturgüter, S. 87 f.

164 Vgl. Art. 2 Abs. 3 VO, auch *Maurer*, Kulturgüter, S. 86.

(RL)[165] erheblich weiter. Ziel der Richtlinie ist die Rückführung von illegal ausgeführten Kulturgütern innerhalb der Europäischen Gemeinschaft.[166]

Zentrale Vorschriften der Richtlinie sind Artt. 2 und 5 RL. Der Staat (der "ersuchende Mitgliedstaat" Art. 1 Ziff. 3 RL), aus dem das schützenswerte Kulturgut illegal, das heißt ohne Ausfuhrgenehmigung, verbracht worden ist, kann gegen den jeweiligen Eigentümer oder Besitzer des Kulturgutes vor den Gerichten des Staates, in dem sich das Kulturgut befindet (der "ersuchte Mitgliedstaat" Art. 1 Ziff. 4 RL), auf Rückgabe des Kulturgutes klagen.

Die Klage ist gemäß Art. 8 RL dann begründet, wenn erwiesen ist, daß es sich um ein Kulturgut im Sinne der Richtlinie handelt und die Verbringung aus dem Hoheitsgebiet des Herkunftsstaates unrechtmäßig war. Die Richtlinie stützt sich bei der Definition sowohl des Kulturgutes als auch der unrechtmäßigen Verbringung primär auf die nationalen Regelungen.[167] Allerdings ist der Richtlinie selbst ein Verzeichnis schützenswerter Gegenstände nach Wert- und Alterskategorien beigefügt. Das Kulturgut muß sowohl nach den nationalen Gesetzen als schützenswert angesehen werden als auch unter eine der Kategorien des Anhangs der Richtlinie fallen, damit ein Rückführungsanspruch gemäß Art. 8 der Richtlinie Aussicht auf Erfolg hat.[168]

Der Anspruch auf Rückgabe ist gemäß Art. 7 der Richtlinie ausgeschlossen, wenn er nicht innerhalb eines Jahres nach dem Bekanntwerden des Ortes der Belegenheit und der Identität des Eigentümers oder Besitzers geltend gemacht wird. Auch wenn dies in der Richtlinie nicht eindeutig hervorgehoben wird, ist mit der Geltendmachung die gerichtliche Geltendmachung gemeint. Zwar spricht Art. 7 RL davon, daß der Anspruch erlöschen soll, während die Geltendmachung nicht angesprochen wird. Art. 7 Abs. 1 Satz 1 RL enthält von seinem Inhalt her aber eine Verjährungsvorschrift. Die andere mögliche Interpretation als Verfallsvorschrift findet in der Regelung keine Stütze. Deshalb wird man, zumal diese Frage auch ausdrücklich der Gesetzgebung der Mitgliedstaaten übertragen wird, auf die Vorschriften zur Unterbrechung und Hemmung der Verjährung zurückgreifen müssen. Fraglich ist jedoch, ob die Frist des Art. 7 Abs. 1 Satz 1 RL nur als Einrede beachtlich ist, oder ob bei der gerichtlichen Überprüfung des Anspruches die Frist des Art. 7 Abs. 1 Satz 1 RL von Amts wegen zu berücksichtigen ist. Für letzteres spricht, daß Art. 8 RL die Begründetheit einer Rückgabeklage neben dem Vorliegen einer unrechtmäßigen Aus-

---

165 Vgl. den Text der Richtlinie in ABlEG Nr. L 74/74 v. 27.03.1993.

166 Vgl. die amtliche Begründung ABlEG 1993, Nr. L 74/74.

167 Vgl. Art. 1 Ziff. 1 und Art. 1 Ziff. 2 der Richtlinie 93/7/EWG.

168 Vgl. Art. 1 Ziff. 1 der Richtlinie 93/7/EWG.

fuhr eines Kulturgutes auch auf Art. 7 RL verweist. Jedoch spricht der Text in Art. 8 RL: "Vorbehaltlich der Art. 7 und 13 wird die Rückgabe (...) angeordnet" nicht zwingend für eine Berücksichtigung der Frist nach Art. 7 Abs. 1 Satz 1 RL von Amts wegen. Zwar wird sich der auf Herausgabe Verklagte auf Art. 7 RL berufen können. Die Frage, ob eine Prüfung von Amts wegen notwendig ist, dürfte allerdings zu verneinen sein. Art. 7 Abs. 1 RL enthält vielmehr eine bloß im Wege der Einrede zu beachtende Verjährungsvorschrift.

Absolute Grenze für ein Rückgabeersuchen ist die 30-Jahre-Frist des Art. 7 Abs. 1 Satz 2 RL.[169] Die Richtlinie hat sich dabei an die nationalen Fristen für die regelmäßige Verjährung von Ansprüchen angelehnt, vgl. § 195 BGB. Auch dies spricht dafür, daß es sich bei den Fristen des Art. 7 RL um Verjährungsfristen handelt.

b) Rechtsfolgen der Rückführung

Als Rechtsfolge der Rückgabe sieht die Richtlinie die Zahlung einer Entschädigung an den jeweiligen Eigenbesitzer vor, sofern dieser "beim Erwerb mit der erforderlichen Sorgfalt vorgegangen ist", vgl. Art. 9 Satz 1 RL. Der Begriff der erforderlichen Sorgfalt ist in der Richtlinie nicht näher definiert. Es ist deshalb zu untersuchen, welche Rechte aus dieser Formulierung abzuleiten sind. Fraglich ist, ob Art. 9 Satz 1 RL einen Fall des gutgläubigen Erwerbs betrifft.

Aus der Systematik der Richtlinie läßt sich eine Lösung nicht ohne weiteres herleiten. Ein Rückgriff auf die nationalen Definition dürfte nicht möglich sein, da die Richtlinie als Gesetzesakte der EU autonom auszulegen ist Anhand der in der Richtlinie verwendeten Definitionen ist daher zu untersuchen, ob Art. 9 Satz 1 RL tatsächlich den gutgläubigen Erwerb betrifft. Soweit in der Richtlinie der Begriff des Besitzers verwendet wird, handelt es sich dabei um den Fremdbesitzer.[170] Der vermeintliche Eigenbesitzer wird hingegen in Art. 1 Ziff. 6 RL als Eigentümer bezeichnet:[171] "Eigentümer: die Person, die die tatsächliche Sachherrschaft über das Kulturgut ausübt", vgl. Art. 1 Ziff. 7 RL. Damit betrifft die Entschädigungspflicht des Art. 9 RL den Fall des Erwerbs durch den vermeintlichen Eigenbesitzer. Die Regelung des Art. 9 RL kann teleologisch nur so zu

---

169 Nicht 75 Jahre, wie von *Müller-Katzenburg,* aaO., S. 120 angenommen. Insoweit besteht lediglich bei besonders geschützten kirchlichen Kulturgütern eine weitergehende *Möglichkeit* der Verlängerung der Verjährungsfrist, vgl. Art. 7 Abs. 1 Satz 2 der Richtlinie 93/7/EWG.

170 Vgl. Art. 1 Ziff. 7 Richtlinie 93/7/EWG: "'Besitzer': die Person, die die tatsächliche Sachherrschaft über das Kulturgut für andere ausübt."

171 Insoweit unklar *Müller-Katzenburg,* aaO., S. 119, vgl. aber MünchKomm-*Kreuzer*, 3. Aufl., RN 193 nach Art. 38 Anh. I.

interpretieren sein, daß das Tatbestandsmerkmal der erforderlichen Sorgfalt den Voraussetzungen für gutgläubigen Erwerb entspricht. Denn nur im Falle eines gutgläubigen Erwerbs durch den vermeintlichen Eigenbesitzer kann es auf das Vorliegen der erforderlichen Sorgfalt ankommen.[172]

Außer der Regelung der Entschädigung ist an die Rückgabe unmittelbar durch die Richtlinie keine weitere Rechtsfolge geknüpft. Nicht nur die Frage des Eigentums nach erfolgter Rückgabe wird den Rechten der einzelnen Mitgliedstaaten überlassen, auch weitergehende zivil- oder strafrechtliche Maßnahmen bleiben von der Richtlinie unberührt.

Als Ergebnis bleibt festzuhalten, daß durch die Richtlinie den Mitgliedstaaten innerhalb der Europäischen Gemeinschaft eine neue Handlungsmöglichkeit durch den Anspruch auf Rückgabe unrechtmäßig verbrachten Kulturgutes eröffnet wird. Die Effizienz des Anspruchs wird bei der Möglichkeit der Rückführung unerlaubt ausgeführter Kulturgüter näher untersucht werden.

C) Konkurrenz zwischen nationalen Schutzgesetzen und EG-Recht

I. Kulturgüterschutzgesetze als Ausfuhrbeschränkungen

Der Grundsatz der Freiheit des Warenverkehrs in der europäischen Gemeinschaft, Art. 14 (7a alt) EGV, der in Art. 28 (30 alt) EGV mit dem Verbot mengenmäßiger Einfuhrbeschränkungen und in Art. 29 (34 alt) EGV mit dem Verbot mengenmäßiger Ausfuhrbeschränkungen konkretisiert ist, könnte mit dem Ziel des nationalen Kulturgüterschutzes kollidieren. Denn Art. 29 (34 alt) EGV verbietet mengenmäßige Ausfuhrbeschränkungen sowie Maßnahmen gleicher Wirkung. Als Maßnahmen gleicher Wirkung sind nach dem Grundsatzurteil des Europäischen Gerichtshofs vom 10.12.1968 zu Art. 28 (30 alt) EGV alle Maßnahmen zu verstehen, die geeignet sind, den "innergemeinschaftlichen Handel unmittelbar oder mittelbar, tatsächlich oder potentiell zu behindern".[173] Nationale Kulturgüterschutzgesetze sind als Ausfuhrbeschränkung unmittelbar geeignet, den Handel zu behindern, da aufgrund nationaler Regelungen Ausfuhrverbote erlassen werden können. Kulturgüterschutzgesetze dürfen daher innerhalb der EG dem Grundsatz der Freiheit des Warenverkehrs nicht widersprechen, anderenfalls würde eine Anwendung nationaler Kulturgüterschutzgesetze zumindest innerhalb der Gemeinschaft gegen EG-Recht verstoßen.

---

172 Vgl. für das deutsche Recht *Soergel-Mühl*, RN 1 zu § 996 BGB.

173 Vgl. Slg.1974, S. 837, 852, Rs. 8/74 (Dassonville).

1. Kulturgüter als Ware

Voraussetzung für eine mögliche Kollision mit dem Gemeinschaftsrecht wäre, daß Kulturgüter Waren im Sinne des EGV sind. In der Rechtssache 7/68 (Kommission/Italien)[174] wurde die Frage erstmalig grundlegend problematisiert.[175]

> Italien erschwerte mit seinem nationalen Ausfuhrgesetz für Kulturgüter die Ausfuhr von Kunstgegenständen durch die Erhebung von Abgaben. Zur Begründung führte Italien aus, Kunstgegenstände seien nicht als Waren anzusehen und unterfielen deshalb auch nicht dem EWGV, da sie nicht Verbrauchsgütern und Gegenständen des täglichen Bedarfs gleichgestellt werden könnten. Der EWG-Vertrag sehe nur die Errichtung einer Wirtschaftsgemeinschaft, nicht aber einer Gemeinschaft für künstlerische, historische oder ethnographische Gegenstände vor.[176]
>
> Generalanwalt GAND und ihm folgend der Gerichtshof teilten diese Argumentation nicht. Entscheidend sei, daß auch Kunstgegenstände Gegenstand des Handels seien und deshalb den Vorschriften des EWGV über den freien Warenverkehr unterfielen.[177]

Dieser Auffassung ist zuzustimmen. Der freie Warenaustausch bezieht sich auf den Handel an sich, unabhängig vom Gegenstand des Handels. Sobald einzelne Gegenstände, mit denen Handel getrieben werden kann, eines besonderen Schutzes bedürfen, ist es notwendig, diese Ausnahmen ausdrücklich zu regeln.[178]

2. Art. 30 (36 alt) EGV als Ausnahmetatbestand

Wenn somit auch Kunstgegenstände Waren im Sinne des EGV sind und die Kulturgüterschutzgesetze den Handel mit diesen Gesetzen einschränken, bedarf es einer besonderen Ermächtigungsnorm für die Gültigkeit der nationalen Gesetze. Diese Ausnahmeregelung findet sich in Art. 30 (36 alt) EGV. Art. 30 (36 alt) EGV gestattet den Mitgliedstaaten, zugunsten ihres nationalen Kunst- und

---

[174] Urt. v. 10.12.1968, Slg. 1968, S. 633. Zur Durchführung dieses Urteils vgl. die Folgeentscheidung Rs 48/71, Slg. 1972, S. 529.

[175] Vgl. *Niedobitek*, Kultur und Europäisches Gemeinschaftsrecht, S. 134; *Schwarze*, JZ 1994, S. 111, 112 f.

[176] Slg. 1968, S. 633, 639.

[177] Slg. 1968, S. 633, 649.

[178] Vgl. *Niedobitek*, Kultur- und Europäisches Gemeinschaftsrecht, S. 134 f.; *Schwarze*, JZ 1994, S. 111.

Kulturerbes Schutzbestimmungen aufrecht zu erhalten, selbst wenn dadurch der innergemeinschaftliche Handel beeinträchtigt wird.[179]

Zu untersuchen ist, ob die nationalen Regelungen der untersuchten Mitgliedstaaten Dänemark, Deutschland und Schweden gemeinschaftskonform und durch Art. 30 (36 alt) EGV gerechtfertigt sind. Hierbei stellt sich die Frage, wie weit der Kreis der geschützten Rechtsgüter gezogen werden darf und ob der Schutzbereich durch den nationalen Gesetzgeber oder durch das Gemeinschaftsrecht zu bestimmen ist.

Der Grundsatz des Gemeinschaftsrechts, daß Ausnahmeregelungen eng zu interpretieren sind,[180] spricht zunächst für eine autonome Auslegung. Denn anderenfalls könnten die Mitgliedstaaten durch eine Ausweitung der Schutzregelung für weite Produktgruppen den Grundsatz des freien Warenverkehrs umgehen.[181]

Geht man jedoch von dem Schutzzweck des Art. 30 (36 alt) EGV aus, der nationales Kulturgut gerade von der unbedingten Freiheit des Warenverkehrs ausnehmen will, so ist in der Ausnahmeregelung des Art. 30 (36 alt) EGV eine Ermächtigung der Mitgliedstaaten zu sehen, den Kreis der geschützten Kulturgüter im Rahmen der allgemeinen Ziele des Vertrages selbst zu definieren.[182]

Diese Auslegung ergibt sich auch aus der Begründung der von der Gemeinschaft erlassenen Regelungen. So heißt es im Vorwort zu der Verordnung über die Ausfuhr von Kulturgütern, "den Mitgliedstaaten bleibt es unbenommen, festzulegen, welche Gegenstände als nationales Kulturgut einzustufen sind".[183] Auch das neu in den Vertrag aufgenommene Subsidiaritätsprinzip des Art. 6 (3b alt) EGV, nach dem die Gemeinschaft in dem Bereich, der nicht unter die ausschließliche Zuständigkeit fällt, nur insoweit tätig werden darf, als die Maßnahmen auf der Ebene der Mitgliedstaaten nicht erreicht werden können, stützt diese Wertung.

3. Bewertung der Kulturgüterschutzgesetze anhand von Art. 30 (36 alt) EGV

Allerdings werden die einzelnen Kulturgüterschutzgesetze der Mitgliedstaaten sich an dem Mißbrauchs- und Übermaßverbot messen lassen müssen, das auch

---

179 Vgl. *Schwarze*, aaO.; Slg. 1968, S. 633, 639.

180 *Matthies* in: *Grabitz*, Kommentar zum EWG-Vertrag, München, Stand 1999, Art. 36 RN 9.

181 Vgl. *Schwarze*, aaO., S. 113.

182 Vgl. *Schwarze*, aaO., S. 113.

183 ABlEG 1992, Nr. L 395/1.

im Rahmen des Art. 30 (36 alt) EGV zu beachten ist.[184] Sowohl in Deutschland als auch in Dänemark und Schweden ist die in den Gesetzen enthaltene Genehmigungspflicht geeignet und notwendig, eine Kontrolle der Ausfuhr von schützenswertem Kulturgut zu gewährleisten. Effektivere mildere Mittel sind nicht ersichtlich, so daß ein Verstoß gegen Rechtssätze der Gemeinschaft nicht vorliegt.[185] Die Kulturgüterschutzgesetze beschränken sich jeweils auf national wertvollen Kulturbesitz. Der "normale " Kunst- und Antiquitätenhandel wird durch die Schutzgesetze weder verhindert noch wesentlich erschwert.[186]

II. Abschließende Regelung des Gemeinschaftsrechts?

Ein Rückgriff auf Art. 30 (36 alt) EGV wäre allerdings den Mitgliedstaaten dann verwehrt, wenn es abschließende Regelungen der Gemeinschaft in dem fraglichen Sachbereich gäbe.[187]

1. Abschließende Regelung durch die Verordnung?

Die Verordnung Nr. 3911/92 hat einen begrenzten Anwendungsbereich und regelt lediglich die Frage der Erteilung der Ausfuhrgenehmigung und deren Reichweite, vgl. Art. 2 Abs. 1 und 2 VO. Bereits aus diesem Grund liegt zumindest im Hinblick auf das gesamte Gebiet des Kulturgüterschutzes keine abschließende Regelung vor. Allerdings könnte in bezug auf die Erteilung der Ausfuhrgenehmigung eine abschließende Regelung bestehen. Dies ist jedoch ebenfalls zu verneinen. Zwar wird die Notwendigkeit einer Ausfuhrgenehmigung für Kulturgüter statuiert, dies gilt jedoch nur für Kulturgüter, die unter eine der Kategorien des der Verordnung beiliegenden Verzeichnisses fallen vgl. Art. 1 i.V.m. Art. 2 Abs. 2 VO. Für Kulturgüter, die nicht unter die Verordnung fallen, gelten gemäß Art. 2 Abs. 4 VO nach wie vor die nationalen Gesetze. Auch die materiellen Voraussetzungen für die Erteilung einer Ausfuhrgenehmigung richten sich

---

[184] Vgl. *Müller-Graf* in: *Groeben/Thiesing/Ehlermann*, Kommentar zum EWG-Vertrag, Art. 36, RN 66.

[185] Vgl. *Müller-Graf*, aaO., Art. 36, RN 62 f.

[186] Vgl. BVerwG, Urt. v. 27.5.1993, NJW 1993, 3280, 3282., vgl. auch *Fechner* in: *Groeben/Thiesing/Ehlermann*, RN 29 zu Vorbemerkungen zu Art. 128.

[187] Slg. 1977, 1555/1576 (Rs. Tedeschi/Deutschland); *Matthies* in: *Grabitz*, Kommentar zum EWG-Vertrag, Art. 36 RN 9; *Müller-Graf* in: *Groeben/Thiesing/Ehlermann*, Kommentar zum EWG-Vertrag, Art. 36, RN 14 ff.

gemäß Art. 2 Abs. 2, 2. Unterabsatz VO ebenfalls nach den nationalen Vorschriften. Eine abschließende Regelung enthält die Verordnung somit nicht.

2. Abschließende Regelung durch die Richtlinie?

In der Richtlinie ist ein neu geschaffener Rückführungsanspruch enthalten, dessen Auswirkungen auf das Eigentum an dem Kulturgut sich aber gemäß Art. 12 der Richtlinie nach den nationalen Gesetzen richtet. Auch die Richtlinie stellt jedoch im Hinblick auf die Kulturgüterschutzgesetzgebung keine abschließende Regelung dar. Denn die Richtlinie soll lediglich einen Mindeststandard im Bereich des Kulturgüterschutzes innerhalb der EG garantieren. Die Frage, wann ein Kulturgut einer Ausfuhrerlaubnis bedarf und aufgrund welcher Kriterien die Entscheidung über die Erteilung oder Versagung zu fällen ist, wird bewußt dem nationalen Gesetzgeber überlassen. Die Normen der nationalen Schutzgesetze gelten somit weiterhin neben den Regelungen der Richtlinie.[188]

III. Gemeinschaftsrecht und nationale Schutzgesetze

Auch wenn die Bestimmungen des Gemeinschaftsrechts keine abschließende Sonderregelung darstellen, ist zu prüfen, ob ein Gleichlauf zwischen nationalem und Gemeinschaftsrecht besteht, insbesondere ob die Schutzbereiche der Regelungen übereinstimmen.

1. Unterschiedliche Schutzbereiche der einzelnen Regelungen

Sowohl die Richtlinie als auch die Verordnung enthalten eigene Bestimmungen zur Abgrenzung von schützenswerten Kulturgütern. Diese Bestimmungen kollidieren in ihrem Anwendungsbereich mit den nationalen Schutzgesetzen.

Dabei ist festzustellen, daß sowohl im Anhang zur Verordnung als auch zur Richtlinie mit einer Kombination von Wert- und Altersangaben die Kulturguteigenschaft bestimmt wird, die den Bestimmungen der skandinavischen Staaten ähnelt. Jedoch gibt es auch hier Differenzen, so daß ein Kunstgegenstand zwar nach der nationalen, aber nicht nach der Regelung des Gemeinschaftsrechts als Kulturgut anzusehen ist bzw. umgekehrt. Die Differenzen sind bei dem Verzeichnissystem, wie es in Deutschland praktiziert wird, noch erheblich größer. Es stellt sich die Frage, wie der Konflikt zu lösen ist, wenn ein Kunstgegenstand zwar entweder nach der nationalen oder der Regelung des Gemeinschaftsrechts als Kulturgut anzusehen ist, jedoch nicht nach beiden Regelungen.

---

188 So Art. 15, ABlEG 1993, Nr. L 74/77.

2. Verhältnis der Verordnung zu nationalen Kulturgüterschutzgesetzen

Das Problem stellt sich in zwei Bereichen. Zum einen kann ein Kulturgut unter den Schutzbereich eines nationalen Schutzgesetzes fallen, jedoch nicht unter den Schutzbereich der Verordnung. Dieser Fall ist durch die Kollisionsregelung des Art. 2 Abs. 4 der Verordnung erfaßt. Danach unterliegt ein nationales Kulturgut, das kein Kulturgut im Sinne des Art. 1 der Verordnung ist, bei einer Ausfuhr den innerstaatlichen Vorschriften des Ausfuhrmitgliedstaates.[189]

Fraglich ist jedoch, wie der Fall zu lösen ist, wenn ein Kulturgut zwar der Verordnung, nicht aber dem nationalen Schutzgesetz unterfällt. Wie gesehen, legt die Verordnung der Kommission nicht die materiellen Kategorien fest, nach denen Ausfuhrgenehmigungen erteilt oder versagt werden können. Denn nach Art. 2 Abs. 2, 3. Unterabs. VO richtet sich die Entscheidung über die Verweigerung einer Ausfuhrgenehmigung allein nach den nationalen Schutzgesetzen. Dies führt aber dann zu Konflikten, wenn zwar die Verordnung ein Kulturgut als schützenswert ansieht, das nationale Schutzgesetz aber nicht. Daß dies kein abstraktes Problem ist, zeigt eine Auswertung des Kulturwerteausschusses in Dänemark. Dort wurden neben der Ausfuhrgenehmigung nach nationalem Recht in den Jahren 1993 bis 1996 147 Ausfuhrersuchen nach der Verordnung gestellt, somit jährlich rund 37 zusätzliche Ersuchen.[190] In diesen Fällen fehlt es an materiellen Kategorien, nach denen die für die formelle Vergabe der Ausfuhrgenehmigungen zuständige Behörde des jeweiligen Mitgliedstaates entscheiden kann, ob die Ausfuhrgenehmigung zu erteilen ist oder nicht.

Insoweit besteht ein Interessenkonflikt, dessen Lösung die Verordnung offen läßt, denn aus der Sicht der einzelnen Mitgliedstaaten bedarf ein Kulturgut, das nicht von dem nationalen Schutzgesetz erfaßt ist, keiner Ausfuhrgenehmigung. Wird eine solche durch die Verordnung dennoch gefordert, ohne daß gleichzeitig Maßstäbe zur Beurteilung der Schutzwürdigkeit dieses Kulturgutes gesetzt werden, kann die Konsequenz nur die Erteilung der Genehmigung durch die zuständige Behörde des jeweiligen Mitgliedstaates ohne weitere Prüfung sein.[191] Damit wird aber außer der Einführung eines neuen bürokratischen Hindernisses, nämlich des Antrags auf Erteilung einer ohnehin zu erteilenden Ausfuhrgenehmigung, nichts erreicht, was dem sinnvollen Schutz von Kulturgütern dienen könnte. Somit wäre eine solche Verordnung, soweit sie lediglich die nationale

---

189 Vgl. ABlEG 1992, Nr. L 395/2. *Maurer*, Kulturgüter, läßt diesen Konflikt in seiner detaillierten Darstellung der Verordnung unerwähnt, vgl. *Maurer*, aaO., S. 73-106.

190 Quelle: Rechenschaftsbericht des dänischen Kulturwerteausschusses, Beretning 1996, S. 8 f.

191 Diese Ansicht wird auch durch den dänischen Kulturwerteausschuß geteilt, vgl. Beretning 1994, S. 5 f.

Regelung mitumfaßt, eine Wiederholung derselben, da die Behörden bereits nach den nationalen Vorschriften zu einer Prüfung verpflichtet wären. Soweit sie über die nationalen Vorschriften hinaus geht, wäre die Verordnung ohne Sinn.

Allerdings dürfte durch die Verordnung eine Vereinheitlichung des Verwaltungsverfahrens auf EG-Ebene erreicht werden. Denn gemäß Art. 2 Abs. 3 der Verordnung gilt die von den nationalen Behörden erteilte Ausfuhrgenehmigung in der gesamten Gemeinschaft.[192] Der Geltungsbereich einer bereits jetzt nach den nationalen Schutzgesetzen obligatorischen Ausfuhrgenehmigung wird durch die Regelung der Verordnung auf den gesamten Binnenmarkt ausgedehnt. Dies stellt für den Ersuchenden zwar möglicherweise eine Erleichterung des Verwaltungsverfahrens dar. Damit wird aber kaum das Ziel der Verordnung, "die einheitliche Kontrolle der Ausfuhr von Kulturgütern an den Außengrenzen der Gemeinschaft sicher(zu)stellen"[193] erreicht werden können.[194]

3. Verhältnis der Richtlinie zu nationalen Kulturgüterschutzgesetzen

Die bereits bestehenden Möglichkeiten, die dem Staat oder Privaten aufgrund nationaler Gesetze bei einer illegalen Ausfuhr von Kulturgütern zustehen, werden durch die Richtlinie nicht berührt.[195] Allerdings wird durch die Richtlinie ein Anspruch des Ursprungsstaates auf Rückführung des Kulturgutes geschaffen. Um diesen Anspruch durchsetzen zu können, muß das Kulturgut jedoch sowohl unter den Geltungsbereich des nationalen Gesetzes, als auch unter den Geltungsbereich der Richtlinie fallen.

Die Richtlinie enthält selbst Kategorien, um den Begriff "Kulturgut" weiter zu präzisieren. Gemäß Art. 1 Nr. 1 RL ist ein Kulturgut ein Gegenstand, der nach dem einzelstaatlichen Recht eines Mitgliedstaates als "nationales Kulturgut von künstlerischem, geschichtlichem oder archäologischem Wert" im Sinne des Art. 30 (36 alt) EGV eingestuft wird. Ferner muß der Gegenstand unter eine von drei durch die Richtlinie selbst festgelegten Kategorien fallen. Entweder muß der Gegenstand in eine der 14 Gruppen des Anhangs der Richtlinie fallen oder zu einer öffentlichen Sammlung i. S. der Richtlinie gehören (Art. 1 Nr. 1 zweiter Spiegelstrich, erste Alt. RL) oder im Bestandsverzeichnis einer kirchlichen Einrichtung aufgeführt sein.[196] Es genügt für die Anwendung der Richtlinie weder,

---

192 Vgl. ABlEG 1992, Nr. L 395/2.

193 Vgl. die Präambel der Verordnung, vgl. ABlEG 1992 Nr. L 395/1.

194 So auch *Müller-Katzenburg*, aaO., S. 121 f.

195 Vgl. Art. 15, ABlEG 1993, Nr. L 74/77.

196 Vgl. hierzu *Siehr*, Handel mit Kulturgütern in der EWG, NJW 1993, S. 2206-2209, 2206.

daß das Kulturgut nur allein durch nationales Recht geschützt ist, aber nicht der Richtlinie unterfällt, noch, daß das Kulturgut zwar unter die Richtlinie fällt, jedoch nicht unter ein nationales Schutzgesetz.

Vergleicht man den Umfang der von der Richtlinie umfaßten Kulturgüter mit den hier untersuchten nationalen Schutzgesetzen, so läßt sich folgendes feststellen:

Das Gesetz zum Schutz deutschen Kulturgutes gegen Abwanderung basiert auf einem Verzeichnissystem. Sämtliche national wertvollen Kulturgüter werden in ein Gesamtverzeichnis eingetragen, das periodisch im Bundesanzeiger veröffentlicht wird.[197] Da dieses System nicht nach einzelnen Kategorien aufgebaut wird, sondern in jedem Einzelfall entschieden wird, ob ein Kulturgut als schützenswert in das Verzeichnis eingetragen wird, kann es zwischen dem deutschen Kulturgüterschutzgesetz und der Richtlinie kaum zu Konflikten kommen. Aufgrund der relativ geringen Zahl der in Deutschland eingetragenen Kulturgüter wird in aller Regel ein eingetragenes Kulturgut auch unter eine Kategorie des Richtlinienvorschlags fallen.

Anders ist die Situation in Dänemark: Die dänische Regelung arbeitet ebenso wie die Richtlinie mit bestimmten Merkmalen, anhand derer ein Kulturgut als schützenswert einzustufen ist. Die Merkmale sind jedoch nicht identisch. Z.B. fallen Gegenstände, die nach dänischem Recht wegen ihrer Entstehung vor 1660 unabhängig von ihrem Wert geschützt sind, nicht unter die Kategorien der Richtlinie. Denn danach wird ein Schutz nur bei Erreichen eines bestimmten Wertes gewährt. Eine weitere Differenz kann sich bei Gemälden ergeben. Zwar ist hier die Altersgrenze (100 Jahre) identisch, nach dänischem Recht liegt die Wertgrenze aber mit mindestens 100.000 dkr deutlich unter der nach der Richtlinie geforderten Wertgrenze von 150.000 ecu. Damit könnte der dänische Staat bezüglich dieser Kulturgüter bei einer unerlaubten Ausfuhr zwar seine eigenen Sanktionsmöglichkeiten anwenden. Auf die in der Richtlinie eröffnete Möglichkeit, im Falle einer unerlaubten Ausfuhr etwa nach Deutschland dort aus eigenem Recht auf Rückgabe zu klagen, könnte der dänische Staat somit nicht zurückgreifen.

Bei dem schwedischen Gesetz stellt sich das gleiche Problem wie bei der dänischen Regelung. Auch hier korrespondieren die Wert- und Altersgrenzen für schützenswerte Kulturgüter nur eingeschränkt mit den Kategorien, die durch die Richtlinie aufgestellt werden. Insoweit kann sich auch Schweden nicht auf den Schutz der Richtlinie berufen.

---

[197] Zuletzt durch die Bekanntmachung mit Stand vom 19.4.1999, BAnz. Nr. 97a vom 28.5.1999.

Da Norwegen nicht Mitglied der EG ist, ist für Norwegen die Möglichkeit der Rückführung unerlaubt ausgeführter Kunstgegenstände aufgrund der Richtlinie nicht gegeben. Denn diese eröffnet nur innerhalb der EG-Mitgliedstaaten die Möglichkeit der Rückführung von Kulturgütern.

4. Umsetzung der Richtlinie in den untersuchten Staaten

Nachdem Deutschland als letzter der untersuchten Mitgliedstaaten die Richtlinie durch Art. 1 des Kulturgutsicherungsgesetzes (KultgutSiG), das sog. Kulturgüterrückgabegesetz (KultGüRückG) vom 15.10.1998[198], in das nationale Recht umgesetzt hat[199], ist die Richtlinie nunmehr in allen hier untersuchten Mitgliedstaaten umgesetzt. In Dänemark ist die Richtlinie durch das Gesetz vom 22.12.1993[200] in nationales Recht umgesetzt worden, in Schweden wurden die Regelungen der Richtlinie als Kapitel 6 des Denkmal(schutz)gesetzes (KML) eingeführt.[201] Bei der Umsetzung haben die untersuchten Mitgliedstaaten unterschiedliche Wege beschritten.

Dänemark hat die Richtlinie ins Dänische übersetzt und als Gesetz Nr. 1104 aus 1993 in dänisches Recht inkorporiert. Die dänische Regelung wiederholt exakt den Wortlaut der Richtlinie,[202] ohne daß dadurch das bestehende Kulturgüterschutzgesetz abgeändert worden wäre. Beide Gesetze stehen ohne Verknüpfung nebeneinander. Regelungen, die die unterschiedlichen Schutzbereiche des nationalen Gesetzes und der umgesetzten Richtlinie[203] harmonisieren, finden sich nicht.

Schweden hat hingegen sein nationales Schutzgesetz an die Richtlinie angepaßt. Das schwedische Modell der Umsetzung sieht die Integration der Richtlinie in das bestehende nationale Schutzgesetz vor. Durch die Aufnahme der Regelungen der Richtlinie in Kapitel 6 des Denkmalschutzgesetzes ist in Schweden ein ein-

---

198 BGBl. I 1998, S. 3162.

199 Unzutreffend insoweit *Hohloch in Ermann*, RN 10 zu Art. 43 EGBGB, 10. Aufl. 2000, wo es heißt, die Richtlinie sei in Deutschland noch nicht umgesetzt worden, ebenso noch *Heldrich* in: Palandt, 59 Aufl., RN 2 zu Art. 43 EGBGB.

200 Lov om tilgagelevering af kulturgoder, som ulovligt er fjernet fra et EU-medlemslands område m.v. 1993-12-22 nr. 1104.

201 Gesetz vom 15.12.1994, SFS 1994:1523.

202 Die Richtlinie ist als Anhang dem Gesetz Nr. 1104:1993 beigefügt, vgl. § 1 Abs. 2 Lov 1993-12-22 nr. 1104.

203 Vgl. oben S. 65.

heitliches Schutzgesetz vorhanden, das auch den Rückgabeanspruch aus Art. 12 RL berücksichtigt.[204]

In Deutschland wurde zwar durch das KultgutSiG auch eine Änderung des bestehenden KuSchG im wesentlichen durch die Einführung eines neuen § 20 KuSchG über besondere Regelungen für die leihweise Verbringung von ausländischen Kulturgütern zu Ausstellungen durchgeführt.[205] Die Regelungen der Richtlinie sind aber in einem separaten Artikelgesetz, dem bereits erwähnten KultGüRückG in deutsches Recht überführt worden.[206] Eine Integration in das bestehende nationale KuSchG wie in Schweden wurde nicht vorgenommen. Allerdings versucht das KultGüRückG den Konflikt zwischen den unterschiedlichen Schutzbereichen der nationalen Regelung und der umgesetzten Richtlinie anders als das dänische Modell zu lösen. So differenzieren § 1 und § 5 KultGüRückG bewußt zwischen der Geltendmachung öffentlich-rechtlicher Rückgabeansprüche für deutsches Kulturgut, die ausschließlich für Kulturgüter geltend gemacht werden können, die dem Schutzbereich des KuSchG unterfallen,[207] und Rückgabeansprüchen anderer Staaten. Diese können gemäß § 5 KultGüRückG geltend gemacht werden, wenn die Voraussetzungen von der Richtlinie 93/7/EWG vorliegen.[208] Dieser Rückgabeanspruch wird durch eine eigene Strafvorschrift in § 13 KultGüRückG gesichert, da die Strafvorschrift des § 16 KuSchG nicht einschlägig wäre.[209] Auch wenn damit die Kollision zwischen den beiden Schutzbereichen der nationalen und der EG Vorschriften geregelt wird, erscheint es dennoch im Hinblick auf eine größere Transparenz im Bereich des Kulturgüterschutzes unglücklich, daß nicht entsprechend dem Beispiel von Schweden eine Einfügung der europäischen Regelung in das bestehende KuSchG versucht worden ist. Ein entsprechender Vorstoß wurde in einem Referentenentwurf 1997 noch unternommen.[210]

Sowohl die deutsche als auch die schwedische Regelung sehen im Bereich der Rückforderung Ergänzungen zu den Regelungen in der Richtlinie vor. So be-

---

204 Vgl. § 1 6. Kap. KML; *Karnov(S)/Adlercreutz*, RN 120 zu § 1 6. Kap. KML

205 Vl. BGBl. I 1998, S. 3165.

206 Vgl. hierzu die Begründung des Gesetzesvorschlages BT-Drucksache 10789, 13 Wahlperiode, S. 8 ff. Auch *von Preuschen*, Kulturgutsicherungsgesetz und EG-Recht, EuZW 1999, S. 40-42, 41.

207 Vgl. BT-Drucksache 10789, 13 Wahlperiode, S. 8 f.

208 Vgl. BT-Drucksache 10789, 13 Wahlperiode, S. 9 f.

209 Vgl. BT-Drucksache 10789, 13 Wahlperiode, S. 10.

210 Vgl. die Dokumentation im Blick durch die Wirtschaft vom 21. und 24. 4 1998, jeweils Seite 4.

stimmt § 15 Kap. 6 KML in Ergänzung zu Art. 10 der Richtlinie 93/7/EWG, daß der zurückfordernde Staat die Verfahrenskosten zu tragen hat, wenn dem Besitzer des Kulturgutes kein verbotswidriges Handeln vorzuwerfen ist. Dies geht über die Regelung des Art. 10 RL hinaus, die eine solche Regelung nicht enthält.[211] In dem KultGüRückG ist eine entsprechende Regelung in § 5 Abs. 5 enthalten. Nicht übernommen wegen Verstoßes gegen das Rückwirkungsverbot wurde die durch Art.1 Nr. 1 RL eröffnete Möglichkeit, Kulturgut auch nach der Verbringung als schützenswert einzustufen.[212]

Alle Umsetzungsgesetze enthalten Regelungen über die jeweils für die Durchführung der Richtlinie gemäß Art. 3 und 4 der Richtlinie zuständigen Behörde. Dies ist in Dänemark der Kulturwerteausschuß gemäß § 2 Lov 1993-12-22 nr. 1104[213], in Deutschland gemäß § 11 KultGüRückG die Zentralstelle des Bundes, das Bundesministerium des Innern[214] bzw. der Länder, die ihre Zentralstelle selbst bestimmen können[215], und in Schweden als sog. zentrale Behörde das Reichsantiquitätenamt (Riksantikvarieämbetet, RAÄ)[216].

5. Eigene Stellungnahme

Sowohl die Richtlinie als auch die Verordnung sind somit in ihrem Anwendungsbereich in Teilbereichen nicht mit den nationalen Schutzgesetzen deckungsgleich. Falls Kulturgüter nicht unter die Vorschriften der Regelungen des Gemeinschaftsrechts fallen und deshalb die dort enthaltenen Reaktionsmöglichkeiten nicht anwendbar sind, mag dies noch hingenommen werden. Denn in diesen Fällen sind die Kulturgüter zwar des besonderen Schutzes der Regelungen des Gemeinschaftsrechts beraubt, da die Kulturgüter nach Gemeinschaftsrecht als nicht schutzwürdig angesehen werden. Der Schutz der nationalen Gesetze besteht aber weiterhin.

Keine befriedigende Lösung ergibt sich aber in dem Fall, in dem Kulturgüter zwar in den Schutzbereich des Gemeinschaftsrechts fallen, nach nationalen Schutzgesetzen aber nicht als schützenswert angesehen werden. Denn da die Regelungen des Gemeinschaftsrechts keine materiellen Vorgaben für die Frage

---

211 Vgl. *Karnov(S)/Adlercreutz*, RN 139 zu § 15 6. Kap. KML.

212 BT-Drucks. 13/10789, S. 8; *Fuchs*, IPRax 2000, S. 283.

213 Lovtidende 1993, S. 6135.

214 Vgl. § 3 KultGüRückG.

215 Vgl. § 3 KultGüRückG.

216 Vgl. §§ 31 und 32 der Denkmalschutzverordnung 1988:1188, *Karnov(S)/Adlercreutz*, RN 14 zu Förordning (1988:1188).

der Erteilung oder Versagung einer Ausfuhr enthalten, kann ein Schutz von gemeinschaftsrechtlich anerkannt schützenswerten Kulturgütern nicht gewährleistet werden. Die nationalen Behörden, die über Ausfuhrersuchen von nur nach Gemeinschaftsrecht geschützten Kulturgütern entscheiden müssen, haben keinerlei Entscheidungskriterien an der Hand und können lediglich ohne weitere Prüfung die Ausfuhrgenehmigung erteilen. Denn für eine Ablehnung eines Ausfuhrersuchens und damit für einen Eingriff in die Verfügungsbefugnis des jeweiligen Eigentümers fehlt jegliche Rechtsgrundlage sowohl im Gemeinschaftsrecht als auch im nationalen Recht. Insoweit ist das durch die Richtlinie und die Verordnung in Kauf genommene Auseinanderfallen der Schutzbereiche im Vergleich zu den nationalen Regelungen mißlungen. Ein Schutz von Kulturgütern, die nur dem Regelungsbereich der Richtlinie oder der Verordnung unterfallen, ist nicht gewährleistet. Außer weiterem bürokratischem Mehraufwand bringt die Regelung des Gemeinschaftsrechts in diesen Fällen nichts.

Soweit durch die Regelung der Verordnung ein einheitlicher europäischer Standard für die an den Außengrenzen der Union geltenden Exportbestimmungen geschaffen werden soll,[217] bleibt die Erreichung dieses Zieles zweifelhaft. Denn die Verordnung läßt offen, wer in welcher Weise den Wert eines Kulturgutes bestimmen soll, der entscheidend für die Beantwortung der Frage ist, ob ein Kulturgut nur den nationalen Gesetzen oder der Verordnung unterfällt.[218] Für die Frage, ob die Wertgrenzen des Anhangs zur Verordnung erreicht werden, sind die nationalen Zollbehörden zuständig. Entscheidend ist dabei der Wert, den das Kulturgut zum Zeitpunkt der Antragstellung in seinem Herkunftsland hat.[219] Wie dieser Wert zu ermitteln ist, insbesondere, ob ein auf dem internationalen Kunstmarkt vielfach höherer Wert zu berücksichtigen ist (da ansonsten bereits die Motivation des Verkaufs im Ausland fehlen dürfte), wird von den zuständigen Zollbehörden kaum zu beurteilen sein.[220] Dies dürfte in Deutschland noch zu erheblich größeren Problemen führen, da das deutsche Schutzgesetz im Gegensatz etwa zu Dänemark und Schweden nicht mit einem der Verordnung vergleichbaren System von Wertkategorien arbeitet.

In der Praxis ist zu befürchten, daß diese Unwägbarkeiten dazu führen, daß auch in den Fällen, in denen aufgrund der Bagatellklausel der Verordnung oder aufgrund der Wertvorgaben eine Ausfuhrgenehmigung nicht notwendig wäre, dennoch vorsorglich Ausfuhrgenehmigungen eingeholt werden, was durch die Emp-

---

217 Vgl. *Schwarze*, JZ 1994, 115.

218 Vgl. die Bagatellklausel des Art. 2 Abs. 2, 2. Unterabsatz VO, *Maurer*, Kulturgüter, S. 87 f.

219 Anhang B zur VO 3911/92, vorletzter Absatz.

220 So auch zutreffend *Müller-Katzenburg*, aaO., S. 121 f.

fehlung zur innerstaatlichen Umsetzung der Verordnung durch die Ergänzung der Regelungen mit einem Negativattest noch unterstrichen wird.[221] Im Ergebnis wird deshalb um eine Ausfuhrgenehmigung nachgesucht werden, was zu einer Vergrößerung der ohnehin nicht geringen zusätzlichen bürokratischen Belastung durch die Verordnung beitragen wird.[222]

D) Bewertung der nationalen Gesetze und der Rechtsakte der EG im Hinblick auf deren Bestimmtheit und Rechtsschutz

I. Einschränkung der Verfügungsbefugnis des Eigentümers

Die untersuchten Kulturgüterschutzgesetze schränken die Verfügungsbefugnis des Eigentümers eines Kulturgutes ein. Er darf, wenn er Eigentümer eines schützenswerten Kulturgutes ist, dieses nur noch mit Genehmigung der zuständigen nationalen Behörden ausführen. Auch wenn die Verfügungsbeschränkung noch keinen entschädigungspflichtigen Eingriff darstellt, sondern eine Inhalts- und Schrankenbestimmung des Eigentums, so handelt es sich doch um eine den Eigentümer belastende Verfügungsbeschränkung.

Aus rechtsstaatlichen Gründen muß daher für den Eigentümer mit der notwendigen Bestimmtheit festgelegt werden, welche Kunstgegenstände schützenswerte Kulturgüter sind und aus welchen Gründen eine Ausfuhrgenehmigung versagt werden kann.

II. Notwendigkeit der Definition nationalen Kulturgutes?

1. Definitionsmöglichkeiten

In den untersuchten Gesetzen sowie in der Verordnung und der Richtlinie der EG werden jeweils Kulturgüter bzw. nationale Kulturgüter unter Schutz gestellt.

---

221 Vgl. *Müller-Katzenburg*, aaO., S. 122. hierzu auch *Maurer*, Kulturgüter, S. 87 f.

222 Allenfalls kann durch den bei *Eberl*, Probleme und Auswirkungen der EG-Vorschriften zum Kulturgüterschutz, NVwZ 1994, 729, 731 zitierten Erlaß des Bundesministers für Finanzen vom 10.03.1993 Nr. II b 2 - SV 1402 - 6/93 noch eine Vereinfachung erfolgen, nach denen Kunst- und Buchhändlern, die Mitglied des BDKA sind, ein Selbsterklärungsrecht zusteht, mit dem die Mitglieder des BDKA nach eigener Einschätzung den Wert des Kulturgutes bestimmen und den Zollbehörden angeben können.

Eine abschließende Definition des Begriffes Kulturgut ist jedoch in den Schutzgesetzen bzw. den Rechtsakten der EG nicht zu finden. So wird in den einzelnen Rechtsakten bereits eine unterschiedliche Terminologie verwandt: deutsches Kulturgut,[223] Kultur(werte)gut (Kulturværdie)[224] und Denkmäler (Kulturminner).[225]

In der Literatur wird Kulturgut teilweise synonym mit Kunstwerk verwendet,[226] teilweise explizit zwischen Kulturgut und Kulturerbe unterschieden.[227] Eine einheitliche Definition des Begriffes Kulturgut läßt sich deshalb nicht finden.

Einigkeit besteht allenfalls insoweit, als Kulturgut eine bewegliche oder unbewegliche Sache als auch eine Sachgesamtheit sein kann.[228] Allerdings wird jede Rechtsordnung daran scheitern müssen, den Wortbestandteil Kultur zu definieren.[229] Aus den vorangegangenen Beispielen der einzelnen Schutzgesetze wird deutlich, daß sich der Gesetzgeber unterschiedlicher Hilfsmittel bedient, um den Begriff Kulturgut in faßbare Formen zu bringen. Entweder wird im Rahmen eines Kategorienkataloges umschrieben, welche Merkmale ein Kulturgut erfüllen muß, um unter den Schutzbereich des Gesetzes zu fallen, so z.B. in dem Vorentwurf der UNIDROIT eines Übereinkommens über die Rückgabe gestohlener oder illegal exportierter Kulturgüter.[230] Eine andere Möglichkeit besteht darin, durch Wert- und/oder Alterskategorien die als schützenswert erachteten Kulturgüter zu bestimmen.[231]

---

223 Gesetz zum Schutz deutschen Kulturgutes vor Abwanderung ins Ausland, BGBl. I 1955, S. 501.

224 Lov 1986-06-04 nr. 332, Dänemark.

225 § 2 Lov om Kulturminnen 1978-09-06 nr. 50, Norwegen.

226 Bei *Knott*, Der Anspruch auf Herausgabe gestohlenen und illegal exportierten Kulturgutes, in dessen Gliederungs(unter)punkten.

227 Vgl. *Siehr*, International Art Trade, S. 260 f.

228 Vgl. *Müller-Katzenburg*, aaO., S. 132 m.w.N.

229 BVerfG, Urt. v. 17.7.1984, BVerfGE 67, 213, 225: "Unmöglichkeit, Kunst generell zu definieren". Vgl. hierzu auch *Roelleke*, Warum schützen wir Kulturgüter? In: *Mußgnug/Roelleke* (Hrsg.), Aktuelle Fragen des Kulturgüterschutzes, S. 33 f.

230 Art. 2: "Im Sinne dieses Übereinkommens bezeichnet der Begriff "Kulturgut" jeden Gegenstand von kultureller, insbesondere künstlerischer, geschichtlicher, geistlicher oder ritueller Bedeutung."

231 So in unterschiedlicher Intensität die nordischen Kulturgüterschutzgesetze, vgl. oben S. 39 ff.

Soweit darüber hinaus teilweise von einem sog. Eintragungssystem gesprochen wird,[232] liegt hierin keine unterschiedliche Definition oder Konkretisierung von Kulturgütern. Denn bei einem Eintragungssystem, entsprechend etwa dem deutschen Kulturgüterschutzgesetz, liegt lediglich eine Vorverlagerung der Bestimmung schützenswerter Kulturgüter vor, die letztlich ebenfalls nach den gleichen Kriterien entschieden wird.[233] Die Eintragung stellt deshalb nur das Ergebnis der Anwendung eines Kategorien- oder Kriteriensystems dar.

Man wird deshalb unterscheiden müssen zwischen der Frage, nach welchen Merkmalen die besondere Schutzwürdigkeit von Kulturgütern bestimmt wird und der Frage, welche Kulturgüter Verfügungsbeschränkungen unterliegen. Bei letzterer Frage kann unterschieden werden zwischen Gesetzen, die lediglich durch Kategorien oder Kriterien den Rahmen für die Subsumtion vorgeben, und Gesetzen, die durch ein Verzeichnis bereits präzisieren, welche Kulturgüter Verfügungsbeschränkungen unterliegen. Diese Unterscheidung berücksichtigt die folgende Untersuchung.

2. Lösungsmodelle

a) Kategorien- und Verzeichnismodell

Grundsätzlich kann man somit zwei Modelle unterscheiden. Dies ist zum einen das deutsche Verzeichnismodell,[234] zum anderen - in unterschiedlichen Ausformungen - das nordische Kategorienmodell. Während im ersten Fall im Gesetz nicht definiert wird, welche Kulturgüter schützenswert sind, sondern sich die Schutzwürdigkeit der Kulturgüter konstitutiv aus der Eintragung in ein Verzeichnis der schutzwürdigen Kulturgüter ergibt, ist im zweiten Fall im Gesetz bzw. der Verordnung anhand objektiver Kategorien wie Alter und materieller Wert des Kulturgutes bestimmt, welcher Kunstgegenstand potentiell schützenswert ist. Fraglich ist, welches dieser beiden Lösungsmodelle dem Bestimmtheitsgebot besser entspricht.

Für das Kategorienmodell spricht zunächst, daß sich der Eigentümer anhand der im Gesetz selbst festgelegten Kategorien vergewissern kann, ob sein Kunstgegenstand potentiell schutzwürdig ist und nur mit Erlaubnis der zuständigen Be-

---

[232] Vgl. *Müller-Katzenburg*, aaO., S. 136; *Jaeger*, Internationaler Kulturgüterschutz, aaO., S. 9 f.

[233] Vgl. die Beschlüsse der Kultusministerkonferenz für das deutsche Kulturgüterschutzgesetz vom 3.12.1976 (GMBl. 1977, S. 85) und 20.5.1983 (GMBl. 1983, S. 442); *Stich/Burhenne*, Nr. 420, S. 13, *Hönes*, S. 39.

[234] Teilweise auch als Eintragungssystem bezeichnet, vgl. *Müller-Katzenburg*, aaO., S. 136.

hörden ausgeführt werden darf. Allerdings hat dieses Modell den Nachteil, daß zwangsläufig eine erhebliche Anzahl von Kunstgegenständen als potentiell schutzwürdig dem Gesetz unterfallen, von denen nur ein Bruchteil tatsächlich schutzwürdig ist. Dies läßt sich aus der nachfolgenden Statistik des dänischen Kulturwerteausschusses für die Jahre 1987 bis 1996 ablesen.[235]

b) Dänemark

Dänemark überprüft aufgrund des Kulturwertegesetzes bei Auktionen die jeweiligen Auktionskataloge. Die Zahl der Überprüfungen sowie deren Ergebnisse sind in der nachfolgenden Tabelle aufgelistet.[236]

Jahr	Kataloge	Zahl der Katalognr.	Vorbehalte	Verbot
1987	31	~ 25.000	12	1
1988	59	~ 72.000	14	2
1989	63	~ 81.000	7	1
1990	77	~ 90.000	12	3
1991	67	~ 68.000	40	11
1992	64	~ 73.000	19	4
1993	63	~ 85.000	14	1
1994	58	~ 73.000	14	5
1995	66	~ 78.000	14	6
1996	73	~ 83.000	4	-
Insg.	621	~ 728.00	150	34

Daraus ergibt sich, daß in den zehn Jahren, in denen die offizielle Statistik ausgewertet wurde, insgesamt 728.000 Einzelstücke in 621 Auktionskatalogen ü-

235 Quelle: Rechenschaftsbericht des Kulturwerteausschusses, Beretning 1996, S. 8 f.

236 Vgl. Rechenschaftsbericht des Kulturwerteausschusses, Beretning 1996, S. 8

berprüft wurden. Bei 150 Kunstgegenständen wurde ein Vorbehalt angemeldet. Diese Gegenstände durften nur mit Genehmigung der zuständigen Behörde als potentiell schutzwürdig ausgeführt werden. 150 von 728.000 überprüften Kunstgegenständen waren somit schützenswerte Kulturgüter. Bei lediglich 34 Kulturgütern wurde die Ausfuhr verboten, weil diese nach Ansicht des Kulturwerteausschusses zu einer ernsten Verringerung des dänischen Kulturerbes geführt hätte.

Bei den Ausfuhrersuchen bei privaten Verkäufen ist das Verhältnis der geprüften Schutzgütern zu ausgesprochenen Ausfuhrverboten weniger kraß:[237]

Jahr	Ersuchen insgesamt	Einzelstücke	Ausfuhrverbot
1987	105	?	1
1988	100	102	7
1989	120	531	-
1990	104	282	3
1991	108	121	6
1992	123	?	3
1993	67	?	1
1994	176	?	2
1995	67	?	3
1996	142	?	5
Insg.	1.112		32

Allerdings ergibt sich auch hier, daß nur in 3% der von dem Gesetz als potentiell schutzwürdig erfaßten Kunstgegenstände eine ernste Verringerung des kulturellen Erbes im Falle einer Ausfuhr erfolgt wäre.

---

237 Rechenschaftsbericht des Kulturwerteausschusses, Beretning 1996, S. 8 f.

c) Norwegen und Schweden

Ähnliches gilt für die Kulturgüterschutzgesetze Norwegens und Schwedens. Auch dort fallen eine erhebliche Anzahl von Kunstgegenständen unter die gesetzlich normierten Kategorien. Zwar gibt es keine offiziellen Statistiken. Die Kombination von Wert- und Alterskategorien hat jedoch zwangsläufig zur Konsequenz, daß eine große Anzahl von Kunstgegenständen von den Schutzgesetzen erfaßt wird. Da bei jedem von der gesetzlichen Regelung erfaßten Kulturgut die Einholung einer Ausfuhrgenehmigung notwendig ist, wird der Handel mit Kulturgütern nicht unerheblich durch bürokratische Hindernisse erschwert.

d) Rechtsakte der EG

Gleiches gilt für die untersuchten Rechtsakte der EG, welche die Schutzkategorien ebenfalls sehr weit fassen. So erfaßt die Verordnung noch deutlich mehr Kulturgüter als etwa das Schutzgesetz von Dänemark.[238]

3. Eigene Stellungnahme

Im Hinblick auf eine Beschränkung der Eingriffskontrolle auf möglichst wenige schützenswerte Kulturgüter scheint gerade unter Berücksichtigung der Ausnahmeregelung des Kulturgüterschutzes vom Grundsatz des freien Warenverkehrs in der EG das deutsche Verzeichnismodell erhebliche Vorteile zu bieten.

Man kann auch nicht einwenden, daß bei diesem Modell die Zahl der letztlich in das entsprechende Verzeichnis eingetragenen Kulturgüter in keinem Verhältnis zu der Zahl der zuvor erfolgten Überprüfungen steht. Wer versucht, potentiell schutzwürdige Kunstgegenstände durch Kriterien wie Wert oder Alter bereits im Gesetz zu definieren, wird zwangsläufig eine erheblich größere Anzahl von Kunstgegenständen den Beschränkungen eines Schutzgesetzes unterstellen, als für den Zweck des Kulturgüterschutzes, nämlich den Verbleib von Kulturgütern, deren Abwanderung eine ernste Verringerung des nationalen Kulturerbes nach sich ziehen würde, notwendig wäre. Dies könnte nur durch eine starke Präzisierung und Beschränkung der Kategorien unter dem Gesichtspunkt tatsächlicher Schutzwürdigkeit verhindern. Dies würde aber zu Kategorien-Katalogen führen, die aufgrund ihrer Abstraktheit letztlich unübersichtlich und unklar wären. Ein Beispiel stellt insoweit Norwegen dar, dessen Rechtsverordnung die potentiell schutzwürdigen Kulturgüter in 15 verschiedene Kategorien mit im Durchschnitt mehr als zehn Unter-Kategorien aufgliedert.[239] Hinzu kommt, daß damit noch nicht einmal notwendigerweise eine Eingrenzung der schützenswerten Kultur-

---

238 Vgl. Rechenschaftsbericht des dänischen Kulturwerteausschusses, Beretning 1996, S. 8 f.

239 Vgl. Forskrifter 15.2.1979.

güter erreicht wird. In Norwegen fallen praktisch alle Kunstgegenstände, die älter als 100 Jahre alt sind, unter das Denkmal(schutz)gesetz.

Demgegenüber ergeben sich bei einem Verzeichnismodell, wie es in Deutschland praktiziert wird, für den Eigentümer von Kunstgegenständen keinerlei Unsicherheiten, ob sein Kunstgegenstand potentiell schutzwürdig ist und damit bei einer Ausfuhr einer Genehmigung bedarf, oder ob eine Ausfuhr ohne Genehmigung erfolgen kann. Denn schutzwürdig ist allein, was in dem Verzeichnis der schutzwürdigen Kulturgüter eingetragen ist. Ferner wird bei einem aktuellen Ausfuhrersuchen nicht mehr die bereits beantwortete Vorfrage geprüft, ob das auszuführende Kulturgut potentiell schutzwürdig ist. Der Streit, ob bei einem Kategorienmodell das Kulturgut insbesondere einen entsprechenden Wert besitzt, der unter Umständen erst mittels Sachverständigen zu ermitteln ist, entfällt. Die Entscheidung über ein Ausfuhrersuchen kann deshalb auf die entscheidende Frage, die Bedeutung des Kulturgutes für den Kulturbesitz, reduziert werden. Aus diesen Gründen ist unter den Gesichtspunkten der größeren Zweckmäßigkeit und Bestimmtheit somit dem Verzeichnismodell der Vorzug zu geben.

Hiergegen kann auch nicht eingewandt werden, daß letztlich bei der Frage, welche Kulturgüter in das Verzeichnis eingetragen werden, die gleiche Unsicherheit besteht wie bei den anderweitig verwendeten Kategorienkatalogen. Denn anders als bei den Regelungen in den skandinavischen Ländern gibt das in Deutschland praktizierte Verzeichnismodell dem Eigentümer bereits bei der Entscheidung über die Eintragung und somit bei der Unterschutzstellung des Kulturgutes ein Recht auf gerichtliche Überprüfung der Verwaltungsentscheidung. Der Rechtsschutz beginnt also nicht erst bei der Entscheidung über die Ausfuhr, sondern schon bei der Entscheidung über die Unterschutzstellung. Hierbei wird der Verwaltung auch kein Beurteilungsspielraum zugestanden, vielmehr unterliegt sowohl die Entscheidung über die Unterschutzstellung als auch die Entscheidung über die Ausfuhr einer gerichtlichen Kontrolle.[240]

Einen ähnlichen Rechtsschutz wie in Deutschland gewährt lediglich Schweden, das für die Entscheidung, ob eine Ausfuhrerlaubnis notwendig ist, eine interne behördliche Überprüfung vor der Oberrechnungskammer vorsieht.[241] Insoweit handelt es sich jedoch nicht um ein gerichtliches Verfahren, die Überprüfung entspricht vielmehr dem deutschen Widerspruchsverfahren, ohne daß ein späterer Übergang in eine gerichtliche Überprüfung vorgesehen ist.

---

240 Vgl. BVerwG, Urt. v. 27.5.1993, NJW 1993, 3280, 3282.

241 Vgl. *Karnov(S)/Adlerkreutz*, RN 117 zu § 15 KML.

Da es sich auch bei der Unterschutzstellung bereits um einen belastenden Verwaltungsakt handelt, sollte man dem Verzeichnismodell auch unter dem Gesichtspunkt des effektiven Rechtsschutzes den Vorzug vor den Kriterienmodellen geben, die die Unterschutzstellung des Rechtsgutes selbst keiner gerichtlichen Überprüfung unterziehen. In Frage käme allenfalls eine negative Feststellungsklage gegen die potentielle Genehmigungsbehörde, daß der Kunstgegenstand nicht dem Schutzgesetz unterfällt. Eine solche allgemeine negative Feststellungsklage ist in den Verwaltungsgerichtsgesetzen der untersuchten Länder indessen nicht vorgesehen.[242]

Damit läßt sich als Ergebnis festhalten, daß dem in Deutschland praktizierten Verzeichnismodell sowohl im Hinblick auf den Bestimmtheitsgrundsatz als auch bei der Gewährung effektiven Rechtsschutzes der Vorzug zu geben ist. Der teilweise angeführte Nachteil eines größeren Verwaltungsaufwandes[243] dürfte demgegenüber nicht gravierend sein. Zwar besteht im Vorfeld der Ausfuhr bei der Bestimmung der Schutzwürdigkeit ein erheblicher Verwaltungsaufwand. Entsprechend wird jedoch bei der Erteilung der Ausfuhrgenehmigung das Verfahren vereinfacht, da bereits feststeht, ob ein konkretes Kulturgut von dem Gesetz erfaßt wird oder nicht.

---

242 In Deutschland wäre ein solche Klage wegen des fehlenden Verwaltungsrechtsverhältnisses bereits unzulässig, vgl. *Maurer*, Allg. VerwR, S. 160; *Glaeser*, Verwaltungsprozeßrecht, RN 327 ff.; BVerwGE 89, 327.

243 Vgl. *Müller-Katzenburg*, aaO., S. 136 ff.

3. TEIL
VERHINDERUNG DER ABWANDERUNG VON KULTURGÜTERN

A) Staatliche Repressionen und Anreize

I. Ausfuhrverbote

1. Deutschland

Gemäß § 1 Abs. 4 KuSchG bedarf es zur Ausfuhr eines gesetzlich geschützten Kulturgutes einer Genehmigung.

Durch die Genehmigungspflicht wird den Genehmigungsbehörden vor allem neben der Prüfungsbefugnis und Entscheidung über die Ausfuhr nach Abwägung des Einzelfalles gemäß § 1 Abs. 4 KuSchG die Möglichkeit der Information über Verkäufe ins Ausland verschafft. Damit schafft das Gesetz zum Schutz deutschen Kulturgutes eine recht effiziente Kontrolle des Kulturgüterhandels. Durch das deutsche Verzeichnismodell sind die Behörden grundsätzlich über alle Ausfuhren gesetzlich geschützter Kulturgüter informiert.[244] Um sicherzustellen, daß der jeweilige Eigentümer um die Genehmigung nachsucht, enthält das Gesetz strenge Sanktionen[245] für Verstöße. Hierdurch wird mittelbar die Information der Genehmigungsbehörden sichergestellt. Ferner enthält § 17 KuSchG eine eigenständige Sanktion für die Verletzung der Informationspflicht des § 9 KuSchG für den Fall der Verbringung des Kulturgutes durch den Eigentümer innerhalb des Geltungsbereiches des Gesetzes. Durch diese Sanktionsdrohung soll sichergestellt werden, daß der jeweils zuständigen Landesbehörde der aktuelle Bestand des vorhandenen Kulturbesitzes bekannt ist. Weitere Maßnahmen des Staates zur Sicherung seiner Information über die Bewegungen am Kunstmarkt sind jedoch nicht vorgesehen.

Andere Staaten gehen hier weiter. Statt sich darauf zu beschränken, informiert zu werden, bemühen sich diese selbst um Informationen. So werden beispielsweise die Versteigerungskataloge der großen Auktionshäuser regelmäßig im Hinblick auf die Ausfuhrbeschränkungen des Kulturgüterschutzgesetzes über-

---

244 Man sollte dabei jedoch nicht das Problem außer acht lassen, daß die Liste der schützenswerten Kulturgüter nur in größeren Zeiträumen aktualisiert und bekannt gemacht wird. So ist das gültige Gesamtverzeichnis der schützenswerten Kulturgüter durch die Beilage zum BAnz. Nr. 19a vom 27.01.1996 mittlerweile vier Jahre alt. Davor war die Liste letztmalig 1992 veröffentlicht worden.

245 Diese Sanktionen werden im nächsten Abschnitt dargestellt.

prüft, um daraus selbst einen Überblick über die Bewegungen am Kunstmarkt zu erlangen.[246] Dies erscheint auch sinnvoll und man kann nicht einwenden, daß dies einen zu großen Verwaltungsaufwand darstellen würde. Zwar dürfte in Deutschland die absolute Zahl der zu untersuchenden Kataloge deutlich höher liegen als etwa in Dänemark. Daß allerdings relativ, bezogen auf die Größe der Staaten, für Deutschland eine größere Belastung zu befürchten sei, ist nicht anzunehmen. Gerade dänische Auktionshäuser gehören zu den umsatzstärksten der Welt.[247]

Sinn und Zweck des Gesetzes ist es, die Abwanderung von national wertvollem Kulturgut zu verhindern. Um diesen Zweck zu erfüllen, darf eingetragenes Kulturgut nur mit Genehmigung der zuständigen Behörde ausgeführt werden. Gemäß § 4 KuSchG ist bereits bei der Einleitung der Eintragung eines Kulturgutes in das Verzeichnis bis zur unanfechtbaren Entscheidung über die Eintragung die Ausfuhr grundsätzlich untersagt.[248] Durch diese Regelung soll den zuständigen Behörden durch ein zeitlich befristetes Ausfuhrverbot die Prüfung des Ausfuhrersuchens zu einem Zeitpunkt ermöglicht werden, in dem noch nicht endgültig entschieden ist, ob das entsprechende Kulturgut unter den Schutz dieses Gesetzes fällt. Ohne diese Reglung hätte der Staat nach § 1 Abs. 4 KuSchG keine Prüfungsmöglichkeit.[249]

Als Ergebnis dieser Prüfung besteht die Möglichkeit der Verhängung eines zeitlich unbeschränkten Ausfuhrverbotes. Ein solches Ausfuhrverbot ist gemäß § 1 Abs. 4 KuSchG dann zu verhängen, wenn bei der Abwägung der betroffenen Interessen "wesentliche Belange des deutschen Kulturbesitzes überwiegen".

---

246 Beispiel hierfür ist die dänische Regelung, bei der ein Kulturgüterausschuß von allen großen Auktionen informiert wird und die Kataloge entsprechend prüft. 1990 wurden so etwa 90.000 einzelne Katalognummern in Auktionskatalogen auf ihre Schutzwürdigkeit hin überprüft, vgl. Beretning 1996, S. 8 f., sowie § 9 Abs. 2 Bekendtgørelse 1987-06-11 nr. 404.

247 Vgl. hierzu *Hagstrøm*, Kunst- og antikvitetsauksjoner i rettslig belysning, TfR 1986, S. 461.

248 Daher sind auch die Bedenken von *Hönes*, aaO., S. 40, unbegründet, der befürchtete, daß die nach § 28 LVwVfG bei der Eintragungsentscheidung zwingend vorangehende Anhörung des betroffenen Eigentümers diesen zur unerlaubten Ausfuhr verleiten könne. Da die Eintragungsverfügung ihm noch nicht zugehen konnte, sei eine Ausfuhr aber noch nicht verboten. Das Verbot ergibt sich aber bereits aus § 4 KuSchG, da die Einleitung der Eintragung bereits mit Vornahme der ersten Amtshandlung, die auf die Eintragung gerichtet ist, beginnt, vgl. auch *Pieroth/Kampmann*, aaO., S. 1388.

249 Vgl. BT-Drucksache 76, 2. Wahlperiode, S. 8.

2. Nordische Staaten

In Dänemark entfällt wegen der anders gearteten Regelung des KuSchG die Eintragung, da ein Verzeichnis schützenswerten Kulturgutes nicht besteht. Vielmehr ist es verboten, alle Kulturgüter, die unter § 2 des KuSchG fallen, ohne Erlaubnis auszuführen. Während in Deutschland durch die Eintragung des Kulturgutes bereits eine Vorentscheidung über die Schutzwürdigkeit des Kulturgutes gefallen ist, wird in Dänemark erst im Rahmen der Antragstellung für eine Ausfuhr durch den Kulturwerteausschuß geprüft, ob die Ausfuhr des potentiell schützenswerten Kulturgutes eine ernste Verringerung des nationalen Kulturerbes mit sich bringt.[250] Auch bei Streitfragen über den Wert des Kulturgutes entscheidet der Kulturwerteausschuß nach vorheriger Anhörung von Sachverständigen des Kunst- und Antiquitätenhandels.[251]

In Norwegen ist gemäß § 1 der Verordnung vom 15.2.1979 die Ausfuhr von Kulturgütern, die von dem Denkmal(schutz)gesetz und/oder der Verordnung erfaßt sind, ohne vorherige Genehmigung verboten. Dies wird in § 23 des Denkmal(schutz)gesetzes ebenfalls unter Hinweis auf die Regelung der Verordnung festgelegt. Die Mißachtung des Genehmigungserfordernisses ist nach der norwegischen Regelung strafbewehrt, wobei darüber hinaus auch ein Anspruch auf Ersatz des durch die verbotswidrige Ausfuhr verursachten Schadens besteht.[252]

Ebenso wie in Dänemark und in Norwegen ist in Schweden die Ausfuhr jedes Kulturgutes genehmigungspflichtig, das unter die Kriterien des Denkmal(schutz)gesetztes fällt.[253] Erst bei der Prüfung der beantragten Ausfuhrerlaubnis ist über die Frage der großen Bedeutung des Kulturgutes für das kulturelle Erbe zu entscheiden und gegebenenfalls die Ausfuhrerlaubnis zu versagen.

II. Entschädigungsregelungen für die Versagung der Ausfuhr

Zu untersuchen ist, ob den Ausfuhrbeschränkungen der nationalen Gesetze Entschädigungsregelungen gegenüberstehen.

---

250 Bekendtgørelse 1987-06-11 nr. 404, § 3 Abs. 2.

251 § 5 Abs. 2 Bekendtgørelse 1987-06-11 nr. 404 sowie Bet. 1040/1985, S. 106.

252 § 27 Lov om kulturminnen Nr. 50, 6.6.1978.

253 Vgl. Kap. 5 § 3 KML.

1. Deutschland

Der Gesetzgeber hat bei den Vorarbeiten zum Kulturgüterschutzgesetz die Möglichkeit der Kollision der Interessen des Staates mit denen des Eigentümers gesehen, der aufgrund einer wirtschaftlichen Notlage zum Verkauf von geschütztem Kulturgut gezwungen ist,[254] dessen Ausfuhr rechtskräftig versagt wurde. Dem Staat ist in diesem Fall durch § 8 KuSchG aufgegeben, für einen "billigen Ausgleich" durch Gewährung von entsprechenden Steuervorteilen zu sorgen, um die weitere Erhaltung des Kulturgutes durch den Eigentümer zu ermöglichen. Dies ist im einzelnen in § 10g EStG durch eine Reduzierung der Ertragssteuer geregelt. .[255] Bewußt vermieden werden sollte durch die Verwendung des Begriffes "billiger Ausgleich" der Eindruck einer Entschädigung für eine Enteignung oder eines ähnlichen Eingriffes in das Eigentumsrecht nach Art. 14 Abs. 3 GG.[256] Darin erschöpft sich jedoch die Pflicht des Staates nicht. Vielmehr soll der Staat "verpflichtet sein, Schritte zu unternehmen, um den Verkauf des Kulturgutes im Inland zu ermöglichen. Diese Versuche werden sich vor allem auf die Erschließung von Geldmitteln für den Ankauf durch öffentliche Museen oder Galerien oder auf die Gewinnung von privaten Sammlern für den Ankauf erstrecken."[257] Ein Anspruch hierauf läßt sich aber aus dem Gesetz nicht ableiten.

Dabei beschränkt sich die deutsche Regelung nach § 8 KuSchG auf die gesetzliche Gewährung von Steuervorteilen für den Eigentümer von Kulturgütern, der aufgrund einer wirtschaftlichen Notlage zum Verkauf gezwungen ist. Es soll ein billiger Ausgleich gewährt werden, wenn durch die Versagung der Ausfuhr ein Verkauf unmöglich geworden ist. § 10 g EStG sieht ausschließlich Steuervorteile für Herstellungs- und Erhaltungsmaßnahmen an eigenen schutzwürdigen Kulturgütern vor,[258] so daß allenfalls die Lasten für anfallende Restaurierungen steuerlich abgesetzt werden können. Daß zu gewährende Steuervorteile für den

---

254 Daß dies nicht nur ein theoretisches Problem ist, zeigte Mitte des Jahres 1992 der Verkauf von (nicht vom Kulturgüterschutzgesetz erfaßten) Schmuck und Juwelen des Hauses Thurn & Taxis und die im Oktober 1993 erfolgte Versteigerung von weiteren Kunst- und Kulturgütern des Hauses durch Sotheby's, vgl. *Gropp*, Die Ware Kunst, FAZ vom 17.09.1994, S. 1, wobei in diesem Fall eine enge Abstimmung mit den bayerischen Behörden über die Schutzwürdigkeit der einzelnen Stücke stattfand.

255 Vgl. auch die Durchführungsbestimmungen, Richtlinie 115c zu § 10g EStG.

256 BT-Drucksache 1373, 2. Wahlperiode, S. 3.

257 BT-Drucksache 1373, 2. Wahlperiode, S. 3.

258 Geregelt ist die Möglichkeit der Abschreibung als Sonderausgaben von Aufwendungen zum Zwecke der Erhaltung von Kulturgütern über einen Zeitraum von 10 Jahren. Weder die Anschaffung von Kulturgütern noch laufende Aufwendungen wie Kosten für Versicherung, Alarmanlagen, Räume etc. können allerdings abgesetzt werden, vgl. *Drenseck* in *Schmidt*, EstG, RN 3 zu § 10 g EstG, 20 Aufl. München 2000

Eigentümer eines Kulturgutes in dieser Form keine ausreichende Alternative für die fehlende Möglichkeit der Realisierung des durch das Kulturgut repräsentierten Wertes bei Versagung der Ausfuhrgenehmigung darstellen, läßt die Erreichung des in dem deutschen Kulturgüterschutzgesetz festgeschriebenen Zieles des billigen Ausgleichs durchaus fraglich erscheinen. Allerdings erscheint ein Ausgleich für den Verlust der Verwertungsmöglichkeit im Ausland notwendig und wird durch die Entschädigungsregelung in § 8 KuSchG noch einmal betont.[259] Insbesondere werden bei wirtschaftlichen Notlagen kaum einmal Ertragssteuern anfallen.

2. Dänemark

Eine weitergehende Entschädigungsregelung findet man in Dänemark. Statt nur auf repressive Verbote zu setzen, wird in Dänemark die Versagung der Ausfuhrgenehmigung und damit die Einschränkung der Verfügungsmacht des Eigentümers dadurch kompensiert, daß man ihm den Nachteil, sein Kulturgut nicht einem internationalen Markt anbieten zu können, durch ein gleichwertiges Angebot zum Kauf des Kulturgutes zum Marktpreis ausgleicht. Es wird somit von staatlicher Seite versucht, die mit der Einschränkung verbundenen Nachteile durch eine materielle Entschädigung zu kompensieren, um somit u.a. ein Abwandern des Kulturgutes über den grauen Markt zu vermeiden. Dem potentiellen Verkäufer kann es letztlich gleichgültig sein, ob er auf dem Markt oder an den Staat verkauft, wenn ihm von Seiten des Staates ein marktgerechtes Angebot unterbreitet wird. Der Gesetzestext fordert hier ein Angebot zu einem Preis, der auf dem Freien Markt erzielt werden kann, vgl. § 11 Abs. 1 KuSchG

Die Bedeutung des Kulturwertegesetzes in Dänemark wird durch den Umfang der Tätigkeiten des Kulturwerteausschusses seit 1986 deutlich. So wurden im Bereich des Kunsthandels bis 1996 über 600 Auktionskataloge auf schützenswerte Kulturgegenstände hin untersucht, von privater Seite wurden über 1100 Anträge zur Ausfuhr von schützenswerten Kulturgütern entschieden. Für den Aufkauf der 35 Kulturgegenstände, für die in dem Zeitraum von 1986 bis 1991 eine Ausfuhr versagt worden ist und die anschließend alle nach einem entsprechenden Kaufangebot des Staates gemäß § 11 Abs. 1 Gesetz Nr. 332 vom 04.06.1986 vom Staat erworben wurden, wurde insgesamt eine Kaufsumme von 7,7 Mio. dkr. aufgewandt.[260] In den ersten fünf Jahren des Bestehens des Gesetzes wurden lediglich zwei Anzeigen wegen ungesetzlicher Ausfuhr erstattet.

---

259 Vgl. auch *Medicus*, Das deutsche Bundesrecht, VIII A 80, Erl. zu § 1 KuSchG.

260 Vgl. Beretning 1991, S. 13.

3. Schweden

In Schweden findet sich keine gesetzliche Entschädigungsregelung für den Eigentümer eines Kulturgutes, falls diesem die Ausfuhr versagt wird. Zwar war in dem Gesetzentwurf zu einem Kulturgüterschutzgesetz 1964 ein Ankaufsrecht in Form einer Ankaufsverpflichtung vorgesehen.[261] Obwohl dieser Vorschlag als zu kostenintensiv abgelehnt wurde, steht seit 1965/66 im schwedischen Staatshaushalt ein bestimmter Posten für den Ankauf von Kulturgütern zur Verfügung.[262] Dadurch soll gerade der Ankauf von Kulturgütern, deren Ausfuhr abgelehnt wurde, durch den Staat ermöglicht werden.[263] Auch wenn in erster Linie durch die Bereitstellung von Mitteln für den Ankauf staatliche Interessen an der Bewahrung der Kulturgüter und deren Überführung in Staatseigentum im Vordergrund stehen, gibt es somit auf der fiskalischen Ebene Bemühungen um den Ausgleich des Verlustes der Verfügungsbefugnis des Eigentümers.

III. Prävention durch Strafandrohungen

1. Nationale Gesetze

Daß der Verstoß gegen Kulturgüterschutzgesetze auch durch Strafandrohungen möglichst verhindert werden soll, ist bei allen untersuchten Rechtsordnungen anerkannt. Die Strafandrohungen variieren dabei nur gering in der Höhe. Allen Rechtsordnungen ist gemeinsam, daß zumindest empfindliche Geldstrafen für Verstöße verhängt werden können. Die Möglichkeit der Einziehung von Kulturgütern nach einem Verstoß ist jedoch nur in den Kulturgüterschutzregelungen von Deutschland und Schweden vorgesehen.

a) Deutschland

Konsequent ist die deutsche Regelung insoweit, als sie Verstöße gegen die Regelungen des Kulturgüterschutzgesetzes unter drastische Strafandrohung stellt. Ein Verstoß gegen das Ausfuhrverbot ohne behördliche Genehmigung wird mit

---

261 Vgl. SOU 1964:22; Bet. 1040/1985, S. 34 ff.

262 Zwar war 1984 lediglich ein nomineller Betrag von 100.000 skr im jeweiligen Haushalt veranschlagt, allerdings kann der Betrag mit Rechnungslegung vor dem Reichstag überschritten werden, vgl. Prop. 1984/85:179, S. 7.

263 Bet. 1040/1985, S. 34 ff; Prop. 1984/85:179, S. 7.

Freiheitsstrafe bis zu 3 Jahren Gefängnis oder mit Geldstrafe bestraft.[264] Der Versuch der unerlaubten Ausfuhr ist ebenfalls strafbar.[265]

Durch das KultGüRückG ist nunmehr auch derjenige von der Strafandrohung betroffen, der nationales Kulturgut eines Mitgliedstaates der EG beschädigt oder zerstört, das öffentlich als Kulturgut eingestuft oder dessen Einstufung eingeleitet und öffentlich bekannt gemacht wurde, wenn dieses Kulturgut bereits durch die Zentralstelle des Bundes oder der Länder angehalten worden ist.[266] Die Strafandrohung bezieht sich somit ausdrücklich auch auf ausländische Kulturgüter, allerdings erst nach Sicherstellung durch deutsche Behörden. Damit dürfte kein Fall der stellvertretenden Strafrechtspflege vorliegen, da nicht etwa Verstöße gegen ausländische Schutzgesetze geahndet werden, sondern die Vereitelung der Sicherstellung durch deutsche Behörden.[267]

b) Nordische Staaten

aa) Dänemark

Gemäß § 13 Kulturwertegesetz werden eine unerlaubte Ausfuhr und ein Verstoß gegen die Unterrichtungspflicht gegenüber den staatlichen Behörden bei einem Eigentümerwechsel gemäß § 4 KuWertG mit Geldstrafe bestraft. Die Höhe der Geldstrafe ist im Gesetz nicht festgelegt. Auch im Strafgesetzbuch findet sich keine Regelung über die Höhe von Geldstrafen. Vielmehr ist durch § 6 des Einführungsgesetzes zum Strafgesetzbuch ausdrücklich festgelegt worden, daß Bestimmungen über Höchststrafen entfallen.[268] Eine praktische Bewährung des Sanktionsvorbehaltes ist in den zehn Jahren des Bestehens der dänischen Regelung nicht zu erkennen. Geldstrafen sind ausweislich der Rechenschaftsberichte des Kulturwerteausschusses in der Vergangenheit nicht verhängt worden.[269] Freiheitsstrafe ist ohnehin nicht vorgesehen. Es sind somit im Vergleich zu Deutschland nur geringe Sanktionen bei Übertretungen des Gesetzes vorgesehen.

---

264 § 16 Abs. 1 KuSchG.

265 § 16 Abs. 2 KuSchG.

266 Vgl. § 13 KultGüRückG.

267 Vgl. auch zur Frage der stellvertretenden Strafrechtspflege *Schönke-Schröder-Eser*, StGB, RN 10 zu § 6 StGB; RN 1, 22 f. zu § 7 StGB; LK-*Gribbohm*, RN 136 vor § 3 StGB.

268 Vgl. Lov om ikrafttræden af borgerlig straffelov m.m., nr. 127 av 15.4.1930; auch *Greve/Larsen/Lindegaard*, Kommenteret strafelov, Almindelig del, 5. Aufl. Kopenhagen 1993, Anm. zu § 50 StrL.

269 Vgl. den 10-Jahresstatus im Beretning 1996, S. 5 ff.

bb) Norwegen

Gemäß § 27 des Denkmal(schutz)gesetzes werden Übertretungen des Gesetzes, auch des Ausfuhrverbotes, ohne vorherige Erlaubniserteilung, gemäß § 23 Denkmal(schutz)gesetz mit Geldstrafe oder in schweren Fällen mit Gefängnis bis zu einem Jahr, in besonders schweren Fällen bis zu zwei Jahren bestraft. Sowohl die fahrlässige als auch die vorsätzliche Begehung ist strafbar, ebenso die Beihilfe.

Die Strafandrohung ist durch Gesetz vom 3. Juli 1992[270] deutlich verschärft worden. Während bis 1992 lediglich eine Gefängnisstrafe bis zu 6 Monaten angedroht war, ist diese nunmehr für schwere Fälle auf zwei Jahre angehoben worden. Zur Begründung wurde darauf hingewiesen, daß ein Verstoß gegen die Bestimmungen des Denkmal(schutz)gesetzes die Gefahr eines unersetzlichen Verlustes von Kulturgütern mit sich führen kann.[271] In der Verschärfung der Strafdrohung zeigt sich, daß der Prävention in Norwegen besondere Bedeutung beigemessen wird.

cc) Schweden

Ein Verstoß gegen das Verbot der Ausfuhr ohne Genehmigung ist nach den Vorschriften des Gesetzes über Strafe für Warenschmuggel[272] zu ahnden, vgl. Kap. 5 § 17 KML. Das Gesetz gegen Warenschmuggel sieht für einen Verstoß Geldstrafe oder Gefängnis bis zwei Jahren vor.[273] In schweren Fällen kann die Strafe

---

270 Vgl. Lov av 3. Juli 1992 nr. 92.

271 Vgl. *Karnov(N)/Boye*, Rn 21 zu Lov av 9. Juni 1978 Nr. 50.

272 SFS 1960:418, Lag om straff för varusmuggling.

273 SFS 1960:418, § 1 Abs. 1 i.V.m. Abs. 2:

"Den som utan att giva det tillkänna hos vederbörlig myndighet till riket inför eller från riket utför gods, för vilket tull eller annan allmän avgift skall erläggas till statsverket eller som enligt stadgande i lag eller författning ej må införas eller utföras, dömes, om gärningen sker uppsåtligen, för *varusmuggling till böter eller fängelse i högst två år*. [...]

Första stycket gäller även, når någon genom lämna oriktig uppgift i tulldeklaration eller medelst annat vilseledande i samband med tullbehandling av god uppsätligen föranleder, att tull eller annan allmän avgift undandrages statsverket *eller att gods införes eller utföres i strid mot förbud*."

(Derjenige, der ohne Genehmigung der zuständigen Behörde Güter in das Reich ein - oder aus dem Reich ausführt, für die Zoll oder andere allgemeine Abgaben an den Staat zu entrichten sind oder die entsprechend einer Vorschrift in Gesetz oder Verfassung nicht ein- oder ausgeführt werden dürfen, wird bei vorsätzlicher Begehungsweise wegen *Warenschmuggels mit Geldstrafe oder Gefängnis bis zu zwei Jahren bestraft*. [...]

sechs Monate bis sechs Jahre Gefängnis betragen, wobei sich die Schwere des Falles an dem Wert der Ware bzw. des Kulturgutes mißt.[274] Der potentielle Strafrahmen der schwedischen Gesetzgebung geht somit am weitesten.

2. EG-Regelungen

Die Verordnung 3911/92 stellt, wie gezeigt, Regelungen für eine Ausfuhr auf, insbesondere das Erfordernis einer einheitlichen Genehmigung für die Ausfuhr von Kulturgütern außerhalb der EG. Für Verstöße gegen die Genehmigungspflicht sieht Art. 9 VO[275] Sanktionen vor. Jedoch enthält Art. 9 VO keine eigene Sanktionsregelung, sondern verpflichtet die einzelnen Mitgliedstaaten, angemessene Sanktionen für Verstöße gegen die Verordnung festzulegen.

Allerdings dürfte in den Fällen, in denen die unerlaubte Ausfuhr von Kulturgütern bereits nach den nationalen Schutzgesetzen mit Sanktionen bedroht ist, keine Notwendigkeit bestehen, weitere Sanktionen festzulegen. In den Fällen, in denen Kulturgüter zwar unter die Verordnung, nicht aber unter die nationalen Gesetze fallen, wird für den nationalen Gesetzgeber kein Anreiz bestehen, auch Verstöße gegen die Verordnung ebenfalls mit Sanktionen zu belegen.

Was durch die Vorgabe des Art. 9 VO zu erreichen sein wird, ist eine einheitliche Handhabung der Sanktionen durch die einzelnen Mitgliedstaaten. Hierzu wären aber weitere Vorgaben durch die Verordnung sinnvoll gewesen. Nur der in Art. 9 VO der Verordnung enthaltene Hinweis, daß Sanktionen wirksam, verhältnismäßig und abschreckend sein sollen,[276] dürfte nicht ausreichen, eine einheitliche Handhabung der Ahndung von Verstößen gegen nationale Schutzgesetze oder gegen die Regelung der Verordnung zu erreichen.

Die Richtlinie 93/7 EWG beinhaltet keine Regelungen über Sanktionen, läßt aber ausdrücklich die Sanktionen der einzelnen Mitgliedstaaten unberührt, vgl. Art. 15 RL.

Der erste Absatz gilt auch für Fälle, in denen durch falsche Angaben in Zolldeklarationen oder andere Irreführungen im Zusammenhang mit der Zollbehandlung von Gütern vorsätzlich Zoll oder andere allgemeine Abgaben dem Staat hinterzieht, oder *Güter entgegen Verboten ein- oder ausführt.*).

274 Vgl. SFS 1960:418, § 3 Abs. 1:

"Är varusmuggling att anse som grov, skall dömas till fängelse, lägst sex månader och högst sex år. [...]"

(Schwere Fälle von Warenschmuggel werden mit Gefängnis von sechs Monaten bis zu sechs Jahren bestraft).

275 ABlEG 1992, Nr. L 395/2.

276 ABlEG 1992, Nr. L 395/3.

IV. Einziehung des Kulturgutes aufgrund strafrechtlicher Vorschriften

1. Deutschland

Neben der Strafandrohung in § 16 Abs. 1 KuSchG sieht das Kulturgüterschutzgesetz noch eine weitergehende Maßnahme vor:[277] Kulturgüter, die entgegen der Genehmigungspflicht ausgeführt wurden, können zugunsten des Bundeslandes, in dem sie belegen waren, eingezogen werden.[278] § 16 Abs. 3 KuSchG setzt voraus, daß eine Straftat vorliegt. Somit ist die vorgreifliche Frage, ob es sich bei der Einziehung nach § 16 Abs. 3 KuSchG um eine Einziehung mit Sicherungscharakter oder um eine Einziehung mit Strafcharakter handelt,[279] im Sinne der letzten Alternative entschieden. Da Voraussetzung der Einziehung eine Straftat ist, hängt die Einziehung von der verwerflichen Handlung des Täters ab.[280] Durch den Verweis in § 16 Abs. 3 KuSchG auf § 74 a StGB kann das Kulturgut auch dann eingezogen werden, wenn nicht der Eigentümer selbst gehandelt hat, jedoch wenigstens leichtfertig dazu beigetragen hat, daß das fragliche Kulturgut Gegenstand der Tat war. Dies wird regelmäßig der Fall sein, wenn der Eigentümer durch die versuchte unerlaubte Ausfuhr erkennen läßt, daß er das Kulturgut nicht im Lande belassen will und sich hiervon auch nicht durch die Sanktionsdrohungen des Gesetzes abhalten läßt, unabhängig davon, ob er selbst handelt oder sich Dritter hierzu bedient.[281]

Der Versuch der verbotenen Ausfuhr ist strafbar. Da sich das Kulturgut bei einer versuchten Ausfuhr notwendigerweise noch im Inland befindet, bestehen hier keine Probleme, die Sanktion gerichtlich durchzusetzen.

---

277 Vgl. zum repressiven Charakter der Einziehung bei Tätereigentum *Schönke-Schröder-Eser*, RN 14 f. vor § 73 StGB; zum strafähnlichen Charakter bei Einziehung von Dritteigentümern aufgrund von § 74a StGB (auf den das Kulturgüterschutzgesetz verweist, vgl. § 16 Abs. 3 KuSchG); *Schönke-Schröder-Eser*, RN 16 vor § 73, sowie RN 1 f. zu § 74a StGB; auch *Jescheck*, Lehrbuch des Strafrechts, Allgemeiner Teil, S. 718 f.; *Tröndle*, RN 2 zu § 74 StGB.

278 § 16 Abs. 3 KuSchG.

279 Vgl. zu dieser Unterscheidung *Creifelds*, Die strafrechtliche Einziehung gegen den "Dritteigentümer", JR 1955, S. 403-409, S. 403 ff.; *Schönke-Schröder-Eser*, RN 14 ff. vor § 73 StGB.

280 Vgl. *Schönke-Schröder-Eser*, RN 14 f. vor § 73 StGB.

281 Diese Sicherungsaufgabe der Einziehung schließt aber nicht den dominierenden Strafgedanken aus. Vielmehr kann der Sicherungsgedanke hier den Strafgedanken ergänzen, vgl. *Schönke-Schröder-Eser*, RN 18 zu § 74 StGB; *Jescheck*, aaO., S. 718.

Das Problem stellt sich aber, wenn die unerlaubte Ausfuhr erfolgreich war, sich das Kulturgut also bereits im Ausland befindet. Der Staat kann hier seinen *Strafanspruch* gegenüber demjenigen, der das Kulturgut außer Landes geschafft hat, durchsetzen, wenn der Verstoß im Inland begangen wurde, s.u. Kann er aber auch das Kulturgut selbst durch die strafrechtliche Maßnahme der Einziehung wieder in das Inland bringen? Dies würde voraussetzen, daß die Bundesrepublik Deutschland die Einziehung auch im Ausland vollstrecken könnte.

Der Tatbestand des § 16 Abs. 1 KuSchG wird regelmäßig bereits im Inland verwirklicht. Die Verbringung des Kulturgutes ist bereits mit dem Beginn der hierfür notwendigen Handlung, somit mit dem Abtransport im Inland tatbestandlich vollendet, auch wenn sich der Erfolg der Handlung erst im Ausland zeigt. Da § 9 Abs. 1 StGB alternativ sowohl den Handlungs- als auch den Erfolgsort als Ort der Tat ansieht, liegt der Tat- bzw. Begehungsort im Inland. Die Geltung der deutschen Strafgewalt ist damit nach § 3 StGB gegeben. Fraglich ist jedoch, ob trotz Geltung deutschen Strafrechts der Staat im Ausland gegenüber einem Dritten die Strafmaßnahme der Einziehung erstens verhängen und zweitens vollstrecken kann. Zwar ist die Möglichkeit der Einziehung bei einem Dritten seit der Diskussion in den '50er und '60er Jahren in der strafrechtlichen Literatur anerkannt;[282] auch bei der Reform des Allgemeinen Teils wurde die Möglichkeit der strafähnlichen Dritteinziehung beibehalten.[283] Auf § 74a StGB verweist § 16 Abs. 3 KuSchG wie gezeigt ausdrücklich.

Da jedoch die Durchsetzung hoheitlicher Ansprüche eines Staates, zu denen Strafansprüche gehören, in einem anderen Staat ausgeschlossen ist,[284] könnte nur bei völkerrechtlichen Vereinbarungen, die aber in dem hier einschlägigen Bereich nicht existieren, ein deutsches Gericht den ausländischen Besitzer von illegal verbrachten Kulturgütern im Ausland zur Herausgabe zwingen. Diese Kon-

---

[282] Vgl. hierzu aus der reichhaltigen Literatur die Nachweise bei *Schönke-Schröder-Eser*, RN 1, 2 zu § 74a StGB; *Tröndle*, RN 2 zu § 74 StGB, sowie *Creifelds*, Die strafrechtliche Einziehung gegen den "Dritteigentümer", JR 1955, S. 403-409; *Vogel*, Die Rechtsstellung des Dritteigentümers im Falle ungerechtfertigter Einziehung, GA 1958, S. 33-45; *Eser*, Die strafrechtlichen Sanktionen gegen das Eigentum, 1969; *Weber/Römer*, Wahrung der Eigentümerrechte bei fehlerhafter Einziehung, NJW 1964, S. 1357-1359.

[283] Zu den weiterhin bestehenden dogmatischen Bedenken gerade gegen die Dritteinziehung im Hinblick darauf, daß der Verschuldensverzicht hier schwerlich mit dem Schuldprinzip in Einklang gebracht werden kann, soll im Rahmen dieser Arbeit nur hingewiesen werden. Zur Literatur hierzu vgl. die Hinweise bei *Schönke-Schröder-Eser*, RN 2 zu § 74a StGB; *Jescheck*, aaO., S. 720.

[284] Einschlägig ist hier das Gesetz über internationale Rechtshilfe in Strafsachen vom 23.12.1982, BGBl. I 2071; III 319-87. Danach können ausländische Urteile im Inland nur aufgrund völkerrechtlicher oder zwischenstaatlicher Vereinbarungen vollstreckt werden. Hintergrund ist das Territorialitätsprinzip.

sequenz erscheint auch sinnvoll, da es nicht Aufgabe des Strafrechts sein kann, die Rückbeschaffung von Kulturgütern sicherzustellen.

Als Ergebnis läßt sich somit festhalten, daß die strafrechtlichen Sanktionen des Kulturgüterschutzgesetzes nicht dazu geeignet sind, dem Staat eine Möglichkeit der Rückführung illegal exportierten Kulturgutes zu geben.

2. Schweden

Das Gesetz über den Warenschmuggel sieht ebenfalls die Möglichkeit der Einziehung von unerlaubt ausgeführten Kulturgütern vor. Die entsprechenden Regelungen finden sich im Gesetz über den Warenschmuggel, auf das Kap. 5 § 17 KML verweist. Gegenstände, die von dem Gesetz über die Strafe für Warenschmuggel erfaßt sind, sollen im Regelfall neben der persönlichen Strafe an die Krone verfallen.[285] Auch nach schwedischem Recht besteht somit die Möglichkeit, Kulturgüter, die verbotswidrig ausgeführt wurden, einzuziehen. Dies setzt jedoch voraus, daß sich das Kulturgut im Inland befindet.

Andererseits setzt das Gesetz gegen Warenschmuggel gemäß § 1 Abs. 1 und 2 eine verbotswidrige Ausfuhr als Tatbestandsmerkmal voraus. Gemäß § 9 des Gesetzes über den Warenschmuggel kann daher die Einziehung als Sanktion nur in den Fällen einer versuchten verbotswidrigen Ausfuhr von Kulturgütern greifen, da nur dann das Kulturgut sich im Bereich der schwedischen Strafgewalt befindet. Insoweit kann auf die vorhergehende Darstellung der Regelung in Deutschland verwiesen werden. Die strafrechtliche Sanktion kann deshalb ausschließlich in den Fällen weiterhelfen, in denen eine unerlaubte Ausfuhr im Versuchsstadium verhindert werden konnte. Als Instrumentarium zur Rückführung illegal exportierter Kulturgüter ist das Gesetz über den Warenschmuggel ungeeignet.

---

285 Vgl. SFS 1960:418, § 9 Abs. 1:

"Gods, som varit föremål för varusmuggling eller försök därtill, skall, tillika med emballage och kärl, vari godsets förvaras, förklaras förverkat till kronan; finnes egendomen ej i behåll, skall i stället värdet förklaras förverkat. Är påföljd som nu sagts uppenbart obillig, må den helt eller delvis eftergivas."

(Güter, die Gegenstände des Warenschmuggels oder des Versuchs des Warenschmuggels waren, sollen zusammen mit der Verpackung und den Behältnissen, in denen die Güter verwahrt wurden, an die Krone verfallen. Ist der Besitzer nicht Eigentümer des Gutes, so verfällt der Wert. Ist die Strafe offenbar unbillig, so kann ganz oder teilweise von der Sanktion abgesehen werden.).

3. Dänemark

Anders als in Schweden und Deutschland findet sich im dänischen Kulturgüterschutzgesetz keine Regelung über die Möglichkeit der Einziehung.

Fraglich ist aber, ob insoweit auf die Regelungen der §§ 75 ff. StrL (Straffeloven-Strafgesetzbuch) zurückgegriffen werden kann. Gemäß § 75 Abs. 2 Ziff. 3 StrL können in den Fällen, in denen einer weiteren Gesetzesübertretung vorgebeugt werden soll, oder dann, wenn besondere Umstände vorliegen, Gegenstände konfisziert werden, deretwegen eine strafbare Handlung begangen wurde.[286] Fraglich ist allerdings, ob ein Verstoß gegen das Ausfuhrverbot im dänischen Kulturgüterschutzgesetz als strafbare Handlung anzusehen ist. Nach den Gesetzesvorarbeiten wird man dies bejahen müssen. Denn als strafbare Handlungen im Sinne des § 75 Abs. 2 StrL sind auch solche Verstöße anzusehen, die aufgrund von Sonderregelungen mit Geldstrafe bedroht sind.[287] § 13 des dänischen Kulturgüterschutzgesetzes enthält aber gerade eine solche Strafdrohung, so daß grundsätzlich eine Einziehung möglich sein dürfte. Allerdings soll die Einziehung nur aus kriminalpräventiven Gründen erfolgen.[288] In den amtlichen Gesetzesvorarbeiten ist als vergleichbare Konstellation die ungesetzliche Wareneinfuhr als Anwendungsfall des § 75 Abs. 2 StrL aufgeführt.[289] Hier wie dort könnte mit der Einziehung kein präventives Ziel verfolgt werden. Die Anwendung der Regelung des § 75 Abs. 2 StrL scheint somit aus dänischer Sicht jedenfalls vertretbar zu sein.

Die Einziehung kann jedoch gemäß § 76 Abs. 2 StrL nur bei demjenigen erfolgen, der entweder selbst den Gesetzesverstoß begangen hat oder in dessen Auftrag der Verstoß begangen wurde.[290] Die zweite Variante bezieht sich allerdings nicht auf den bloßen Auftraggeber, sondern setzt ein soziales Abhängigkeitsver-

---

286 § 75 Abs. 2 Ziff. 3 StrL: " Såfremt det må anses for påkrævet for at forebygge yderligere lovovertrædelser, eller særlige omstændigheder i øvrigt taler derfor, kan der ske konfiskation af (...) 3) genstande, med hensyn til hvilke der i øvrigt er begået en strafbar handling."

287 Vgl. Straffelovrådets betænkning om konfiskation (nr. 335/1964), S. 28; Vgl. auch *Greve/Larsen/Lindegaard*, Kommenteret strafelov, Almindelig del, 5. Aufl. Kopenhagen 1993, Anm. zu § 75 StrL.

288 Vgl. *Greve/Larsen/Lindegaard*, Kommenteret strafelov, Almindelig del, 5. Aufl. Kopenhagen 1993, Anm. zu § 75 Abs. 2 StrL.

289 Vgl. Straffelovrådets betænkning om konfiskation (nr. 335/1964), S. 22.

290 § 76 Abs. 2 Strl: " Konfiskation af de i § 75, stk. 2 og 3, nævnte genstande og værdier kan ske hos den, der er ansvarlig for lovovertrædelsen, og den, på hvis vegne han har handelt."

hältnis zwischen dem Täter und dem Anstifter voraus.[291] Angesichts dieser Regelung ist nach dänischem Recht eine Einziehung bei dem Erwerber des unrechtmäßig ausgeführten Kulturgutes ausgeschlossen, so daß eine Rückführung des Kulturgutes mit Hilfe des Strafrechts nach dänischem Verständnis versagt bleibt. Der Erwerber wäre allenfalls als Teilnehmer strafbar, demgegenüber die Einziehung als Sanktion nicht möglich wäre.

V. Eigene Stellungnahme

Aus der vorhergehenden Untersuchung der einzelnen Kulturgüterschutzgesetze ergibt sich, daß diese nur teilweise effektiv die Abwanderung von Kulturgütern verhindern, insbesondere soweit es um die Möglichkeit der Rückführung von Kulturgütern mittels strafrechtlicher Instrumentarien geht. Im einzelnen ergibt sich folgendes:

1. Ausfuhrverbote

Alle untersuchten Länder stellen die Ausfuhr von schützenswerten Kulturgütern unter einen Genehmigungsvorbehalt. Während dabei in den nordischen Staaten alle Kulturgüter, die unter die Kriterien der Schutzgesetze fallen, für deren Ausfuhr einer Genehmigungspflicht unterliegen, ist in Deutschland nur die Ausfuhr von eingetragenem Kulturgut genehmigungspflichtig. Die Lösung der nordischen Staaten hat den Vorteil, daß eine größere Zahl potentiell schützenswerter Kulturgüter erfaßt werden. Demgegenüber kann sich der deutsche Genehmigungsvorbehalt auf die Prüfung der Ausfuhrersuchen besonders schutzwürdiger Kulturgüter beschränken. Vor diesem Hintergrund wird man keinem der beiden Lösungsmodelle eindeutige Vorteile zuweisen können, wenn auch die deutsche Lösung normenklarer erscheint.

2. Ausgleich für erlittene Rechtsverluste

Der Eigentümer eines Kulturgutes sieht sich durch die Genehmigungspflichtigkeit der Ausfuhr Beschränkungen in seiner Verfügungsmacht über das Eigentumsobjekt ausgesetzt. Im Falle der Ablehnung einer Ausfuhr kann das Kulturgut nicht mehr ins Ausland verkauft werden. Eine Kompensation für diese Beschränkungen erscheint sinnvoll, um die Motivation für einen Verstoß gegen

---

[291] Vgl. *Greve/Larsen/Lindegaard*, Kommenteret strafelov, Almindelig del, 5. Auflg. Kopenhagen 1993, Anm. zu § 76 Abs. 2 StrL.

diese Beschränkungen zu mindern.[292] Fraglich ist die Ausgestaltung einer Entschädigungsregelung.

a) Bewertung des dänischen Kaufangebotes

Interessant ist das dänische Lösungsmodell. Kap. 4 § 11, Lov 1986-06-04 nr. 332 (KuWertG) bestimmt, daß nach der Ablehnung eines Antrages auf Ausfuhr dem Eigentümer ein Kaufangebot des Staates unterbreitet wird. Die Höhe des Kaufangebots wird durch Sachverständige festgelegt und soll sich an dem Preis orientieren, der auf dem freien Markt erzielt werden kann.[293] Das Angebot wird gemäß § 11 Abs. 3 KuWertG längstens drei Monate aufrecht gehalten.

Durch das Kaufangebot nach der dänischen Regelung wird dem Eigentümer eines Kulturgutes auch nach einer abschlägigen Entscheidung über ein Ausfuhrersuchen eine Möglichkeit eröffnet, den in dem Kulturgut verkörperten Wert durch den Verkauf an den Staat zu realisieren. Die faktische Unverkäuflichkeit des Kulturgutes nach abgelehnter Genehmigung wird somit kompensiert.

Der dänischen Lösung ist beizupflichten, daß der Staat, wenn er Verbotsgesetze erläßt, dem Eigentümer eines Kulturgutes auch unter Berücksichtigung der Sozialbindung des Eigentums einen Ausgleich gewähren muß. Wenn der Staat durch die Kulturgüterschutzgesetzgebung in die Rechte des Eigentümers eingreift, um den Verbleib wichtiger Kulturgüter im Lande zu sichern, so beschränkt er den Eigentümer in der wirtschaftlichen Verwertung seines Eigentums. Hier muß der Staat auch die Verantwortung für den Erhalt des Kulturgutes übernehmen.

Ein Kaufangebot, das nicht zwingend ist, trägt diesem Interessenkonflikt Rechnung. Dem kann auch nicht das Argument entgegengehalten werden, daß in Zeiten wirtschaftlicher Not die Finanzierung solcher Kaufangebote mit Schwierigkeiten verbunden ist. Denn abgesehen davon, daß die Erhaltung von wertvollen Kulturgütern im Lande nicht nur einen Wert für sich besitzt, der gerade durch die restriktive Exportkontrolle ausgedrückt wird, fließt dem Staat durch

---

[292] Vgl. BT-Drucksache 1373, 2. Wahlperiode, S. 3 für die deutsche Regelung.

[293] Kap. 4 § 11 Lov 1986-06-04 nr. 332: "Stk. 1: Hvis en ansøgning om udførseltilladelse afslås, fremsætter kulturværdiudvalget et tilbud om erhverelse af genstanden til en pris, der kan opnås ved salg i det frie marked.

Stk 2. Genstandens værdi fastsættes efter råd fra særligt sagkyndige."

(Abs. 1: Wenn ein Antrag auf Ausfuhrgenehmigung abgelehnt wird, setzt der Kulturwerteausschuß ein Kaufangebot zum Marktpreis fest. Abs. 2: Der Wert des Kulturgegenstandes wird aufgrund des Rates von Sachverständigen festgesetzt.).

den Ankauf ein entsprechender Vermögenswert zu. Es ist daher letztlich eine politische Frage, welche Mittel für den Schutz des Kulturgutbestandes aufgewandt werden sollen.[294]

Die dänische Lösung geht indessen zu weit. Schwierigkeiten bestehen zum einen aufgrund des geforderten Angebots zum Marktpreis. Die Bestimmung des Preises ist nicht unproblematisch; denn der auf dem inländischen Markt zu erzielende Preis wäre dann kein Ausgleich, wenn das Kulturgut gerade auf dem internationalen Kunstmarkt einen höheren Preis erzielen würde.[295] Auch muß berücksichtigt werden, daß der Marktpreis erheblich beeinflußt wird, wenn das Interesse des Staates an dem Kulturgut bekannt wird. Das zeigte sich, als der dänische Staat versuchte, ein für die dänische Kunst wichtiges Gemälde des Malers Abildgaard[296] zurückzukaufen. Der damalige Vorsitzende des Kulturwerteausschusses meinte gegenüber der Presse, er habe nur deshalb den zwei- bis dreifachen Preis gegenüber einem normalen Käufer zahlen müssen, weil das Interesse des Staates an dem Ankauf bekannt geworden sei.[297] Auch wenn fraglich ist, ob ein derart überhöhter Preis gezahlt werden mußte, wird sicherlich der Umstand, daß der dänische Staat ein Interesse an dem Bild als schützenswertem Kulturgut gezeigt hat, den Preis erheblich in die Höhe getrieben haben.

Daneben sieht der Ausschuß weitere Probleme im Bereich des Kunsthandels. So werde oftmals ein Ausfuhrersuchen erst unmittelbar vor einer Auktion gestellt, so daß eine Entscheidung nur unter großem Zeitdruck ergehen könne. Auch

---

294 Vgl. hierzu anschaulich die Diskussion um den eventuellen Ankauf von Barlach-Werken aus dem Nachlaß seiner Lebensgefährtin in der Antwort der Landesregierung auf die entsprechende Kleine Anfrage im Landtag Mecklenburg-Vorpommerns, 2. Wahlperiode, Drucksache 2/127 vom 27.02.1995, S. 2 und 4 ff. Letztendlich ist es durch ein Angebot des Landes Mecklenburg-Vorpommern und weiteren Geldgebern gelungen, die rund sechzig Arbeiten von Barlach in den Ausstellungsräumen der Stadt Güstrow, vornehmlich in der Gertrudenkapelle für die Öffentlichkeit zugänglich zu erhalten und eine bereits vorbereitete Versteigerung dieser Werke durch das Kunsthaus Lempertz in Köln zu verhindern, vgl. ART, Heft 7/1995, S. 114.

295 Die bisherigen Fälle, in denen eine Anzeige von Übertretungen des Ausfuhrverbotes erfolgte, betrafen Fälle, in denen der Wert des Kulturgegenstandes vermutlich zu niedrig angegeben wurde, vgl. Beretning 1991, S. 14, gleichzeitig aber kaum der Beweis geführt werden konnte, daß der tatsächliche Wert der Kunstgegenstände höher lag.

296 Abildgaard, Nicolai Abraham (1743-1809), einer der führenden neoklassizistischen Maler in Dänemark; vgl. *Monrad*, Kasper; The golden age of Danish painting, Hudson Hill Press, New York 1993, S. 51 ff.

297 Vgl. den Vermerk zum Rückkauf des Bildes in: Beretning 1991, S. 10, sowie allgemein zu dem Problem der Preistreiberei S. 14. Zur Resonanz in der allgemeinen Presse; *Dwinger*, Kunsten stiger kunstigt, in: POLITIKEN vom 4.7.1991, S. 1; sowie *Grundtvig*, Minister vil følge kultur-lov nøje, in: POLITIKEN vom 5.7.1991, S. 2.

werde gelegentlich der Zuschlagspreis in Fällen, in denen ein Vorbehalt des Staates am Auktionsgegenstand bekannt ist, in die Höhe getrieben.

Außerdem wird durch den Kulturwerteausschuß über einen Fall berichtet, in dem durch die Dependance des Auktionshauses Sotheby's in Kopenhagen ein Antrag auf Ausfuhrgenehmigung gestellt wurde, bei dem der Wert des auszuführenden Kulturgutes mit knapp unter 100.000 dkr. angegeben wurde. Nach erfolgter Ausfuhr wurde dann der Schätzpreis im Katalog auf etwa den doppelten Wert angesetzt.[298] Die wegen des berechtigten Verdachts des Verstoßes gegen das Ausfuhrverbot des Kulturwertegesetzes angestrengte Klage vor dem Stadtgericht Kopenhagen wurde jedoch unter Hinweis auf die problematische Bestimmung des Wertes abgewiesen.[299]

Wollte man Preismanipulationen bei Auktionen unterbinden, so würde dies zwingend die Anwesenheit eines Repräsentanten des Ausschusses in der Auktion voraussetzen, was eine vorherige Unterrichtung des Auktionshauses von dem Vorbehalt unentbehrlich machen würde.[300] Dies zeigt, daß das Ankaufsangebot auf tatsächlicher Ebene nicht unproblematisch zu verwirklichen ist. Kollidierende Käuferinteressen, Bewertungsschwierigkeiten und vor allem Kürzungen des Ankaufsetats können dazu führen, daß den Intentionen des Gesetzes nur noch eingeschränkt Rechnung getragen werden kann.

Darüber hinaus stünde dem Eigentümer eines Kulturgutes im (dänischen) Staat immer ein potentieller Verkäufer zur Verfügung. Auch in Fällen, in denen der Eigentümer nicht etwa aufgrund einer wirtschaftlichen Notlage zum Verkauf des Kulturgutes gezwungen wäre, könnte er jederzeit sein Kulturgut verkaufen, entweder an den - angeblich kaufbereiten - Käufer oder aber, bei Versagung der Ausfuhrgenehmigung, an den Staat. Die in den Kulturgüterschutzgesetzen verankerte Sozialbindung des Eigentums gerade im Hinblick auf die Verpflichtung zur Bewahrung von Kulturgütern[301] ist so kaum mehr erkennbar.

Auch unter rechtlichen Aspekten ist der dänische Lösungsweg nicht kritiklos zu akzeptieren. Dadurch, daß der Staat sich verpflichtet, dem Eigentümer von schützenswertem Kulturgut bei Versagung der Ausfuhrgenehmigung ein Kaufangebot zu unterbreiten, wird sicherlich die Bereitschaft des Eigentümers,

---

298 Vgl. Beretning 1993, S. 10 f.

299 Vgl. Beretning 1993, S. 11.

300 Vgl. die Presseberichterstattung zum Fall Abildgaard *Dwinger*, Kunsten stiger kunstigt, in: POLITIKEN vom 4.7.1991, S. 1; sowie *Grundtvig*, Minister vil følge kultur-lov nøje, in: POLITIKEN vom 5.7.1991, S. 2.

301 Vgl. für Deutschland, BVerwG, Urt. v. 27.5.1993, NJW 1993, 3280 ff.

das Kulturgut im Land zu belassen, gestärkt. Eine eigene Rechtsposition an dem Kulturgut hat der Staat jedoch nicht gewonnen. Dem Eigentümer steht es frei, das Angebot anzunehmen oder abzulehnen.[302] Zwar muß der Eigentümer dann, wenn die Ausfuhr abgelehnt wurde, das Kulturgut im Lande belassen, anderenfalls sieht er sich einer Strafdrohung ausgesetzt.[303] Der Staat kann jedoch nicht aufgrund einer eigenen Rechtsposition im Falle eines Verstoßes auf das Kulturgut selbst zugreifen. Es werden weder Vorkaufs- noch Ankaufsrechte an dem Kulturgut begründet.

b) Eigener Vorschlag

Diese Gefahren und Nachteile könnten durch eine Kombination der deutschen und dänischen Regelung ausgeglichen werden. Denn der deutschen Regelung ist insoweit zuzustimmen, als sie den Ausgleich für die Versagung der Ausfuhrgenehmigung nur auf die Fälle beschränkt, in denen der Eigentümer eines Kulturgutes auf die Verwertung seines Kulturgutes angewiesen ist und durch den Staat mit der Versagung der Ausfuhrgenehmigung daran gehindert wird. Nur in diesen Fällen ist der Eingriff des Staates von einer solchen Intensität, daß man zwar noch nicht von einem Eingriff in das Eigentum, wohl aber von einem Eingriff in die Möglichkeit des Eigentümers, sein Kulturgut zu verwerten, sprechen muß, der durch einen adäquaten Ausgleich zu kompensieren ist. Die Regelung des Ankaufsangebotes sollte deshalb auf Fälle wirtschaftlicher Notlagen beschränkt werden, wie es bereits bezüglich der Gewährung von steuerlichen Vorteilen in § 8 KuSchG vorgesehen ist, so daß bei einer rechtskräftigen Versagung der Genehmigung zur Ausfuhr und einem aus wirtschaftlicher Not bestehenden Zwang zum Verkauf des geschützten Kulturgutes die zuständigen Behörden ein Angebot zum Ankauf des Kulturgutes als billigen Ausgleich festsetzen sollten.

Die zeitliche Begrenzung des Entschädigungsangebotes entsprechend der dänischen Regelung sollte allerdings übernommen werden, so daß das Angebot zum Ankauf gegenüber dem Eigentümer nur für die Dauer von drei Monaten aufrecht erhalten wird. Die Höhe des Kaufangebotes sollte durch ein Sachverständigengremium unter Beteiligung von Fachleuten aus der Museumsverwaltung, der Kunstwissenschaften, der privaten Sammler und des Kunsthandels und Antiquariats in Anlehnung an den Marktpreis für das Kulturgut bestimmt werden.

---

302 Dabei darf aber nicht vergessen werden, daß das Ausfuhrverbot auch bei Ablehnung des Angebots bestehen bleibt. Die Einschränkung in der Verfügungsmacht ist somit endgültig.

303 Wobei diese aber nur auf Geldstrafe in nicht näher bestimmter Höhe geht, § 13 Lov 1986-06-04 nr. 332; vgl. auch *Maurer*, Kulturgüter, S. 116 f.

Durch eine solche Regelung würde erreicht, daß Eigentümern von Kulturgütern, die sich nicht in einer finanziellen Notlage befinden, die Versagung der Ausfuhrgenehmigung ohne Entschädigungsangebot zugemutet wird, da ihnen ja nach wie vor das Kulturgut als Eigentum verbleibt. Außerdem würde die Regelung tatsächliche Notlagen Rechnung tragen, die sich durch die Versagung einer Ausfuhrgenehmigung ergeben können.

3. Präventive Strafandrohung

Das Angebot einer Entschädigung bei Versagung einer Ausfuhrgenehmigung muß jedoch mit einer Sanktion für den Fall gekoppelt sein, daß der Besitzer eines Kulturgutes trotz Ausfuhrverbotes das Kulturgut illegal in das Ausland verbringt. Wie gezeigt, kann die Sanktion allerdings nur präventiven Charakter besitzen. Durch die Strafandrohung kann der Besitzer eines Kulturgutes von einem Verstoß gegen das Verbotsgesetz abgehalten werden. Weitergehende Auswirkungen durch die Androhung von Sanktionen werden nicht erzielt werden können. Insbesondere kann durch eine strafrechtliche Einziehung eine Rückführung des verbotswidrig ausgeführten Kulturgutes nicht erreicht werden, wenn dieses bereits außerhalb der Landesgrenzen verbracht wurde.

Alle untersuchten Länder kennen Strafbestimmungen in ihren nationalen Schutzgesetzen. Außer in Dänemark sind für schwere Fälle eines Verstoßes gegen die Schutzgesetze auch Freiheitsstrafen vorgesehen. Damit dürfte, ebenfalls mit Ausnahme von Dänemark, der Vorgabe der Verordnung nach angemessenen Sanktionen Rechnung getragen sein.

Wie in der EG-Verordnung festgelegt, sollte eine Sanktion angemessen und effektiv sein. Insbesondere müßte durch die Strafandrohung der Gewinnerwartung bei einem verbotwidrigen Verkauf ins Ausland Rechnung getragen werden. Sollte durch eine Sanktion der durch den Verstoß mögliche Gewinn abgeschöpft werden, könnte auch der Anreiz für einen Gesetzesverstoß vermindert werden. Zu berücksichtigen ist in diesem Zusammenhang, daß ein nicht geringer Teil der Verstöße gegen Ausfuhrverbote mittlerweile in organisierter Form begangen wird. Nach MÜLLER-KATZENBURG gilt der Kunsthandel nach dem Rauschgifthandel als das lukrativste Geschäft auf dem Schwarzmarkt.[304] Daher spricht vieles dafür, die Möglichkeiten, die in Deutschland etwa durch das Gesetz zur Bekämpfung organisierter Kriminalität (OrgKG)[305] eröffnet worden sind, auch auf den illegalen Kunstexport anzuwenden, um die dadurch erzielten Gewinne abzu-

---

304 Vgl. *Müller-Katzenburg*, aaO., S. 26, FN 5.

305 Gesetz zur Bekämpfung des illegalen Rauschgifthandels und anderer Erscheinungsformen der organisierten Kriminalität (OrgKG) vom 15.07.1992, BGBl I, S. 1302

schöpfen. In Frage käme namentlich der durch das OrgKG eingeführte erweiterte Verfall gemäß § 73d StGB, wenn der illegalen Ausfuhr eine milieutypische Straftat zugrunde liegt.[306] Eine solche ist in der Regel immer dann anzunehmen, wenn der Täter als Mitglied einer Bande handelt.[307]

Es sollte deshalb neben der bisherigen Strafdrohung auch ein ausdrücklicher Verweis auf § 73d StGB in das KuSchG aufgenommen werden, um bei milieutypischen Straftaten die erweiterten Sanktionsmöglichkeiten des § 73d StGB anwenden zu können,[308] da es sich bei § 73 d StGB um eine Blankettnorm handelt, die nur bei direktem Verweis anwendbar ist.[309]

4. Strafrechtliche Einziehung

Demgegenüber erscheint die präventive Wirkung von Einziehungen des Kulturgutes eher gering zu sein. Denn eine Rückführung von bereits illegal ausgeführten Kulturgütern ist mit strafrechtlichen Instrumentarien nicht zu erreichen, denn ein Staat kann nicht die Einziehung auf dem Hoheitsgebiet eines anderen Staates vollstrecken. Dennoch sollten die in den Schutzgesetzen von Deutschland und Schweden vorgesehenen Möglichkeiten der strafrechtlichen Einzeihung beibehalten werden. Denn zumindest dann, wenn die illegale Ausfuhr im Versuchsstadium aufgedeckt wird und sich das Kulturgut noch im Herkunftsstaat befindet, besteht durchaus die Möglichkeit, daß der Herkunftsstaat aufgrund seiner Strafgewalt das Kulturgut einzieht.

B) Unwirksamkeit von gesetzeswidrigen Verträgen

Bei der Veräußerung von Kulturgütern über die Grenze hinweg stellt sich zunächst die Frage, welches Recht auf die Veräußerung Anwendung findet. Da internationale Sachnormen vorrangig anzuwenden wären,[310] werden diese zunächst zu prüfen sein.

---

306 Vgl. *Lackner*, StGB, 22. Aufl., München 1997, RN 1 vor § 73 StGB.

307 Vgl. *Schönke/Schröder-Eser*, RN 9 zu § 73 d StGB; *Tröndle*, RN 6 zu § 73 d StGB.

308 Vgl. *Tröndle*, StGB, RN 6 zu § 73d StGB.

309 Vgl. *Schönke/Schröder-Eser*, RN 9 zu § 73 d StGB mit Beispielen für die bisherige Anwendung des § 73 d StGB.

310 Vgl. *Kropholler* in: Festgabe für Zweigert, RabelsZ 1981, S. 481 ff.; *Zweigert-Kötz*, Einführung in die Rechtsvergleichung, S. 23 ff.; *Firsching*, IPR, S. 14 f., 23.

I. Anwendbarkeit des UN Kaufrechts

Sowohl Deutschland als auch die nordischen Staaten haben das Wiener Kaufvertragsübereinkommen ratifiziert. Das UN-Kaufrecht (CISG) hat als uniformlaw Vorrang vor dem nach den jeweiligen IPR-Normen anwendbaren nationalen Recht.[311] Die Anwendbarkeit des UN-Kaufrechts könnte nach Art. 2 a) CISG ausgeschlossen sein. Nach dieser Regelung besteht ein Anwendungsausschluß, soweit der Kauf von Waren zum Privatgebrauch bestimmt ist. Kulturgüter, die zum privaten Gebrauch erworben werden, fallen unter die Ausschlußregelung des Art. 2a) CISG.[312] Diese Anwendungseinschränkung des UN-Kaufrechts betrifft einen großen Teil illegaler Veräußerungen von Kulturgütern über die Grenzen hinweg. Trotzdem kann kein Zweifel daran bestehen, daß auch aus geschäftlichen Gründen Kulturgüter im Wege des illegalen Handels verbotswidrig ausgeführt werden. Diese Fälle würden an sich von den Regelungen des UN-Kaufrechts erfaßt.[313] Allerdings geht es bei der hier zu untersuchenden Frage nicht um den Inhalt von Veräußerungsverträgen, sondern um die Vorfrage der Wirksamkeit dieser Verträge.

Das CISG enthält keine Regelungen über das Zustandekommen und die Wirksamkeit der Verträge. Die Anwendung des UN-Kaufrechts wird durch Art. 4a) CISG sogar ausdrücklich ausgeschlossen. Bezüglich der Auswirkung von gesetzlichen Verboten sind somit die durch das IPR bestimmten jeweiligen nationalen Vorschriften zu prüfen.[314] Zu beachten ist außerdem, daß das UN-Kaufrecht gemäß Art. 2b) CISG nicht auf Versteigerungen anwendbar ist. Auch haben die nordischen Staaten eigene Vorbehalte bei der Umsetzung des UN-Kaufrechts erklärt. So gilt das jeweilige nationale Kaufrecht der nordischen Staaten immer dann, wenn es sich um einen sog. nordischen Kauf handelt, d.h., wenn Käufer und Verkäufer ihre Niederlassung in verschiedenen nordischen Staaten haben. Dies ergibt sich aus dem Vorbehalt von Dänemark, Finnland, Norwegen und Schweden gemäß Art. 94 Abs. 1 und 2 CISG.[315]

---

311 Vgl. *Firsching*, aaO., S.14 f., 23; *Soergel-von Hoffmann*, RN 137 zu Art. 28 EGBGB.

312 Vgl. *Huber*, Der Uncitral-Entwurf eines Übereinkommens über internationale Waren Kaufverträge, RabelsZ 43 (79), S. 413-526, 421 f. Vgl. auch *Schlechtriem* (Hrsg.) Kommentar zum Einheitlichen UN-Kaufrecht, 3. Aufl. München 2000, RN 9 zu Art. 2 CISG zur Abgrenzung privater und geschäftlicher Nutzung.

313 Vgl. *Huber*, aaO., S. 421 f.

314 Vgl. *Schlechtriem* (Hrsg.), aaO., RN 15 zu Art. 4.; *Soergel-Lüderitz*, RN 4 f. zu Art. 4 CISG; RN 4 f. zu Art. 8 EKG.

315 Vgl. *Jayme/Hausmann*, Internationales Privat- und Verfahrensrecht, 5. Aufl. München 1990, S. 143, FN 13; *Schlechtriem* (Hrsg.), aaO., RN 1 zu Art. 94; *Soergel-Lüderitz*, RN 1

II. Verbotswidrige Erstveräußerung

Für die Frage, welche Auswirkungen ein Verstoß gegen ein nationales Kulturgüterschutzgesetz auf den zugrundeliegenden Vertrag hat, ist somit das nach dem nationalen IPR berufene Recht maßgeblich. Dabei sind folgende zwei Fallgruppen zu unterscheiden:

(1) Erstveräußerung von Kulturgütern aus dem Herkunftsland entgegen einem dort bestehenden Ausfuhrverbot.

(2) Verträge, welche die Weiterveräußerung eines verbotswidrig ausgeführten Kulturgutes außerhalb des Herkunftsstaates betreffen.

In diesem Abschnitt der Fall untersucht werden, daß ein Vertrag über die Ausfuhr eines Kulturgutes geschlossen wird, ohne daß die notwendige Erlaubnis Genehmigung vorliegt. Der Verkäufer wird in einem solchen Fall in der Regel seinen Sitz im Herkunftsstaat des Kulturgutes haben, so daß Fallvariante (1) einschlägig ist. Fallvariante (2) wird unter Ziff. III erörtert. Zu prüfen ist daher, welches Recht nach den jeweiligen nationalen Kollisionsrechten auf die zugrundeliegenden Verträge Anwendung findet.

1. Anwendbares Recht

a) Deutschland

Gemäß Art. 28 ff. EGBGB ist bei der Frage des anwendbaren Vertragsstatuts das Recht desjenigen Staates anzuwenden, mit dem der Vertrag die engste Verbindung aufweist. Wichtigster Anhaltspunkt ist nach Art. 28 Abs. 2 EGBGB die Erbringung der charakteristischen Leistung, welche dem betreffenden Vertragstyp seine Eigenart verleiht. Das ist beim Kauf die Sachleistung. Die Sachleistung wird dabei regelmäßig am Verkäuferwohnsitz erbracht, so daß das Recht des Herkunftsstaates anzuwenden ist.

Dies bildet jedoch nur eine subsidiäre Anknüpfungsregel. In erster Linie bestimmt sich das Vertragsstatut in erster Linie nach dem von den Vertragsparteien in freier Rechtswahl gewählten Recht. Die Rechtswahl der Parteien wird sich in

---

zu Art. 94 CISG. *Volken*, Das Wiener Übereinkommen über den internationalen Warenkauf,. Anwendungsvoraussetzungen und Anwendungsbereich, in: *Schlechtriem* (Hrsg.), Einheitliches Kaufrecht und nationales Obligationenrecht, Baden-Baden 1987, S. 81-96, 89, spricht im Zusammenhang mit Art. 94 CISG von der "Skandinavienklausel".

erster Linie nach den für eine Vertragspartei günstigste Vorschrift richten und versuchen, das Ausfuhrverbot des Herkunftsstaates zu umgehen.

Fraglich ist, ob durch eine solche fraudulöse Rechtwahl aber zwingende Verbotsnormen abgewählt werden können. Art. 34 EGBGB ermöglicht hier eine Sonderanknüpfung zu Durchsetzung zwingender deutscher Vorschriften im bereich des Vertragsrecht.[316] Der Begriff der Sonderanknüpfung von Normen, die unabhängig von dem durch die Parteien gewählten oder sonst anwendbaren Recht angewandt werden wollen, ist durch WENGLER[317] und ZWEIGERT[318] in das internationale Privatrecht eingeführt worden. Nationale Ausfuhrverbote des Kulturgüterschutzes fallen unstreitig unter den Anwendungsbereich des Art. 34 EGBGB.[319] Die Sonderanknüpfung des Exportverbotes des Herkunftsstaates als zwingende nationale Vorschrift geht daher nach deutschem IPR der freien Rechtswahl vor.

b) Nordische Staaten

aa) Rechtswahl und subsidiäre Anknüpfung

Nach dänischem Recht bestimmt sich das Vertragsstatut ebenfalls nach dem von den Parteien gewählte Recht. Dies ergibt sich aus Art. 3 EWG-Übereinkommen über das auf vertragliche Schuldverhältnisse anwendbare Recht vom 19.06.1980 (EuSchVÜ), das in Dänemark direkt anzuwenden ist.[320] Subsidiär wird mangels Rechtswahl dasjenige Recht zur Anwendung berufen, mit dem der Vertrag die engste Verbindung aufweist, Art. 4 EuSchVÜ. Anknüpfungspunkt ist dabei der Ort der Erbringung der charakteristischen Leistung des Vertrages, bei Kaufverträgen somit regelmäßig der Ort, an dem die Verkäuferleistung als vertragstypische Leistung erbracht wird.

---

316 Vgl. *Hohloch* in: *Erman*, Kommentar zum BGB, RN 1 zu Art. 34 EGBGB; *Heldrich* in: *Palandt*, RN 4 zu Art. 27 EGBGB, RN 3 zu Art. 34 EGBGB, jeweils m.w.N.

317 *Wengler*, Die Anknüpfung zwingenden Schuldrechts im internationalen Privatrecht, ZvglRW 54 (1941), 168.

318 *Zweigert*, Nichterfüllung aufgrund ausländischer Leistungsverbote, RabelsZ 14 (1942), 287.

319 Vgl. *Hohloch* in. *Erman*, Kommentar zum BGB, RN 16 zu Art. 34 EGBGB; *Heldrich* in: *Palandt*, RN 2 zu Art. 34 EGBGB; *Soergel-von Hoffmann*, RN 51 zu Art 34 EGBGB, jeweils m.w.N.

320 Vgl. Lov 1984-05-09 nr. 188.

Norwegisches IPR unterstellt gemäß § 3 IntprK einen Kaufvertrag dem Recht, das die Vertragsparteien ausdrücklich oder stillschweigend gewählt haben.[321] Auch nach dem IPR Schweden ist bei Verträgen ebenfalls primär auf das von den Parteien gewählte Recht abzustellen.[322] Mangels Rechtswahl ist subsidiär zur Bestimmung des Vertragsstatuts dasjenige Recht der engsten Verbindung berufen. So ist ohne Rechtswahl der Parteien dasjenige Recht anwendbar, das die engste Verbindung zu dem Sachverhalt aufweist,[323] bei der Veräußerung somit ebenfalls der Verkäuferwohnsitz.

bb) Berücksichtigung zwingender Normen.

Auch in Dänemark wäre eine Abwahl zwingender Vorschriften des an sich anwendbaren Rechts unwirksam. Dies folgt aus Art. 7 Abs. 2 EuSchVÜ, der in Dänemark ebenfalls geltendes Recht ist.[324] Zwingende Normen[325] des Rechts desjenigen Staates, dessen Recht ohne die Rechtswahl anwendbar wäre, bleiben somit auf jeden Fall anwendbar.

Nach norwegischem Recht bleiben zwingende Rechtsregeln desjenigen Rechts, das ohne die Rechtswahl anwendbar gewesen wäre, weiterhin anwendbar.[326] Es sind somit die zwingenden Vorschriften desjenigen Rechtes auf den Vertrag anwendbar, das ohne Rechtswahl als Vertragsstatut berufen wäre. Dieses ohne fraudulöse Rechtswahl anwendbare Recht bestimmt sich nach der sog. Irma-Mignon-Regel.[327] Diese Kollisionsregel geht auf ein Urteil des Jahres 1923 zurück[328] und kann auch als "Individualisierte Anknüpfungsmethode" bezeichnet werden, da in jedem Einzelfall unter Würdigung aller Umstände der zugrunde-

---

321 § 3"Kjøbet står under rettsreglare i det landet, som kjøper og seljar har avtala med reine ord eller som på annan måte går klårt fram av avtalen." (Auf den Kaufvertrag ist das Recht desjenigen Staates anzuwenden, das der Käufer und der Verkäufer ausdrücklich gewählt haben oder das sich auf andere Weise aus dem Vertrag ergibt).

322 Vgl. *Eek*, Lagkonflikter, S. 92 ff.

323 Vgl. *Gaarder* in: *Lassen*, Knophs oversikt over Norges rett, 10. Aufl., S. 1233.; für Schweden *Hjerner*, Främmande Valutalag, S. 200 ff.; *Eek*, aaO. S. 92 ff.

324 Vgl. *Karnov-Skovby (DK)*, RN 34 zu Art. 7 Konvention om lovvalget i kontraktsforhold, S. 2893.

325 "Internationalt præceptive", vgl. *Karnov-Skovby (DK)*, aaO.

326 Vgl. *Gaarder* in: *Lassen*, Knophs oversikt over Norges rett, 10. Aufl., S. 1233.

327 Vgl. *Gaarder* in: *Lassen*, aaO., S. 1234.

328 HD Rt 1923 II S. 58. Dem Urteil lag der Zusammenstoß der norwegischen Schiffe "Irma" und "Mignon" in englischen Gewässern zugrunde. Der Oberste Gerichtshof wendete norwegisches Recht als dasjenige an, das mit dem Geschehen den engsten Zusammenhang hatte.

liegende Anknüpfungspunkt festgestellt wird.[329] Wendet man diese Regelung auf die Fälle der unerlaubten Verbringung von Kulturgütern an, so wird man zumindest in den Fällen, in denen wenigstens eine Vertragspartei einen Anknüpfungspunkt zum Herkunftsland des Kulturgutes hat, die zwingende Regelung des Herkunftslandes und somit auch das Exportverbot anwenden. Dies gilt in jedem Fall dann, wenn das Recht des ohne Rechtswahl anwendbaren Vertragsstatuts das Exportverbot beinhaltet und dieses Recht mit dem Recht des Forumstaates identisch ist.

In Schweden gab es bis 1998 keine Kodifikation des IPR.[330] Im Zusammenhang mit dem EG-Beitritt 1995 wurde das EuSchVÜ von Schweden übernommen.[331] Entsprechend der Regelung des Art. 7 Abs. 2 EuSchVÜ wird daher auch in Schweden in dem Fall, in dem sich das Kulturgut noch in Schweden befindet, bei einem Vertrag, der auf die verbotswidrige Veräußerung des Kulturgutes gerichtet ist, das schwedische Ausfuhrverbot Anwendung finden, wenn das Ausfuhrverbot als zwingende Norm anzusehen ist. Allgemein akzeptierte Regelungen sind nach der Auffassung der Literatur generell zu berücksichtigen.[332] So werden zwar in Schweden in erster Linie Regelungen, die einen sozialen Schutzcharakter aufweisen, als Beispiele für zwingende Rechtsregeln angeführt.[333] Der Anwendungsbereich ist jedoch nicht auf diese Bestimmungen beschränkt, sondern wurden auch bereits vor der Übernahem der Reglungen des EuSchVÜ entsprechend Art. 7 EuSchVÜ auch auf andere Gebiete ausgeweitet.[334] Teilweise wird in der schwedischen Literatur die Auffassung vertreten, daß auch § 36 Avtalslag, der nach seinem Wortlaut als Generalklausel die Unwirksamkeit von verbotswidrigen Verträgen bestimmt, als internationale zwingende Regelung aufgefaßt werden kann.[335] Überträgt man diese Grundsätze auf das Ausfuhrverbot des Kulturgüterschutzgesetzes, wird man dieses als zwingende Norm ansehen können, die die Rechtswahlmöglichkeit der Parteien ausschließt. Denn durch das Ausfuhrverbot soll gerade vermieden werden, daß durch eine Rechtswahl der Parteien einem verbotswidrigen Vertrag Geltung verliehen und so das Ausfuhrverbot umgangen wird. Auch nach schwedischem Recht wird daher eine

---

329 Vgl. *Gaarder* in: *Lassen*, aaO., S. 1230 ff.

330 Vgl. *Staudinger-Firsching*[12], RN 105 Vorbem. zu Art. 27-37 n.F. EGBGB.

331 Lag (1998:167) om tillämplig Lag för avtalsförpliktekser.

332 Vgl. *Pålsson* in *Karnov* (S), RN 47 zu Art. 7 Lag (1998:167), 4. Aufl. Stockholm 1999.

333 Vgl. *Jänterå-Jareborg*, Internationnellt tvingande civilrättsregler, SvJT 1995, S. 374-384, 376 f.

334 Vgl. *Jänterå-Jareborg*, aaO., S. 383.

335 Vgl. *Bogdan*, Tillämplighet av avtalslagen 36 § i internationella rättsförhållanden, Lov og Rett 1996, S. 114-122, 117 f.

fraudulöse Rechtswahl der Parteien mit dem Ziel der Umgehung des Ausfuhrverbotes des Kulturgüterschutzgesetzes ausgeschlossen sein, wenn zumindest eine Partei notwendige Bindungen zum schwedischen Recht hat.[336]

c) Ergebnis

Bei allen untersuchten Staaten ist somit festzuhalten, daß die Exportverbote der Herkunftsstaaten nach dem jeweiligen nationalen IPR der Herkunftsstaaten nicht durch die Wahl fremden Rechts umgangen werden können.[337] Bei der Erstveräußerung eines Kulturgutes aus dem Herkunftsland ist somit das nationale Ausfuhrverbot als zwingende Norm zu beachten.

2. Materielles nationales Recht

Da in den untersuchten Kulturgüterschutzgesetzen die Ausfuhr von schutzwürdigen Kulturgütern jeweils einem Genehmigungsvorbehalt der nationalen Behörden unterliegt, stellt sich die Frage, welche Rechtsfolgen eine ungenehmigte Ausfuhr für die der Ausfuhr zugrundeliegenden Verträge hat. In den Kulturgüterschutzgesetzen selbst finden sich keine entsprechenden Vorschriften. Es ist deshalb auf die allgemeinen zivilrechtlichen Vorschriften der untersuchten Staaten zurückzugreifen.

a) Deutschland

aa) Nichtigkeit nach § 134 BGB

Eine unerlaubte Ausfuhr könnte als Verstoß gegen das KuSchG unter § 134 BGB fallen. Dies setzt voraus, daß der Eigentümer mit der unerlaubten Ausfuhr gegen ein gesetzliches Verbot verstößt. Der Eigentümer eines Kulturgutes kann in zweifacher Weise gegen das Ausfuhrverbot des Kulturgüterschutzgesetzes verstoßen. Zum einen kann er das geschützte Kulturgut ohne Einholung einer Genehmigung in das Ausland verbringen. Zum anderen kann er trotz Ablehnung einer beantragten Ausfuhrgenehmigung das Kulturgut dennoch ins Ausland schaffen. Eine Ausfuhr, die vor einer Prüfung durch die Behörden erfolgt, ist

---

336 Vgl. auch *Jäntera-Jareborg*,, Internationellt tvingande civilrättsregler, SvJT 1995, S. 374-384, 378f., die unter Hinweis auf die Entscheidung HD NJA 1991, S. 43, ebenfalls für eine Berücksichtigung zwingender schwedischer Regelungen unabhängig von einer eventuellen Rechtswahl der Parteien plädiert.

337 Vgl. *Hohloch* in: *Erman*, aaO.; *Heldrich* in: *Palandt*, RN 3, 4 zu Art. 34 EGBGB; *Soergel-von Hoffmann*, RN 13 zu Art. 34 EGBGB. Vgl. auch die Nachweise bei *Radtke*, Schuldstatut und Eingriffsrecht, ZVglRWiss 84 (1985), S. 325-357, 329 f. m.w.N.

ebenso von dem Verbot des § 1 Abs. 4 KuSchG betroffen wie eine Ausfuhr trotz einer abgelehnten Ausfuhrgenehmigung. Es handelt sich bei dem Ausfuhrverbot des KuSchG somit um ein präventives Verbot mit Erlaubnisvorbehalt.[338]

In beiden Fällen verstößt eine Ausfuhr des Kulturgutes gegen die Regelungen des Kulturgüterschutzgesetzes. Allerdings ist DILCHER[339] zuzustimmen, der das Ausfuhrverbot des Kulturgüterschutzgesetzes als ein Beispiel für das schwebend unwirksame Rechtsgeschäft darstellt, weil eine Genehmigung jederzeit auch noch nachträglich erteilt werden kann.

§ 1 Abs. 4 KuSchG enthält lediglich das Verbot einer tatsächlichen Handlung, der Verbringung des Kulturgutes ins Ausland. Eine Verbringung wird jedoch in aller Regel (mit Ausnahme einer bloßen Wohnsitzverlagerung des Eigentümers ins Ausland) nicht ohne eine rechtliche Verpflichtung erfolgen. Regelmäßig dürfte der Verbringung ins Ausland ein Kaufvertrag zugrunde liegen. Da aber von den Regelungen des Kulturgüterschutzgesetzes zunächst nur die tatsächliche Verbringung des Kulturgutes erfaßt ist, bleibt zu klären, ob auch ein Kaufvertrag, der die Verpflichtung zur Verbringung des Kulturgutes ins Ausland enthält, dem Ausfuhrverbot des Kulturgüterschutzgesetzes unterfällt.

Rechtsfolge des Verstoßes eines verbotswidrigen Kaufvertrages gegen § 1 Abs. 4 KuSchG könnte deshalb gemäß § 134 BGB dessen Nichtigkeit sein. Dies würde voraussetzen, daß es sich bei dem Ausfuhrverbot des Kulturgüterschutzgesetzes um ein Verbotsgesetz i.S.d. § 134 BGB handelt.

Allein aus dem Umstand, daß eine verbotswidrige Ausfuhr nach § 16 Abs. 1 KuSchG strafbar ist, folgt noch nicht zwingend die Anwendbarkeit des § 134 BGB. Denn die Strafbarkeit eines Handelns führt nicht automatisch zur zivilrechtlichen Unwirksamkeit des zugrundeliegenden Rechtsgeschäftes.[340] Allerdings richtet sich das Verbot der Ausfuhr ohne Genehmigung gerade gegen die Wirksamkeit der zivilrechtlichen Verträge. Anderenfalls könnte aufgrund eines wirksamen Kaufvertrages auf Verschaffung und Übergabe des Kulturgutes geklagt und der durch das Verbot rechtlich mißbilligte Erfolg erzwungen werden. Das Ausfuhrverbot des Kulturgüterschutzgesetzes führt somit zur Nichtigkeit eines auf seine Umgehung gerichteten Kaufvertrages;[341] denn ein Kaufvertrag, der den Verkauf eines geschützten Kulturgutes zum Inhalt hat, würde bei seiner

338 Vgl. *Maurer*, Allg. VerwR., S. 205 ff.

339 *Staudinger-Dilcher*[12], RN 9 zu § 134 BGB.

340 Vgl. *Staudinger-Sack*[13], RN 78 zu § 134 BGB; *Soergel-Hefermehl*, RN 23 ff. zu § 134 BGB.

341 Vgl. BGH, Urt. v. 28.06.1968, NJW 1968, S. 1928.

Erfüllung die verbotswidrige Verbringung des Kulturgutes ins Ausland bewirken. Hier liegt auch der Unterschied zu Rechtsgeschäften, bei denen erst die Folgehandlung eines Rechtsgeschäftes gegen ein gesetzliches Verbot verstößt. Dies wäre etwa dann der Fall, wenn ein Kaufvertrag den Verkauf eines Gutes betrifft, das erst importiert werden müßte und dessen Import gegen ein Embargogesetz verstoßen würde.[342] Während in diesem Beispielsfall nicht zwingend der Kaufvertrag, wohl aber der Einlieferungsvertrag gegen die Embargobestimmungen § 134 BGB unterfallen würde,[343] richtet sich im vorliegenden Fall der Kaufvertrag direkt gegen das Ausfuhrverbot des § 1 Abs. 4 KuSchG.

bb) Von der Nichtigkeit erfaßte Verträge

Fraglich ist, ob alle Verträge, die auf die Ausfuhr eines Kulturgutes gerichtet sind, dem Ausfuhrverbot unterfallen, z.B. auch ein Einlieferungsvertrag in eine ausländische Dependance eines Auktionshauses.

Der Gesetzentwurf des Kulturgüterschutzgesetzes definiert "Ausfuhr" als jede, auch leihweise und nur vorübergehende Verbringung aus dem Gebiet der Bundesrepublik Deutschland.[344] Damit unterfiele auch die Einlieferung in ein ausländisches Auktionshaus dem Begriff der Ausfuhr. Es ließe sich zwar im Rahmen einer teleologischen Reduktion die Auffassung vertreten, daß die Einlieferung an sich als Vorbereitungshandlung noch nicht gegen das Kulturgüterschutzgesetz verstößt (immerhin kann auch ein einheimischer Ersteigerer den Zuschlag bekommen oder das Kulturgut wegen fehlenden Interesses wieder zurückgegeben werden). Denn hier läge nur eine zeitlich begrenzte Verbringung aus dem Geltungsbereich des Gesetzes vor. Hinzu kommt, daß im zweiten Abschnitt des Kulturgüterschutzgesetzes über Archivgut in § 14 Abs. 1 KuSchG ausdrücklich bereits eine Meldepflicht für Verhandlungen über die Ausfuhr vorgesehen ist, diese Vorschrift aber im allgemeinen Teil über Kulturgüter fehlt. Dies könnte ebenfalls dafür sprechen, die Einlieferung in eine ausländische Auktion als nicht verbotene Vorbereitungshandlung anzusehen.

Die deutsche Regelung des Kulturgüterschutzes ist zwar in bezug auf die Ausfuhr restriktiv auszulegen. Die Definition in der Gesetzesbegründung, der auch

---

342 Vgl. das entsprechende Beispiel bei *Staudinger-Sack*[13], RN 161 zu § 134 BGB.

343 Vgl. *Staudinger-Sack*[13], aaO.

344 Vgl. BT-Drucksache 76, 2. Wahlperiode, S. 7. Auf europäischer Ebene definiert Art. 1 Nr. 2 der Richtlinie 93/7/EWG für die Rückgabe unrechtmäßig ausgeführter Kulturgüter eine unrechtmäßige Verbringung als "jede Verbringung aus dem Staatsgebiet eines Mitgliedstaates entgegen den Rechtsvorschriften dieses Staates" bzw. "jede nach Ablauf der Frist für einen vorübergehenden rechtmäßigen Versand nicht erfolgte Rückkehr.", vgl. ABlEG 1993, Nr. L 74/75.

in der weiteren Beratung des Gesetzes nicht widersprochen wurde,[345] legt aber eindeutig fest, daß Ausfuhr jede auch nur zeitweise oder leihweise Verbringung des Kulturgutes ins Ausland bedeutet, unabhängig vom Zweck der Verbringung.[346] Es kommt somit jedenfalls für die Frage der Unwirksamkeit eines Rechtsgeschäftes nicht auf die endgültige Verbringung des Kulturgutes an. Damit ist aber bereits die Einlieferung des Eigentümers an ein ausländisches Auktionshaus eine verbotene Ausfuhr.

Dieser von der Gesetzesbegründung vorgegebenen Auslegung ist angesichts der Schutzintention des Kulturgüterschutzgesetzes zuzustimmen. Die bloße Möglichkeit der Rückkehr des Kulturgutes in den Herrschaftsbereich des Kulturgüterschutzgesetzes rechtfertigt nicht, die Einlieferung des Kulturgutes in eine ausländische Auktion, in der nach ihrem Sinn das Kulturgut gerade auf dem internationalen Markt angeboten werden soll, als bloße Vorbereitungshandlung anzusehen.

Eine scheinbare Ausnahme enthält das Urteil des OLG Düsseldorf[347] zur Frage des Folgerechts nach § 26 UrhG. Dort sollte entschieden werden, ob § 26 UrhG bereits auf die Einlieferung von Kunstwerken, im entschiedenen Fall von BEUYS in eine Londoner Auktion, angewendet werden könne. § 26 UrhG gesteht dem Urheber eines Originalkunstwerkes einen Anteil von 5% eines Veräußerungserlöses zu und räumt ihm weitgehende Informations- und Auskunftsrechte zur Durchsetzung dieses Anspruchs ein.[348] Das OLG Düsseldorf hat die Anwendung des § 26 UrhG bereits im Zeitpunkt der Einlieferung abgelehnt, da dies lediglich eine Vorbereitungshandlung gewesen sei.[349] Da zum, das Folgerecht auslösenden, Veräußerungstatbestand die rechtsgeschäftliche Erklärung (Angebot, Annahme, Besitz- und Eigentumswechsel) gehöre, diese jedoch erst durch den Zuschlag im Rahmen der ausländischen Auktion verwirklicht worden sei, sei das Folgerecht als nationales Recht nicht auf die im Ausland erfüllten Tatbestände

---

345 Vgl. Änderungsvorschlag des Bundesrates, BT-Drucksache 76, 2. Wahlperiode, Anl. 2, S. 14 ff.; sowie den Abschlußbericht des Ausschusses, BT-Drucksache 1373, 2. Wahlperiode.

346 Dem trägt auch die Praxis Rechnung. Die Dependancen der großen englischen Auktionshäuser in Deutschland senden Kulturgüter, bei denen sich herausstellt, daß sie unter das Verbotsgesetz fallen, i.d.R. gar nicht zu den Versteigerungen in ihre Stammhäuser ein.

347 Vgl. OLG Düsseldorf, Urt. v. 21.01.1992, NJW 1992, S. 1334.

348 Vgl. auch *Jayme*, IPR, S. 239.

349 Vgl. OLG Düsseldorf, aaO.

anzuwenden.[350] Die Entscheidung läßt sich jedoch nicht auf das vorliegende Problem übertragen.

Aus dem Urteil des OLG Düsseldorf folgt zwar zutreffend, daß Vorbereitungshandlungen für eine Veräußerung nicht vom Schutzbereich des Folgerechts erfaßt werden. Beim Folgerecht kommt es jedoch auf den Abschluß des Veräußerungsvertrages an, der erst einen Anspruch auf den Erlös begründen würde, an dem dem Urheber das Folgerecht zustehen würde. Die bloße Einlieferung in ein Auktionshaus läßt noch keinen Zahlungsanspruch entstehen. Anderes gilt jedoch bei einer Einlieferung eines geschützten Kulturgutes in ein ausländisches Auktionshaus. Aus dem Einlieferungsvertrag kann auf die Verbringung des Kulturgutes geklagt werden. Ein Rechtsgeschäft, aufgrund dessen die verbotene Handlung eingeklagt werden kann, ist aber nicht mehr als Vorbereitungshandlung anzusehen, sondern selbst als Verstoß von dem Verbot des § 1 Abs. 4 KuSchG erfaßt. Da im Gegensatz zu § 26 UrhG in § 1 Abs. 4 KuSchG nicht der Zahlungsanspruch im Vordergrund steht, sondern die tatsächliche Verbringung des Kulturgutes, wäre bereits die Einlieferung des Kulturgutes in ein Auktionshaus als Verstoß gegen das Ausfuhrverbot anzusehen. Auch besteht in soweit ein entscheidender Unterschied, als § 26 UrhG in erster Linie private Interessen schützt. Das Ausfuhrverbot des Kulturgüterschutzgesetzes ist jedoch eine im öffentlichen Interesse erlassene Schutzvorschrift, die unabhängig von dem für das Schuldverhältnis anwendbare Recht als zwingende Vorschrift zur Anwendung berufen ist.[351]

Das Verbot des Verpflichtungsgeschäftes ist somit selbst bei nur zeitweiliger Verbringung aufgrund der dem Vertrag zugrunde liegenden mißbilligten Rechtsfolge zu begründen.[352] Das Kulturgüterschutzgesetz ist als Verbotsgesetz im Sinne des § 134 BGB mit der Rechtsfolge der Nichtigkeit des verbotswidrigen Verpflichtungsgeschäfts anzusehen.[353]

cc) Nichtigkeit des Verfügungsgeschäftes

Fraglich ist, ob die Nichtigkeit des Kausalgeschäftes auch das dingliche Verfügungsgeschäft erfaßt. Das Verfügungsgeschäft ist zwar grundsätzlich neutral, im Falle des Kulturgüterschutzgesetzes wird aber durch die Übertragung des Ei-

---

350 Vgl. OLG Düsseldorf, aaO.

351 Vgl. *Hohloch* in: *Erman*, Kommentar zum BGB, RN 16 zu Art. 34 EGBGB; *Heldrich* in: *Palandt*, RN 2 zu Art. 34 EGBGB.

352 Vgl. zu der Einteilung der Verbotskriterien *Brox*, Allgemeiner Teil des BGB, 23. Aufl. RN 276 ff.; *Canaris*, Gesetzliches Verbot und Rechtsgeschäft, 1983, S. 20 ff.; MünchKomm-*Mayer-Maly*, RN 38 zu § 134 BGB; *Heinrichs* in: *Palandt*, RN 13 zu § 134 BGB.

353 Vgl. *Staudinger-Dilcher*[12], RN 9 zu § 134 BGB.

gentums auf den ausländischen Erwerber ebenfalls gegen die Schutzintention des Gesetzes verstoßen. Denn durch die Übertragung des Eigentums wird die Abwanderung des Kulturgutes „verfestigt“.

Ein Verpflichtungsgeschäft, welches auf die verbotswidrige Übertragung von Eigentum auf den ausländischen Käufer als Leistungspflicht gerichtet ist, kann nicht dadurch belohnt werden, daß der geschuldete Erfolg, der gerade gegen die Rechtsordnung in Form des Verbotsgesetzes verstößt, aufgrund eines wirksamen dinglichen Erfüllungsgeschäftes den Schutz eben dieser Rechtsordnung erhält. Dies wird vom BGH im Urteil vom 22.6.1972[354] sogar für den Fall eines Seegüterversicherungsvertrages angenommen, der zum Gegenstand die Ausfuhr nigerianischer Masken hatte. Die Ausfuhr war nach dem nigerianischen Schutzgesetz verboten. Der BGH läßt das Verbot auch auf den Versicherungsvertrag durchschlagen, obwohl dieser die Ausfuhr noch nicht einmal fördert. Daher ist ein Vertrag, in dem sich der Eigentümer eines eingetragenen geschützten Kulturgutes zur Verbringung dieses Kulturgutes ins Ausland verpflichtet, sowohl hinsichtlich des Verpflichtungsgeschäftes als auch des Erfüllungsgeschäftes unwirksam.[355] Deshalb ist auch das dingliche Verfügungsgeschäft der Rechtsfolge des § 134 BGB zu unterwerfen.

b) Dänemark

aa) Nichtigkeit des Vertrages

Das dänische Schuldrecht unterscheidet nicht zwischen Anfechtbarkeit und Nichtigkeit. Vielmehr werden die Rechtsfolgen eines Vertrages, der keine "Gyldighed" (Gültigkeit) besitzt, nach schwachen und starken Ungültigkeitsgründen unterschieden. Gültig ist nach dänischer Auffassung ein Vertrag, wenn dieser in Übereinstimmung mit seinem Inhalt Rechtswirkungen entfaltet, oder bei Nichteinhaltung des Vertrages das positive Interesse, also das Erfüllungsinteresse verlangt werden kann.[356] Hat der Vertrag weder die nach seinem Inhalt vorgesehenen Rechtswirkungen, noch kann aus ihm ein Erfüllungsinteresse geltend ge-

---

354 BGH, Urt. v. 22.6.1972, BGHZ 59, 82, 85 f.

355 Vgl. BGH, NJW 1995, 516 für den Fall einer verbotswidrigen Abtretung, *Staudinger-Dilcher*[12], RN 6 zu § 134 BGB und *Brox*, AT, 23. Aufl., RN 281, die eine zwingende Nichtigkeit beider Geschäfte annehmen, wenn gerade der Leistungserfolg unterbunden werden soll, vgl. auch *Staudinger-Sack*[13], RN 116 f. zu § 134 BGB, differenzierend *Heinrichs* in: *Palandt*, RN 13 zu § 134 BGB; *Larenz*, AT, s. 739 f.

356 Vgl. *Ussing/Kruse*, Aftaler, 3. Aufl., S. 8 (grundlegend).

macht werden, ist der Vertrag ungültig.[357] Ungültigkeit umfaßt in diesem Zusammenhang den Begriff Nichtigkeit.

Innerhalb der Ungültigkeitsgründe unterscheidet man in Dänemark zwischen "starken" und "schwachen" Gründen. Starke Ungültigkeitsgründe liegen vor, wenn die Rechtsfolge der Ungültigkeit unabhängig von einem evtl. guten Glauben der Vertragspartner eintritt, während bei schwachen Ungültigkeitsgründen die Rechtsfolge nur dann eintritt, wenn einer oder beide Vertragspartner zusätzlich zum Vorliegen des Ungültigkeitsgrundes nicht im guten Glauben über dessen Nichtvorliegen waren.[358]

bb) Anwendbarkeit des Vertragsgesetzes

Das Zustandekommen von Verträgen wird in Dänemark durch das Vertragsgesetz (Aftalelov (Aftl.))[359] geregelt.

Mit der Rechtsfolge eines Vertrages, der gegen ein gesetzliches Verbot verstößt, befaßt 36 Aftl.[360]. Diese Vorschrift wird indessen von Literatur[361] und Rechtsprechung[362] nicht auf Verbotsgesetze wie das Kulturgüterschutzgesetz angewandt, sondern dem Bereich dem Bereich des Verbraucherschutzes zugeordnet (§ 36 Aftl.)[363]

---

357 Vgl. *Ussing/Kruse*, aaO.; *Andersen/Clausen/u.a.*, Dansk privatret, S. 64.

358 Vgl. *Ussing/Kruse*, aaO., S. 8 f.; *Andersen/Clausen/u.a.*, aaO., S. 65 f.

359 Aftalelov, Lov 1917:242 i.d.F. der Bekanntmachung vom 8.9.1986.

360 § 36 Aftl. "Stk 1. En aftale kann tilsidessættes helt oder delvis, hvis det vil være urimeligt eller in strid med redlig handlemåde at gøre den gældende. Det samme gælder andre retshandler. Stk 2. Ved afgørelsen efter stk 1 tages hensyn til forholdene ved aftalens indgåelse., aftalens indhold og senere indtrufne omstændigheder." („Abs. 1: Ein Vertrag kann ganz oder teilweise für ungültig erklärt werden, wenn er unbillig ist oder im Gegensatz zu einer redlichen Handlungsweise steht und dies geltend gemacht wird. Das gleiche gilt für andere Rechtshandlungen. Abs. 2: Bei einer Entscheidung nach Abs. 1 ist auf die Verhältnisse in bezug auf die Eingehung des Vertrages, dessen Inhalt und auf später eintretende Umstände Rücksicht zu nehmen.").

361 Vgl. *Andersen/Clausen/u.a.*, aaO., S. 75; *Ussing/Kruse*, aaO., S. 15 ff.; *Karnov(DK)-Skovby*, Anm. 121 zu § 33 Aftl., S. 8762 f.

362 Vgl. die Nachweise bei *Karnov(DK)-Skovby*, Anm. 133 zu § 36 Aftl., S. 8765.

363 Vgl. zu den Motiven *Betænkning* 738/1975, Beilagen 19, S. 174 f., *Karnov(DK)-Skovby*, Anm. 131 zu § 36 Aftl., S. 8764; *Andersen/Clausen/u.a.*, aaO., S 76; *Hansen*, aaO., S. 9 ff. sowie *Andersen/Nørgaard*, Aftaleloven med kommentarer, S. 196.

bb) Danske Lov 5.1.2.

Allerdings könnten sich die Rechtsfolgen eines Verstoßes gegen das Kulturgüterschutzgesetz nach dem "Danske Lov" (Dänisches Gesetz) vom 15.4.1683 (DL) bestimmen, das als erste umfassende moderne gesetzliche Kodifikation in den Teilen, in denen keine Nachfolgeregelungen erlassen wurden, nach wie vor Gültigkeit besitzt. Im 5. Buch "Über Rechte, Gut und Geld" heißt es in Nummer 2 des 1. Kapitels "über Verträge und Verpflichtungen":

> "Alle Verträge, die freiwillig von einem Mündigen eingegangen wurden und zu dessen Kenntnis gelangen, sei es Kauf, Verkauf, Schenkung, Tausch, Pfand, Lohn, Leihe, Verpflichtung, Vorverpflichtung und anderes, dessen Namen bekannt ist, sollen, soweit sie nicht gegen das Gesetz oder die Ehrbarkeit sind, gehalten werden in allen ihren Worten und Punkten, so wie sie eingegangen wurden."[364] (5.1.2. DL)

Diese Regel des Danske Lov wird in der dänischen Literatur dahingehend ausgelegt, daß in einem Ex contrario-Schluß ein Vertrag, der gegen die Ehrbarkeit (gute Sitten) verstößt, keine Wirkung entfaltet.[365] Diese, aus dem Gesetzeswortlaut nicht mit letzter Konsequenz abzuleitende Auslegung (geregelt wird nur die Frage der Einhaltung von Verträgen, nicht die der Rechtsfolgen bei Nichteinhaltung) ist in Dänemark seit USSINGS grundlegendem Werk "Aftaler" (Verträge) bzgl. Verstößen gegen die guten Sitten anerkannt.[366] Die Frage der Auswirkung eines gesetzeswidrigen Vertrages wird aber, trotz gleichen Gesetzestextes, differenzierter gesehen. Die Ungültigkeit eines Vertrages könne man nicht von vornherein auf 5.1.2. DL stützen, vielmehr müsse man hier nach einer Einzelfallösung suchen.[367] Auch könne man nicht davon sprechen, daß jedem gesetzwidrigen Vertrag die Bindungswirkung fehle.[368] So sei zum Beispiel ein Vertrag gültig, der entgegen einer öffentlich-rechtlichen Ordnungsvorschrift geschlossen wurde, und beispielsweise gegen das gesetzliche Verbot des Verkaufs von Wa-

---

364 Vgl. den dänischen Text bei *Iuul* (Hrsg.), Danske Lov, S. 213: "2. Alle Contracter, som frivilligen giøris af dennem, der ere Myndige, og komme til deris Lavalder, være sig Kiøb, Sal, Gave, Mageskifte, Pant, Laan, Leje, Forpligter, Forløfter og andet, ved hvad Navn det nævnis kand, som ikke er imod Loven, eller Ærbarhed, skulle holdis i alle deris Ord og Puncter, saa som de indgangne ere."

365 Vgl. *Ussing*, Aftaler, S. 189 ff.

366 Vgl. *Andersen/Clausen/u.a.*, aaO., S. 77.; *Karnov(DK)-Skovby*, Anm. 121 zu § 33 Aftl., S. 8762 f.

367 Vgl. *Ussing*, aaO., S. 193 ff., 194.

368 Vgl. *Andersen/Clausen/u.a.*, aaO., S. 77.

ren nach Ladenschluß verstoße.[369] Dennoch stellt sich die Frage, ob Verstöße gegen öffentlich-rechtliche Verbote überhaupt unter 5.1.2. DL fallen können. Generell wird jedoch anerkannt, daß der Begriff "Lov" (Gesetz) allgemein als geltende dänische Rechtsregel zu verstehen ist.[370] Verträge, die gegen Gesetze verstoßen, sind deshalb nach 5-1-2 DL nichtig.[371]

dd) Ergebnis

Auf das dänische Kulturgüterschutzgesetz übertragen, ergibt sich folgendes:

Ein Vertrag, der ohne Einholung der notwendigen Genehmigung den Verkauf von Kulturgütern in das Ausland zum Inhalt hat und somit auf die Ausfuhr von Kunstgegenständen gerichtet ist, verstößt gegen das Ausfuhrverbot des Kulturgüterschutzgesetzes. Auch in Dänemark will das Kulturgüterschutzgesetz den Bestand von Kulturgütern im Inland sichern.[372] Ein Vertrag, der auf die Ausfuhr eines Kulturgutes gerichtet ist und damit die Verringerung des Kulturerbes zum Ziel hat, würde diesem Gesetzeszweck widersprechen. Geht man deshalb vom Gesetzeszweck aus, kann ein solcher Vertrag nur als Verstoß gegen das Schutzgesetz aufgefaßt werden, auch wenn sich für diesen Fall keine konkrete Belegstelle finden läßt. Denn hier geht es nicht um die Einhaltung von Ordnungsvorschriften, sondern um das Verbot der Handlung selbst. Damit ist ein auf eine verbotswidrige Ausfuhr gerichteter Vertrag entsprechend 5.1.2. DL ungültig.[373]

c) Norwegen

aa) Nichtigkeit des Vertrages nach Vertragsgesetz

Da das Avtalelov aus einem gesamtnordischen Gesetzentwurf für ein Vertragsrecht hervorgegangen ist, kann für das norwegische Recht auf die Ausführungen zum dänischen Recht verwiesen werden.[374] Beide Gesetze sind bezüglich des hier untersuchten Paragraphen identisch. In der norwegischen Literatur und Rechtspraxis sind auch keine abweichenden Interpretationen bekannt. In der Literatur

---

369 Vgl. *Ussing*, aaO., S. 194, *Andersen/Clausen/u.a.*, aaO.

370 Vgl. *Ussing*, aaO., S. 195.

371 Vgl. *Dübeck*, aaO, S. 180.

372 Vgl. *Karnov (DK)*, Anm. 1 zu Lov 1986-06-04 nr. 332.

373 Vgl. *Ussing*, aaO., S. 193 ff., 194. *Karnov(DK)-Skovby*, Anm. 121 zu § 33 Aftl., S. 8762 f., spricht in dem Zusammenhang von der Anwendung von 5.1.2. DL für Verträge, die gegen Gesetze verstoßen.

374 Vgl. S. 108.

wird regelmäßig auch auf dänische Autoren verwiesen.[375] Damit kann auch für Norwegen festgehalten werden, daß im Avtalelov die Rechtsfolge für einen Vertrag, der gegen ein Verbotsgesetz verstößt, nicht geregelt ist.

bb) Norske Lov (NL) 5-1-2

Aus der Geschichte Norwegens, das von 1380 bis 1814 zuerst in einer Union und später unter Christian III als Provinz Dänemark angegliedert war, ergibt sich, daß in Norwegen das von Christian V erlassene Danske Lov von 1683 seit 1687 als Norske Lov galt und teilweise heute noch gilt.[376] Die Vorschrift NL 5-1-2 ist ebenfalls bis heute nicht außer Kraft gesetzt worden.[377] Sie entspricht in ihrem Wortlaut dem 5-1-2 des DL. Auch in Norwegen ist NL 5-1-2 die Generalklausel für gesetzeswidrige Verträge mit der grundsätzlichen Rechtsfolge der Ungültigkeit.[378]

Die norwegische Literatur spricht sich ähnlich wie die dänische gegen die Annahme automatischer Ungültigkeit eines gesetzwidrigen Vertrages aufgrund NL 5-1-2 aus. Es müsse zunächst untersucht werden, ob die spezielle Regel, gegen die der Vertrag verstößt, eine Sanktion enthält.[379] Ist dies der Fall, so sei diese Sanktion, z.B. eine Strafvorschrift, maßgebend, ohne daß notwendigerweise die Ungültigkeit des Vertrages fingiert werde. Ein Ausgleich zwischen den Vertragsparteien sei dann über die Unmöglichkeitsvorschriften zu erreichen (Ersatz des positiven Vertragsinteresses).[380] Man könne nicht davon sprechen, daß NL 5-1-2 eine Vermutung zugunsten der Ungültigkeit eines gesetzeswidrigen Vertrages enthalte, sondern müsse auf den Einzelfall abstellen.[381] Anwendung könne NL 5-1-2 aber dann finden, wenn in dem Gesetz, gegen das der Vertrag verstößt, lediglich rein verwaltungsrechtliche Verbote und Gebote aufgestellt würden.[382] Die Frage der Anwendbarkeit von NL 5-1-2 ist für die Rechtspraxis vor

---

375 Vgl. *Hov*, Avtalerett, S. 158.

376 Vgl. daher auch das oben, S.109 f., Gesagte zum Danske Lov.

377 Vgl. *Hjerner*, Främmande Valutalag, S. 604, FN 1 sowie *Hov*, Avtalerett, S. 158, 163.

378 Vgl. *Hov*, Avtalerett, aaO. Über die Bedenken gegen eine Auslegung im Sinne der Rechtsfolge Ungültigkeit bei einem gesetzwidrigen Vertrag aus dem Wortlaut der Vorschrift und der unterschiedlichen Behandlung des gesetz- und des sittenwidrigen Vertrages durch die Literatur trotz gleichen Wortlautes in NL 5-1-2 vgl. das zu 5-1-2 DL Gesagte, oben unter S. 118 ff. Vgl. auch *Krüger*, Norsk Kontraktsrett, S. 646; *Hjerner*, aaO., S. 604, FN 1.

379 Vgl. *Hov*, aaO., S. 164.

380 Vgl. *Hov*, aaO., S. 164.

381 Vgl. *Hov*, aaO., S. 164; *Krüger*, aaO., S. 648.

382 Vgl. *Krüger*, aaO., S. 649, der die Verbraucherschutzgesetzgebung als Beispiel anführt.

allem deshalb von Bedeutung, weil die Beachtung eines Verstoßes gegen die Vorschrift von den Gerichten von Amts wegen zu prüfen ist, NL 5-1-2 somit im Gegensatz etwa zu § 36 Avtalelov der Parteidisposition entzogen ist.[383]

cc) Ergebnis

Als Ergebnis läßt sich festhalten, daß nach norwegischer Auffassung NL 5-1-2 lediglich subsidiär zu dem Verbotsgesetz selbst heranzuziehen ist, wenn dieses keine Sanktion vorsehe oder sich die Sanktion nur als verwaltungsrechtliche Grundlage darstelle.

Im vorliegenden Fall ist jedoch im Kulturgüterschutzgesetz selbst keine Regelung der zivilrechtlichen Rechtsfolgen eines Verstoßes enthalten. Allerdings wird ein Vertrag, der auf eine verbotswidrige Ausfuhr gerichtet ist, zwingend dem Schutzzweck des Ausfuhrverbotes der Denkmalschutzverordnung zuwiderlaufen, so daß bereits aus dem Gesetzeszweck die Ungültigkeit des Vertrages abzuleiten ist. Dies ergibt sich insbesondere durch einen Vergleich mit der Sonderregelung zum gutgläubigen Erwerb von Kulturgütern in Lov Nr. 37 vom 2.6.1978, S. 2 Nr. 2.[384] Durch diese Regelung ist ein gutgläubiger Erwerb von Kulturgütern, die zu öffentlich zugänglichen Sammlungen gehören, ausgeschlossen. Zur Begründung wird das besonders starke öffentliche Interesse an der Zugänglichkeit der Kunstwerke angeführt.[385] Wenn aber bereits aus diesem Grund eine Einschränkung des gutgläubigen Erwerbs erfolgt, muß erst recht die weitergehende Verbringung des Kunstwerkes ins Ausland, die das Kunstwerk endgültig unzugänglich machen würde, unwirksam sein. Selbst wenn man eine Ungültigkeit nicht aus dem Ausfuhrverbot selbst ableiten wollte, ergäbe sich diese aus der dann subsidiär heranzuziehenden Regelung des NL 5-1-2. Deshalb wird im Hinblick auf das Ausfuhrverbot des Denkmal(schutz)gesetzes die Nichtigkeit sogar des Verfügungsgeschäftes bejaht. HÆMER[386] etwa führt am Beispiel des norwegischen Kulturgüterschutzgesetzes aus, daß die "große Hauptregel" der freien Übertragbarkeit von beweglichem Eigentum durch Gesetze eingeschränkt werden könne, namentlich durch das Ausfuhrverbot nach § 23 norwg. Denkmalgesetz.

---

383 NL 5-1-2 ist nach Norwegischer Terminologie eine reprobative Norm, vgl. *Krüger*, aaO., S. 646, der aber zu bedenken gibt, daß die Beachtung von Amts wegen voraussetzt, daß aus dem Vertrag selbst hervorgeht, unter welchen Voraussetzungen die Ungültigkeit des Vertrages anzunehmen ist, aaO., FN 2.

384 Vgl. hierzu unten, S. 148 ff.

385 Vgl. *Hov*, Avtalerett, S. 327.

386 Vgl. *Hærem* in: *Lassen*, Knophs oversikt over Norges rett, 8. Aufl., S. 272 f.

Auch in Norwegen wird deshalb nach eigenem Recht verbotswidrigen Verträgen die Wirksamkeit abgesprochen.

d) Schweden

aa) Ungültigkeit des Vertrages

Das schwedische Vertragsrecht hat ebenfalls seinen Ursprung in dem gesamtnordischen Entwurf eines Vertragsgesetzes.[387] In der Diskussion über die dogmatischen Grundlagen der Nichtigkeit bzw. Ungültigkeit von Verträgen haben sich allerdings Besonderheiten im Vergleich zu der Auffassung Dänemarks herausgebildet.[388]

"Ogiltighet" (Ungültigkeit, Nichtigkeit) liegt dann vor, wenn eine Rechtshandlung eine "Willenserklärung darstellt, die aus dem einen oder anderen Grund keine Rechtswirkung mit sich führt."[389] Wie das dänische Recht unterscheidet das schwedische zwischen starken und schwachen Ungültigkeitsgründen.[390] Allerdings verlief die Entwicklung in Schweden nicht so geradlinig wie in Dänemark. Das schwedische Obligationenrecht wurde anfangs stark von den Arbeiten SAVIGNYS und WINDSCHEIDS geprägt.[391] Die deutsche Unterscheidung zwischen Nichtigkeit und Anfechtbarkeit beeinflußte in starkem Maße die schwedische Literatur.[392] Doch auch die Kritik von USSING und LASSEN an der Savigny'schen Einteilung mit dem Ergebnis der Unterscheidung nach starken und schwachen Ungültigkeitsgründen[393] blieb nicht ohne Wirkung, jedoch nicht mit dem Ergebnis wie in Dänemark, daß diese Einteilung anstelle der "klassischen" Unterscheidung getreten wäre. Vielmehr wird in Schweden auch die Unterscheidung zwischen starken und schwachen Ungültigkeitsgründen kritisiert mit dem Hin-

---

387 Vgl. in Dänemark Aftalelov (Lov 1917:242), in Schweden Avtalelag (1915-06-11). Diese Gesetze sind in ihren Grundzügen weitgehend identisch, da sie als Folge der nordischen Zusammenarbeit aus dem Entwurf eines nordischen Vertragsgesetzes hervorgegangen sind.

388 Vgl. dazu *Hjerner*, Främmande Valutalag, S. 605.

389 "Viljeförklaringar, som av en eller annas anledning icke medföra avsedd rättsverkan.", vgl. NJA II 1915, S.232. Diese Definition wurde von dem Obligationskommittee bei dem Entwurf des schwedischen Avtalslagen zugrundegelegt.

390 Vgl. oben S. 107.

391 Vgl. *Bergström*, Ogiltighet ur civilrättslig och skatterättslig synvinkel, S. 21 ff.

392 Vgl. *Karlgren*, Ett gammalt tvisteämne: nullitet och angriplighet, 1951, S. 247 ff.

393 Vgl. hierzu die Ausführungen zum dänischen Recht, S. 107.

weis, daß unter Umständen ein Ungültigkeitsgrund sowohl eine "starke" als auch eine "schwache" Wirkung haben könne.[394]

Dieser Theorienstreit ist auch heute noch aktuell.[395] In einer neueren Zusammenfassung des Theorienstreits hat BERGSTRÖM die Merkmale der einzelnen Einteilungen von Ungültigkeitsgründen aufgelistet und mit dem schwedischen Recht verglichen.[396] Er kommt dabei zu dem Ergebnis, daß absolute Nichtigkeit nach schwedischem Verständnis kaum jemals anzunehmen sei. Es ließen sich immer Wirkungen ungültiger Rechtshandlungen feststellen.[397] Damit ließe sich eine strikte Einteilung von Ungültigkeitsgründen in Nichtigkeit und Anfechtbarkeit mit dem schwedischen Verständnis schwer vereinbaren. Jedoch würden sich auch Zwischenformen in der Einteilung von USSING zeigen, so daß man zwar sagen könne, daß USSINGS Vorschlag der schwedischen Sichtweise entgegenkomme, letztlich sich aber keine der Einteilungen in der schwedischen Literatur oder Praxis habe durchsetzen können.[398]

Der Standpunkt des schwedischen Rechts läßt sich aus der grundlegenden Abhandlung von NIAL[399] ablesen, der die zivilrechtliche Wirkung von Verstößen im speziellen Bereich der Verwahrungsverträge untersucht hat. NIAL stellt zur näheren Charakterisierung des schwedischen Ungültigkeitsbegriffs auf vier Merkmale ab[400]:

- Zweck des Verbotes
- Effektivität eines Verbotes
- Billigkeit zwischen den Parteien
- Bedeutung guten oder schlechten Glaubens.

Aufgrund dieser Kriterien, die in der schwedischen Literatur weitgehend Zustimmung gefunden haben, wie sich aus den Ausführungen von HJERNER[401] und BERGSTRÖM[402] ergibt, kann nur über eine Einzelfallbetrachtung die zivilrechtli-

---

394 Vgl. *Adlercreutz*, zitiert bei *Bergström*, aaO., S. 34 f.

395 Vgl. zu diesem Streit *Bergström*, aaO., S. 19 ff., und dort auch zitiert die Abhandlung von *Adlercreutz* [1982] als grundlegende Zusammenfassung der verschiedenen Meinungen.

396 Vgl. *Bergström*, aaO., S. 23 ff.

397 Vgl. *Bergström*, aaO., S. 24.

398 Vgl. *Bergström*, aaO., S. 39.

399 *Nial*, Förvarv i strid mot legala förbud, TfR 1936, S. 1-77.

400 Vgl. *Nial*, aaO., S. 7 ff.

401 Vgl. *Hjerner*, Främmande Valutalag, S. 605.

402 Vgl. *Bergström*, aaO., S. 21 ff.

che Wirkung eines gesetzwidrigen Vertrages bestimmt werden.[403] Deshalb kann nach der überwiegenden Meinung der schwedischen Wissenschaft keine generelle Vermutung für oder gegen die Ungültigkeit eines gesetzwidrigen Vertrages aufgestellt werden.[404]

bb) § 36 Avtallag

Im Gegensatz zu Dänemark wird in Schweden teilweise auch § 36 Avtallag als Generalklausel für die Bestimmung der Rechtsfolge von verbotswidrigen Verträgen herangezogen. § 36 Avtallag entspricht wie die bis 1975 gleichlautende dänische Vorschrift[405] dem gesamtnordischen Vorschlag zu einem Vertragsgesetz.

§ 36 Avtallag bezieht sich zwar nach seinem Wortlaut nicht auf Verträge, die gegen gesetzliche Verbote, sondern auf solche, die gegen zwingende Rechtsregeln verstoßen.[406] Die von § 36 Avtallag umfaßten zwingenden Rechtsregeln bezwecken den Schutz schwächerer Partner vor dem Mißbrauch der Vertragsfreiheit.[407] Grundsätzlich kann diese Vorschrift also nicht auf Fälle angewandt werden, in denen gegen Schutznormen des Staates, die staatlichen Interessen dienen, verstoßen wird.[408]

Allerdings wird § 36 Avtallag von der schwedischen Literatur und Rechtsprechung in weiterem Umfang angewandt als in Dänemark und Norwegen. Zwingende Rechtsregeln werden teilweise auch dahingehend verstanden, daß das ungeschriebene Verbot rechtswidriger Verträge[409] zwingend in dem Sinne sei, daß

---

403 Vgl. *Nial*, aaO., S. 7 ff.

404 Vgl. *Nial*, aaO., S. 6 f. Der Entwurf 1914 zum Lag om avtal, S. 120, zitiert bei *Nial*, aaO., S. 7, FN 1, spricht sogar von einer gesamtskandinavischen Meinung in dieser Frage. Gleichzeitig wird aber von *Nial* an der gleichen Stelle die Meinung *Lassens* und *Ussings* einer Präsumtion zugunsten der Ungültigkeit eines verbotswidrigen Vertrages, wenn an die gesetzwidrige Handlung keine andere Sanktion geknüpft ist, der Meinung *Schrevelius* gegenübergestellt, der bei fehlender spezialgesetzlicher Regelung für die Annahme einer grundsätzlichen zivilrechtlichen Gültigkeit des Vertrages plädiert, vgl. *Nial*, aaO., S. 6, FN 3, S. 7, FN 1.

405 Vgl. dazu oben S. 107 f.

406 Vgl. *Malmström/Agell*, Civilrätt, 13. Aufl., S. 89 ff. Grundlegend zu diesem Problem *Grönfors*, Några synpunkter på tvingande rättsregler i civilrätten, in: FS für *Nial*, S. 205-225.

407 Vgl. *Grönfors*, aaO., S. 205.

408 Vgl. *Malmström/Agell*, aaO., S. 89 f.

409 Vgl. die Ansicht *Lassens* und *Ussings* zugunsten einer Präsumtion der Ungültigkeit verbotswidriger Verträge, die im skandinavischen Raum herrschend, wenngleich auch nicht unbestritten ist, referiert bei *Nial*, aaO., S. 6 f.

nicht jede Disposition den Parteien überlassen werde.[410] Daraus folge, daß bei einem öffentlich-rechtlichen Verbot zur Ausfuhr bestimmter Gegenstände den Parteien gerade die Möglichkeit eines Vertrages über den Export genommen ist und das Verbot somit zwingend für bzw. gegen einen bestimmten Vertragsinhalt wirkt.

Immerhin wird die Anwendbarkeit von § 36 Avtallag bei Verstößen gegen öffentlich-rechtliche Verbotsgesetze auch gerade im Bereich von Ex- und Importkontrollen für möglich gehalten. Ein Verstoß gegen diese Kontrollgesetze könnte die Ungültigkeit eines Vertrages nach sich ziehen,[411] auch wenn sich die zivilrechtliche Wirkung regelmäßig aufgrund von Einzelfallbetrachtungen ergibt.[412]

cc) Ergebnis

Aufgrund des Fehlens einer entsprechenden Generalklausel für die Rechtsfolgen eines Vertrages, der gegen die guten Sitten und/oder Verbotsgesetze verstößt, ist die Rechtsfolge der Ungültigkeit direkt aus dem Verbotsgesetz selbst abzuleiten.[413] Mit anderen Worten: will das Verbotsgesetz, daß ein Vertrag, der im Widerspruch zu diesem Gesetz steht, keine Gültigkeit erhalten soll, so ergibt sich die Rechtsfolge der Ungültigkeit des Vertrages direkt aus dem Sinn und Zweck des Verbotsgesetzes selbst.[414] Überträgt man diesen Grundsatz, dem auch die Rechtspraxis weitestgehend folgt, auf die Prüfung, ob gerade der in Frage stehende Vertrag von dem Verbotsgesetz berührt wird und das Verbotsgesetz

---

410 Vgl. *Grönfors*, aaO., S. 214; vgl. auch *Bogdan*, Tillämplighet av avtalslagen 36 § i internationella rättsförhållanden, Lov og Rett 1996, S. 114-122, 117 ff., 120.

411 Vgl. *Ramberg*, Allmän avtalsrätt, S. 125 ff., 127. Wenn man eine zwingende Rechtsregel nach dem Verständnis von *Grönfors* interpretiert und somit auch bei einem Verstoß gegen ein öffentlich-rechtliches Verbot einen Verstoß gegen § 36 Avtallag annimmt, kann man auch *Mallström/Agell*, aaO., S. 89, als Beleg hierfür heranziehen.

412 Vgl. *Hjerner*, aaO., S. 604 f.; *Bergström*, aaO., S. 21 ff.; *Nial*. aaO., S. 7 ff.

413 *Hjerner*, aaO., S. 604 ff., 607 m.w.N. Vgl. auch *Fischler/Vogel*, Schwedisches Handels- und Wirtschaftsrecht mit Verfahrensrecht, 3. Aufl., Heidelberg 1978, S. 90 f.

414 *Hjerner*, aaO., S. 607. Nach Ansicht von *Hjerner* hat sich damit das schwedische Recht von der Notwendigkeit einer solchen Generalklausel "befreit": " I ogiltighetsfrågor torde också svensk rätt ha frigjort sig från behovet av en dylik generalklausel och är i stället beredd att härleda ogiltigheten och dess verkningar direkt ur förbudsgrunden eller ur den omoraliska handlingen själv." (Bei der Frage der Wirkung eines ungültigen Rechtsgeschäftes dürfte sich auch das schwedische Recht von der Notwendigkeit einer derartigen Generalklausel befreit haben und statt dessen bereit sein, die Ungültigkeit und deren Wirkungen direkt aus dem Grund des Verbots oder auch der sittenwidrigen Handlung selbst herzuleiten), *Hjerner*, aaO., S. 607.

einen solchen Vertrag verhindern will,[415] auf das schwedische Kulturgüterschutzgesetz, so kommt man zu folgendem Ergebnis: Bei einem Ausfuhrverbot für schützenswertes Kulturgut, wie es das schwedische Kulturgüterschutzgesetz in Kap. 5 § 3 Lag 1988:950 vorsieht, geht es darum, Verträgen, die auf die unerlaubte Ausfuhr gerichtet sind, ihre Wirksamkeit zu nehmen. Daher richtet sich das Ausfuhrverbot direkt gegen die Gültigkeit des verstoßenden Rechtsgeschäftes, so daß man nach den Grundsätzen des schwedischen Rechts zur Frage der Ungültigkeit von verbotswidrigen Verträgen hier zum Ergebnis der Ungültigkeit kommen muß, auch wenn sich für den speziellen Fall des Kulturgüterschutzes keine Belegstellen finden lassen.[416] Denn ein Kaufvertrag über die Grenzen hinaus ist auf eine bewußte Mißachtung des Schutzgesetzes gerichtet. Einem solchen Vertrag zivilrechtliche Wirksamkeit zu verleihen, entspricht nicht Sinn und Zweck des Verbotes. In Kap. 5 § 3 Lag 1988:350. Dies gilt auch dann, wenn wie nach deutschem Recht sich das Verbot auf die Handlung selbst bezieht. Auch nach schwedischem Recht kann und muß ein Vertrag, der auf die Begehung dieser Handlung gerichtet ist, von dem Verbot selbst erfaßt werden mit der Rechtsfolge der Ungültigkeit.[417] Daher ergibt sich die Ungültigkeit eines solchen Vertrages direkt aus dem Verbotsgesetz selbst. Mit Teilen der Literatur wird man auch über die Regelungen des Avtallag zu einer Ungültigkeit des Kaufvertrages kommen.[418]

3. Eigene Stellungnahme

Auch wenn in den einzelnen Rechtsordnungen im Ergebnis Einigkeit darüber besteht, daß ein Vertrag über eine verbotswidrige Veräußerung unwirksam ist, sollte zur Klarstellung in das jeweilige Schutzgesetz eine Regelung über die Unwirksamkeit von Verträgen, die auf die verbotswidrige Ausfuhr des Kulturgutes gerichtet sind, aufgenommen werden. Dem Eigentümer, der gegen ein Ausfuhrverbot verstößt, wird damit die fehlende Wirksamkeit der der Ausfuhr zugrundeliegenden Verträge durch das Schutzgesetz selbst verdeutlicht.

Für die deutsche Regelung des Kulturgüterschutzgesetzes böte sich folgende Ergänzung des § 1 Abs. 5 KuSchG an:

---

[415] Vgl. die Nachweise bei *Hjerner*, aaO., S. 606.

[416] Vgl. *Bergström, Nial, Hjerner*, jeweils aaO.

[417] Vgl. *Ramberg*, aaO., S. 127.

[418] Vgl. *Grönfors*, Några synpunkter på tvingande rättsregler i civilrätten, in: FS für *Nial*, S. 205-225, S. 214; *Bogdan*, Tillämplighet av avtalslagen 36 § i internationella rättsförhållanden, Lov og Rett 1996, S. 114-122, 117 ff., 120.

"Ein Rechtsgeschäft, das die Ausfuhr eines eingetragenen Kulturgutes zum Gegenstand hat und bei dem die beantragte Genehmigung zur Ausfuhr bereits rechtskräftig versagt wurde, ist nichtig. Nichtig ist auch ein Rechtsgeschäft über die Ausfuhr von Kulturgut, das in das Verzeichnis national wertvollen Kulturgutes eingetragen oder dessen Eintragung eingeleitet ist, das ohne die erforderliche Ausfuhrgenehmigung vorliegt. Wird später eine Ausfuhrgenehmigung erteilt oder das Kulturgut nicht in das Verzeichnis national wertvollen Kulturgutes aufgenommen, wird das Rechtsgeschäft seinem ganzen Inhalt nach gültig."

III. Weiterveräußerung im Ausland

1. Problemstellung

Bei der Erstveräußerung sind die Auswirkungen der Verbotsgesetze ausschließlich nach den nationalen Gesetzen des jeweiligen Herkunftslandes zu untersuchen, da die Regelung des Art. 34 EGBGB, Art. 7 Abs. 2 EuSchVÜ die zwingende Anwendung nationalen Rechts auf den Vertrag vorsieht, mit dem das geschützte Kulturgut aus dem Herkunftsland veräußert werden sollte. [419] Die Frage der Anerkennung von Verbotsnormen eines anderen Staates stellt sich aber bei der Weiteräußerung eines Kulturgutes, das bereits in einen Drittstaat verbracht wurde. Nach den Regelungen des IPR wird ein Schwerpunkt des Vertrages im Herkunftsstaat nicht mehr zu finden sein. Hier ist die Frage entscheidend, ob und gegebenenfalls wie die Verbotsgesetze eines anderen Rechts berücksichtigt werden und ob ein Forumstaat die Verbotsgesetze des Herkunftsstaates anerkennt.

Die Frage kann sich in drei Varianten stellen:

(1) Zunächst ist die Frage zu untersuchen, ob im Forumstaat das Veräußerungsverbot eines Drittstaates akzeptiert würde, dessen Rechtsordnung nach dem IPR des Forumstaates nicht zur Anwendung berufen ist, also eine schuldstatutsunabhängige Berücksichtigung ausländischer Eingriffsnormen. Auf die untersuchten Rechtsordnungen übertragen, wäre etwa

[419] Vgl. zum deutschen Recht etwa *Hohloch* in: *Erman*, aaO.; *Heldrich* in: *Palandt*, RN 3, 4 zu Art. 34 EGBGB; *Soergel-von Hoffmann*, RN 13 zu Art. 34 EGBGB sowie die Nachweise bei *Radtke*, Schuldstatut und Eingriffsrecht, ZVglRWiss 84 (1985), S. 325-357, 329 f. m.w.N

von einem dänischen Gericht die Frage zu entscheiden, ob ein Veräußerungsvertrag über ein deutsches Kulturgut, das unerlaubt aus Deutschland in einen Drittstaat, etwa nach Schweden, exportiert wurde und nun von Schweden nach Dänemark weiterverkauft werden soll, trotz des deutschen Exportverbotes Gültigkeit haben soll.

(2) Zu untersuchen ist ferner die Frage, ob in einem Forumstaat das Veräußerungsverbot eines Drittstaates anerkannt wird, dessen Recht als Vertragsstatut berufen ist, also eine schuldstatutsabhängige Berücksichtigung von Eingriffsnormen. Dies entspräche etwa der Fallkonstellation, daß ein deutsches Gericht über die Gültigkeit eines Vertrages entscheiden muß, der dänischem Recht unterliegt und der nach dänischem Recht einem Veräußerungsverbot unterfallen würde (etwa bei einer Veräußerung eines nach dänischem Recht geschützten Kulturgutes nach Deutschland, wenn auf den Vertrag dänisches Recht anwendbar wäre).

(3) Zu untersuchen ist ferner, ob durch den Forumstaat das Veräußerungsverbot des Forumsstaates anerkannt wird, obwohl dessen Recht nicht Vertragsstatut ist. Auch in diesem Fall handelt es sich um eine schuldstatutsunabhängige Berücksichtigung von Eingriffsnormen, allerdings gehören die Eingriffsnormen dem Recht des Forumstaates an. Dies wäre dann der Fall, wenn etwa in Deutschland über eine nach deutschem Recht verbotene Ausfuhr geurteilt werden müßte, aber nicht deutsches Recht auf den Vertrag Anwendung findet, sondern dänisches oder schwedisches Recht.

Im folgenden soll anhand der jeweiligen nationalen Rechtsordnungen überprüft werden, ob und wie ausländische Verbotsgesetze berücksichtigt werden und wie sich das im Rahmen der unterschiedlichen Fallkonstellationen auswirkt.

2. Schuldstatut und Eingriffsnormenrecht nach deutschem Recht

a) Kulturgüterschutzgesetze als zwingende Vorschriften

Das Problem der Anerkennung zwingender ausländischer Verbotsnormen ist in der deutschen Rechtsprechung und Literatur im internationalen Privatrecht vor allem im Bereich des Wirtschaftsrechts spätestens seit den grundlegenden Arbeiten von ZWEIGERT[420] und WENGLER[421] diskutiert worden.[422] Zwingende

---

[420] *Zweigert*, Nichterfüllung aufgrund ausländischer Leistungsverbote, RabelsZ 14 (1942), S. 283-307.

Rechtsnormen werden allgemein als diejenigen Normen verstanden, die nach der Rechtsordnung, der sie angehören, der Parteidisposition entzogen werden.[423] Es können somit Normen, die nicht dem Interessenausgleich der Parteien dienen, sondern öffentliche Interessen berücksichtigen, als zwingende Normen auf das Schuldverhältnis einwirken.[424] Unter diese Gruppe fallen auch die Ausfuhrverbote,[425]da diese nicht Parteiinteressen berücksichtigen, sondern ausschließlich das öffentliche Interesse etwa an der Bewahrung des nationalen Kulturerbes. Unabhängig von der Bezeichnung als zwingende Vorschriften, zwingendes Recht[426] oder Eingriffsnormen[427] werden diejenigen Bestimmungen erfaßt, die nach dem Recht des Erlaßstaates "ohne Rücksicht darauf anzuwenden sind, welchem Recht der Vertrag unterliegt."[428] Da die Ausfuhrverbote der Kulturgüterschutzgesetze auf internationale Anwendung ausgerichtet sind, kann man von zwingenden Vorschriften in dem dargelegten Sinne sprechen. Zwar ist die Terminologie nicht einheitlich.[429] Im Hinblick darauf, daß auch die nordischen Staaten diesen Begriff verwenden,[430] bietet sich jedoch eine einheitliche Bezeichnung an. Diese Normen gehören als dem Parteiinteresse entzogene Normen jedoch nicht dem - zivilrechtlichen - Schuldstatut an, so daß die Frage der Berücksichtigung von Eingriffsnormen des öffentlichen Rechts in den drei geschilderten Fallkonstellationen gesondert untersucht werden muß.

---

421 *Wengler*, Die Anknüpfung des zwingenden Schuldrechts im internationalen Privatrecht, ZVglRWiss 54 (1941), S. 168-212.

422 Vgl. auch die Nachweise bei *Radtke*, Schuldstatut und Eingriffsrecht, ZVglRWiss 84 (1985), S. 325-357, 325 f.

423 Vgl. *Radtke*, aaO., S. 327; *Hohloch* in: *Erman*, RN 11 zu Art. 34 EGBGB. In Dänemark "ufravigelige regler" (unabweichbare Bestimmungen), vgl. *Karnov(DK)*, Anm. 34 zu Art. 7 Konvention om lovvalget i kontraktsforhold, S. 2893 f.

424 Vgl. *Radtke*, aaO., S. 327. Für Dänemark vgl. *Karnov(DK)*, aaO.

425 Vgl. *Heldrich* in: *Palandt*, RN 2 zu Art. 34 EGBGB; *Hohloch* in. *Erman*, RN 8 zu Art. 34 EGBGB.

426 Vgl. *Kleinschmidt*, Zur Anwendbarkeit zwingenden Rechts im internationalen Vertragsrecht unter besonderer Berücksichtigung von Absatzmittlungsverträgen, 1985.

427 Vgl. *Siehr*, Eingriffsnormen, S. 525 ff.; *Kropholler*, IPR, S. 441 ff.

428 So der Entwurf der Bundesregierung zur Übernahme einer dem Art. 7 Abs. 1 EuSchVÜ entsprechenden Vorschrift BT-Drucksache 504, 10. Wahlperiode, S. 14, 83.

429 Vgl. hierzu *Schmeinck*, aaO., S. 82, m.w.N.

430 Vgl. das nächste Kapitel.

b) Anwendung zwingender Vorschriften des Forumstaates

Unproblematisch ist die Fallkonstellation (3). Die zwingenden Vorschriften des Forumstaates sind von diesem stets anzuwenden, auch wenn das Schuldstatut auf ein anderes Recht verweist. Diese Regel hat durch Art. 7 Abs. 2 des EG-Übereinkommens vom 19.6.1980 eine gesetzliche Ausformung erhalten,[431] entsprach jedoch auch früher den internationalen Gepflogenheiten.[432] Überprüft man die Fallkonstellation (3), so kann ein deutsches Gericht, das über die Ausfuhr von geschützten Kulturgütern zu entscheiden hat, selbst in dem Fall, in dem die Parteien des der Ausfuhr zugrundeliegenden Vertrages diesen Vertrag etwa schwedischem Recht unterstellt haben, die zwingende Verbotsnorm des § 4 KuSchG anwenden. Dies ist allgemein anerkannt.[433]

Als Ergebnis läßt sich also festhalten, daß der deutsche Forumstaat zwingenden Vorschriften des eigenen Rechts bei Maßgeblichkeit deutschen materiellen rechts immer zur Durchsetzung verhelfen kann.

c) Berücksichtigung ausländischer Eingriffsnormen

Bei der Frage der Berücksichtigung von Eingriffsnormen, die nicht dem Vertragsstatut angehören, ist zunächst zu untersuchen, ob auch öffentlich-rechtliche Eingriffsnormen fremder Staaten Anwendung finden können. Dies Frage stellt sich etwa in dem unter Ziffer 1. geschilderten Beispiel. Allerdings ist zumindest in der deutschen Literatur und dem überwiegenden Teil der Rechtsprechung die Ansicht vorherrschend, daß vom internationalen Schuldrecht lediglich die privatrechtlichen Normen eines Staates zur Anwendung berufen werden, nicht jedoch

---

431 In Deutschland durch die Neuregelung des IPR als Art. 34 EGBGB eingeführt, vgl. BGBl. I 1986, S. 810.

432 Vgl. *Schurig*, Zwingendes Recht und Eingriffsnormen, RabelsZ 54 (1990), S. 233; *von Overbeck*, Das neue schweizerische Bundesgesetz über das internationale Privatrecht, IPRax 1988, S. 329-334, 333; aus der Rechtsprechung etwa BGH, Urt. v. 26.11.1971, NJW 1972, S. 390 zur Frage von zwingenden Vorschriften im grenzüberschreitenden Güterverkehr.

433 Vgl. *Hohloch* in. *Erman*, Kommentar zum BGB, RN 16 zu Art. 34 EGBGB; *Heldrich* in: *Palandt*, RN 2 zu Art. 34 EGBGB; *Soergel-von Hoffmann*, RN 51 zu Art 34 EGBGB, jeweils m.w.N.

öffentlich-rechtliche Eingriffsnormen,[434] da das IPR als privatrechtliches Kollisionsrecht nur auf Normen des Privatrechts verweisen könne.[435]

Konsequenterweise wird von den Vertretern dieser Ansicht bei der Frage, ob ausländische Eingriffsnormen zu berücksichtigen sind, daher nicht unterschieden, ob die ausländische Eingriffsnorm dem Recht des ausländischen Staates angehört, dessen Recht als Vertragsstatut anwendbar wäre, oder einem Drittstaat. Denn auch durch das Vertragsstatut können nur die Normen des Privatrechts zur Anwendung gelangen.[436] Die Fallkonstellationen (1) und (2) müßten deshalb gleich behandelt werden.

Um dennoch zu einer Anwendung ausländischer Eingriffsnormen zu gelangen, wird versucht, durch besondere Kollisionsnormen der Anwendung ausländischen öffentlichen Rechts zur Durchsetzung zu verhelfen. Diese Theorie von der Sonderanknüpfung, hat durch Art. 7 Abs. 1 EuSchVÜ wieder Aktualität erlangt.[437]

aa) Art 7. Abs. 1 EuSchVÜ

Die entsprechende Norm des EG-Übereinkommens vom 19.6.1980, der Art. 7 Abs. 1, ist nicht in die Neuregelung des IPR in Deutschland aufgenommen worden.[438] Die Bundesrepublik Deutschland hat einen gemäß Art. 22 Abs. 1 lit. a EG-Übereinkommen vom 19.6.1980 zulässigen Vorbehalt eingelegt.[439] Art. 7

---

434 Vgl. BGH, Urt. v. 17.12.1959, BGHZ 31, 367, 370 f.; Urt. v. 16.04.1975, BGHZ 64, 183, 189; *Staudinger-Sturm*[13], RN 35 Einl. zum IPR; *Kegel*, IPR, S. 4 f, 937 f.; *Schurig*, Zwingendes Recht, "Eingriffsnormen" und neues IPR, RabelsZ 54 (1990) S. 227 f.; *Radtke*, aaO. S. 334 m.w.N.

435 Vgl. BGHZ 31, 367, 370 f.; *Kegel*, IPR, S. 4 f. 19.

436 Vgl. BGHZ 31, 367, 370 f.; 64, 188 f.; *Kegel*, IPR, S. 4 f.

437 Vgl. *Coester*, Die Berücksichtigung fremden zwingenden Rechts neben dem Vertragsstatut, ZVglRWiss 82 (1983), S. 1-30; *Coing*, Zur Anwendung zwingender ausländischer Verträge, Artikel 7 des Übereinkommens über das auf vertragliche Schuldverhältnisse anzuwendende Recht, WM 1981, S. 810-813; *Firsching*, Übereinkommen über das auf vertragliche Schuldverhältnisse anzuwendende Recht (IPR-VertragsÜ) vom 11.6.1980, IPRax 1981, S. 37-43; *Hentzen*, Zur Anwendung fremden Eingriffsrechts seit der IPR-Reform, RIW 1988, S. 508-511; *Radtke*, aaO., S. 336 ff.

438 Im Gegensatz zu Dänemark, siehe S. 130 f.

439 Vgl. zu den Bedenken des Bundesrates vor einer "nicht zu vertretenden Rechtsunsicherheit" BT-Drucksache 504, 10. Wahlperiode, S.100. Die Bedenken werden in der Literatur etwa von *Heldrich* in: *Palandt*, RN 1 zu Art. 34 EGBGB geteilt, während sich *Kreuzer*, Erklärung eines generellen Vorbehalts zu Art. 7 Abs. 1 des Übereinkommens vom 19.6.1980 über das auf vertragliche Schuldverhältnisse anwendbare Recht, IPRax 1984, S. 293-295; und das MPI in seiner Stellungnahme in RabelsZ 47 (1983), S. 668 ff. für eine Ratifizierung

Abs. 1 des EG-Vertragsübereinkommens (EuSchVÜ) wird somit nicht als gesetzliche Regelung angewendet.[440]

Art. 7 Abs. 1 EuSchVÜ bezieht sich ausschließlich auf den Fall der Anwendbarkeit drittstaatlicher Eingriffsnormen, somit von Eingriffsnormen, die weder dem Vertragsstatut noch dem Recht des Forumstaates angehören.[441] Dies bezieht sich auf die unter (1) geschilderte Fallkonstellation, die unter Berücksichtigung der Regelung des Art. 7 Abs. 1 EuSchVÜ ebenfalls zu einer Anerkennung von drittstaatlichen Eingriffsnormen führen könnte. Da Art. 7 Abs. 1 EuSchVÜ jedoch für Deutschland keine Gültigkeit hat, ist für Deutschland anhand der bisher dargestellten Theorien zu überprüfen, ob schuldstatutsunabhängige Eingriffsnormen nach deutschem IPR angewendet werden können.

bb) Theorie der Sonderanknüpfung

In neuerer Zeit wird nicht mehr starr an die Verbindung der zwingenden Vorschriften mit dem Schuldstatut angeknüpft, sondern unabhängig danach gefragt, ob die dem Forumstaat fremde zwingende Vorschrift von den Gerichten des Forumstaates beachtet werden sollte.[442]

In der Literatur wird teilweise über eine kollisionsrechtliche Sonderanknüpfung versucht, den zwingenden ausländischen Vorschriften Geltung zu verschaffen.[443] Eine Anknüpfung soll ähnlich wie bei dem nicht ratifizierten Art. 7 Abs. 1 EG-Übereinkommen vom 19.6.1980 dann erfolgen, wenn die zwingenden Vorschriften nach dem Recht des Ursprungsstaates angewandt sein wollen. Bei der Frage, unter welchen Voraussetzungen ausländisches Eingriffsrecht Berücksichtigung finden kann, wird in der deutschen Literatur allgemein an die Arbeit von WENGLER angeknüpft, der folgende Voraussetzungen für die Anwendbarkeit entwickelt hat:

1. Das ausländische Eingriffsrecht muß selbst angewendet werden wollen,

---

ausgesprochen haben; die Rezeption innerhalb der Literatur wird von *Schurig*, RabelsZ 54 (1990), S. 235, zusammengefaßt.

440 Vgl. *Hentzen*, aaO., 508 f.

441 Vgl. *Radtke*, aaO., S. 349 ff.

442 Vgl. *Kropholler*, IPR, S. 450 f.; *Schurig*, RabelsZ 54 (1990), S. 235 ff.

443 Grundlegend *Wengler*, Die Anknüpfung zwingenden Schuldrechts im IPR, ZVglRWiss 54 (1941) 168 ff.; *Zweigert*, aaO., S. 286 ff.

2. zwischen dem Staat, der die Eingriffsnorm erlassen hat und dem Schuldverhältnis muß eine genügend enge Beziehung bestehen, die die Durchsetzung des Eingriffsrechts durch andere Staaten rechtfertigt,

3. das ausländische Eingriffsrecht darf nicht gegen den ordre public der lex fori verstoßen.[444]

Entscheidend ist somit, daß eine enge Verbindung des Sachverhaltes zu diesen Vorschriften besteht und Interessen oder Werten zur Durchsetzung verholfen werden soll, die auch nach dem Verständnis des Forumstaates zu schützen sind.[445] Auf die Fallkonstellationen übertragen würden sich die Vertreter dieser Theorie wohl für eine Berücksichtigung der zwingenden Vorschriften in Fallkonstellation (2) aussprechen, während regelmäßig erheblich weitergehende Ansatzpunkte vorhanden sein müssen, um Eingriffsnormen in der Fallkonstellation (1) zu berücksichtigen.

cc) Machttheorie

Einen anderen Ansatzpunkt verfolgt die vor allem von KEGEL vertretene Machttheorie.[446] Nach dieser Ansicht sind ausländische Eingriffsnormen dann anzuwenden, wenn der fremde Staat, der sie erlassen hat, sich in den Grenzen seiner Macht hält, so daß er die Macht besitzt, diese auch durchzusetzen.

Überträgt man die von WENGLER und KEGEL vertretenen Vorschläge auf die genannten Fallkonstellationen, so ergeben sich erhebliche Unterschiede bei der Berücksichtigung fremder Eingriffsnormen. Denn nach der Machttheorie, die letztlich dem von der Rechtsprechung vertretenen Territorialitätsprinzip entspricht,[447] wäre eine Berücksichtigung von Eingriffsnormen nur möglich, wenn sich der Vertragsgegenstand im Forumstaat befindet. Die Anwendbarkeit wäre daher nur in der Fallkonstellation (3) gegeben, da nur in diesem Fall der Erlaßstaat die Möglichkeit hätte, auf den Vertragsgegenstand Zugriff zu nehmen.[448] Ein anderer Fall, in dem die Einflußmöglichkeit des Erlaßstaates gegeben wäre,

---

444 Vgl. *Wengler*, aaO., S. 185 ff.

445 Vgl. zu den Voraussetzungen, MünchKomm-*Martiny*, RN 105 ff. zu Art. 34 EGBGB; *v. Bar*, IPR, Band 1, RN 266; *Kropholler*, IPR, S. 448 f.

446 Vgl. *Kegel*, IPR, S. 936 f., 945 f.; auch *Mann*, Eingriffsgesetze, S. 155, der auf die Übereinstimmung der BGH-Rechtsprechung und das von dieser vertretenen Territorialitätsprinzip hinweist, etwa BGHZ 64, 190; auch BGH Urt. v. 18.02.1965, BGHZ 43, 162, 164 f.; *Staudinger-Sturm*[13], RN 40 Einl. zum IPR; BGH, DB 1965, 512 f.

447 Vgl. *Mann*, aaO.; *Kegel*, IPR, S. 938.

448 Vgl. BGHZ 64, 191.

läge vor, wenn sich der Schuldnerwohnsitz im Erlaßstaat befinden würde.[449] Dies könnte bei Fallkonstellation (2) zutreffen.

dd) Gesamtverweisung

Ein Teil der deutschen Literatur unterscheidet jedoch nicht zwischen einer Verweisung nur auf privatrechtliche Normen und einer Sonderanknüpfung von Eingriffsnormen. Vielmehr wird die Ansicht vertreten, daß die Kollisionsnormen des internationalen Privatrechts nicht nur die reinen Privatrechtsnormen, sondern auch Eingriffsnormen zur Anwendung berufen, auch wenn es sich bei letzteren um Normen des öffentlichen Rechts handele.[450] Zwingende Folge dieser Ansicht ist, daß schuldstatutzugehörige Eingriffsnormen immer, schuldstatutfremde Eingriffsnormen jedoch nie angewendet werden.[451] Eine Ausnahme läge nach dieser Ansicht nur vor, wenn die fremde Eingriffsnorm selbst nicht „anwendungswillig" wäre.[452]

Diese Theorie, die ihre Vorzüge in der Einfachheit und Klarheit der Anwendung hat und die Unterscheidung zwischen zwingenden Normen des Schuldvertragsrechts und denen des öffentlichen Rechts des Schuldstatuts vermeidet, hat schon frühzeitig berechtigte Kritik erfahren.[453] In der Tat ist der Vorteil der Schuldstatutstheorie, mit dem Schuldvertragsrecht zugleich auch die zwingenden Normen des Schuldstatuts zu berufen, gleichzeitig auch Ansatzpunkt für Kritik: Da das Schuldvertragsrecht nur die privaten Interessen der Vertragsparteien zum Ausgleich bringen will, ist es ungeeignet, über die Anwendung zwingender Normen zu entscheiden, die im öffentlichen Interesse erlassen wurden, wie z.B. die Ausfuhrverbote der Kulturgüterschutzgesetze.[454] Man wird deshalb dieser Ansicht nicht folgen können.

---

449 Vgl. *Soergel-Kegel*[11], RN 396 vor Art. 7; BGHZ 31, 372 f.

450 Vgl. *Vischer*, Kollisionsrechtliche Privatautonomie, S. 170 f.; *Mann*, Öffentlich-rechtliche Ansprüche im IPR, RabelsZ 21 (1956) S. 3; *Heldrich* in: *Palandt*, RN 6 zu Art. 34 EGBGB.

451 Vgl. *Vischer*, Kollisionsrechtliche Privatautonomie, S. 171 f.; *Mann*, Eingriffsgesetze, S. 160; *Heldrich* in: *Palandt*, aaO. Diese Theorie der Einheitsanknüpfung wird heute nur noch vereinzelt vertreten, so wohl aber von *Heldrich* in: *Palandt*, RN 6 zu Art. 34 EGBGB

452 Vgl. zum ganzen *Radtke*, aaO., S. 342 ff. m.w.N.

453 Vgl. *Zweigert*, Nichterfüllung aufgrund ausländischer Leistungsverbote, RabelsZ 14 (1942), S. 283-307, 286 ff.

454 Vgl. *Zweigert*, aaO., S. 286 ff.; *Kropholler*, IPR, S. 445. Kritisch *Schurig*, RabelsZ 54 (1990), S. 227 f., der auch in privatrechtlichen Normen öffentliche Interessen berücksichtigt sieht, etwa bei familienrechtlichen Normen. Daran mag zutreffend sein, daß staatliche Interessen in immer stärkerem Maße in das Privatrecht hineinwirken, und letztlich auch die gesamte Privatrechtsordnung dem jeweiligen Staatsmodell entsprechen muß. Dennoch wird

d) Art der Berücksichtigung

Unabhängig von der Frage, welcher der Theorien man folgt, ist mit der Entscheidung, eine ausländische Eingriffsnormen zur Anwendung zu berufen, immer die Frage verbunden, wie sie zu berücksichtigen sind. Man wird hier zwischen einer direkten Berücksichtigung und einer Berücksichtigung im materiellen Recht unterscheiden müssen.

aa) Direkte Berücksichtigung

Bei der direkten Anwendung einer ausländischen Eingriffsnorm wird man von einer unmittelbaren schuldrechtlichen Wirkung sprechen können.[455] Es kommt auf die von der Eingriffsnorm für das Privatrechtsverhältnis angeordnete Wirkung an, die bereits oben bei der jeweiligen nationalen Regelung dargestellt worden ist.[456] Bei den Exportverboten der Kulturgüterschutzgesetze wird dies in der Regel die Nichtigkeit sein.

Dieses Ergebnis wird zunächst nur dann zu erzielen sein, wenn die Eingriffsnorm dem Recht des Vertragsstatuts angehört. Dies ergibt sich für das deutsche Recht und den in diesem Fall anwendbaren § 134 BGB bereits daraus, daß § 134 BGB sich ausschließlich auf nationale Verbotsgesetze beziehungsweise auf das Recht der EG bezieht.[457] Allerdings werden auch die Vertreter der vorgenannten Theorien zu einer direkten Berücksichtigung der zwingenden Normen gelangen. Denn durch die Sonderanknüpfung oder die Gesamtverweisung mit der Einbeziehung der zwingenden Normen sind diese ausländischen Verbotsnormen direkt auf das Vertragsverhältnis anzuwenden.

bb) Berücksichtigung im materiellen Recht

Folgt man diesem Ansatz nicht, läßt sich daraus jedoch nicht ableiten, daß Eingriffsnormen, die nicht dem Vertragsstatut unterfallen, überhaupt keine Wirkung entfalten. Vielmehr ist anerkannt, daß in diesem Fall zwar eine normative Berücksichtigung ausgeschlossen ist, gleichwohl das Eingriffsrecht noch indirekt auf der Ebene des Sachrechts zu berücksichtigen ist, indem durch die Eingriffsnorm Sachverhalte geschaffen werden, die die Tatbestandsmerkmale einer pri-

---

man nicht umhin können, zwischen privatrechtlichen Normen, mögen sie auch von staatlichen Interessen beeinflußt sein, und Normen zu unterscheiden, die ausschließlich dem Staatsinteresse dienen.

455 Vgl. *Radtke*, aaO., S. 339 ff. m.w.N.

456 S. 102 ff.

457 Vgl. BGHZ 59, 82, 85; *Heinrichs* in: *Palandt*, RN 2 zu § 134 BGB, zum EG-Recht *Hauschka*, Zur privatrechtlichen Wirkung des Verbots nichttariffähiger Handelshemmnisse in der EG, DB 1990, S. 873, 874, zum Verbot wettbewerbsbeschränkender Abreden.

vatrechtlichen Norm des Schuldstatuts erfüllen.[458] Dies kann etwa darin zum Ausdruck kommen, daß es dem Vertragsschuldner aufgrund eines Ausfuhrverbotes, das nicht dem Vertragsstatut angehört, unzumutbar oder möglicherweise rechtlich unmöglich ist, die geschuldete Leistung zu erbringen; oder das Verbot unter dem Gesichtspunkt der Sittenwidrigkeit Wirkung innerhalb des Vertragsstatuts erlangen.[459]

Auch der BGH kommt in der Entscheidung „nigerianische Masken" zu einer, wenn auch nur mittelbaren, Berücksichtigung der ausländischen Verbotsgesetze. In der Umgehung ausländischer Eingriffsnormen kann nach Ansicht des BGH ein Verstoß gegen die guten Sitten (§ 138 BGB) liegen, wenn die Eingriffsnormen übernationalen Interessen dienen, die auch im Rahmen des § 138 BGB zu beachten seien.[460] Der Ansicht von SCHMEINCK[461] ist nicht zuzustimmen, wenn dieser meint, bei dieser Lösung müßten die Gerichte letztlich doch die fremde Rechtsordnung berücksichtigen. Vielmehr ist gerade die von SCHMEINCK zitierte Formulierung des Urteils BGHZ 59, 82, 85, wo auf das "...allgemein zu achtende Interesse aller Völker an der Erhaltung von Kulturwerten an Ort und Stelle ..." abzustellen sei, ein Beleg dafür, daß dieses Interesse Teil der nationalen "guten Sitten" ist. Wenn dieses Interesse allgemein anzuerkennen ist, ist es auch nach deutschem Recht zu beachten. Ausländische gesetzliche Verbote des öffentlichen Rechts werden nicht nach § 134 BGB berücksichtigt, da das öffentliche Recht selbst nicht anwendbar ist. Vielmehr wird eine Umgehung des Verbotes im Rahmen des § 138 BGB berücksichtigt, wenn auch nach nationalem Recht ein solcher Verstoß zu mißbilligen wäre.[462] Entscheidendes Kriterium für die Ausführungen des BGH in seinem Urteil ist somit, daß eine dem internationalen Standard entsprechende Zuordnung der nigerianischen Masken als Kulturgut erfolgt ist. Der BGH rekurriert ausdrücklich in seinen Entscheidungsgründen auf die UNESCO-Konvention von 1970. Insbesondere die Tatsache, daß die nigerianischen Masken entsprechend dem internationalen Standard als Kulturgut angesehen werden, hat zu einer Berücksichtigung des Ausfuhrverbotes im deutschen materiellen Recht geführt.[463]

---

458 Vgl. BGH DB 1965 513; *Zweigert*, aaO., S, 301 ff; MünchKomm-*Sonnenberger*, Einl. IPR RN 391 ff.; *Soergel-Kegel*[11], vor Art. 7 RN 397; *Heldrich* in: Palandt, RN 5 zu Art. 34 EGBGB; *Radtke*, aaO., S. 340, 345 ff.; anders jedoch wohl *Wengler*, S. 202-206; 212.

459 Vgl. *Radtke*, aaO. m.w.N.; BGHZ 59, 82-86 (Nigerianische Masken).

460 BGH, Urt. v. 22.06.1972, BGHZ 59, 82. Vgl. auch *Kropholler*, IPR, S. 445 f.

461 Vgl. *Schmeinck*, Internationalprivatrechtliche Aspekte des Kulturgüterschutzes, S. 90.

462 BGHZ 59, 82, 86; *Kropholler*, IPR, S. 445, 450.

463 BGHZ 59, 82, 86; *Müller-Katzenburg*, aaO., S. 294-297 m.w.N.

MÜLLER-KATZENBURG[464] sieht in dieser Entscheidung die Anwendung der von EHRENZWEIG entwickelten Datum-Theorie. Nach diesem "Grundstein der heuristischen Prinzipien"[465] für die Lösung von Fällen mit Auslandsberührung seien mit "local data" ortsgebundene Regeln gemeint, deren faktische Geltung Tatbestandswirkung habe und, wie andere Tatsachen auch, Teil des zu beurteilenden Sachverhaltes seien. Mit "moral data" seien demgegenüber wertausfüllende Begriffe gemeint, die aufgrund der Wertmaßstäbe der lex fori berücksichtigt würden.[466] Hierdurch sei eine verselbständigte Behandlung der materiellrechtlichen Berücksichtigung ausländischer Rechtsregeln als "nonchoice"-Frage gewährleistet.[467]

Allerdings dürfte das Urteil des BGH im Nigeria-Fall allenfalls als Beispiel für die Tatbestandswirkung als heranzuziehen sein.[468] Denn nicht das ausländische Exportverbot wurde in der Entscheidung als Begründung für die Anwendung des § 138 BGB herangezogen, sondern die Erwägung, daß mit der unerlaubten Ausfuhr gegen die internationalen Standards des Kulturgüterschutzes verstoßen worden sei, wie etwa gegen die UNESCO-Konvention von 1970. Diese Standards wirken auch im Rahmen des § 138 BGB tatbestandsausfüllend, so daß der Verstoß gegen das nigerianische Exportverbot im Rahmen der Generalklausel des § 138 BGB als Teil der lex fori berücksichtigt wird. Es geht deshalb nicht um die mögliche Tatbestandswirkung von ausländischen Exportverboten, sondern um die Ausfüllung der Wertmaßstäbe der Generalklausel des § 138 BGB.[469]

Entscheidend dürfte sein, daß in dem vom BGH entschiedenen Fall durch die UNESCO-Konvention ein Inlandsbezug sichergestellt ist. Nur insoweit dürften derzeit ausländische Exportverbote materiellrechtlich über die Generalklausel des § 138 BGB Wirkung entfalten können.

e) Eigene Stellungnahme

Nach deutschem Recht wird man die Anwendung ausländischer Eingriffsnormen bejahen können. Allerdings erscheint fraglich, ob eine Berücksichtigung aufgrund der Sonderanknüpfung erfolgen kann. Einer solchen Lösung ist zuzuges-

---

464 Vgl. *Müller-Katzenburg*, aaO., S. 302.

465 Vgl. *Müller-Katzenburg*, aaO., S. 302

466 Vgl. *Müller-Katzenburg*, aaO., S. 299 f.; *Siehr*, Lex-Fori-Theorie, RabelsZ 34 (1970), S. 605.

467 Vgl. *Müller-Katzenburg*, aaO., S. 301.

468 So auch *Jayme*, Ausländische Rechtsregeln und Tatbestand inländischer Sachnormen-Betrachtungen zu Ehrenzweigs Datum-Theorie in: FS *Ehrenzweig*, S. 46.

469 Vgl. *Jayme*, aaO.

tehen, daß hier im Gegensatz zu der rein materiellen Berücksichtigung[470] ein kollisionsrechtlicher Lösungsweg beschritten wird[471] und eine gesonderte Berücksichtigung der zwingenden Vorschriften über diesen Weg erfolgt.[472] Auch ist diese Lösung ebenso wie die materiell-rechtliche Berücksichtigung allgemein auf ausländische Eingriffsnormen unabhängig vom anwendbaren Schuldstatut anwendbar.[473] Allerdings wird man mit MANN[474] einwenden müssen, daß es schwierig sein wird, im Hinblick auf eine rechtssichere Handhabung den Anwendungsbereich der Sonderanknüpfung einzugrenzen.

Bereits das Merkmal der engen Beziehung der Rechtsordnung der zwingenden Vorschriften zu dem Sachverhalt, der allgemein für erforderlich gehalten wird,[475] ist unbestimmt. Fraglich ist, was alles von dem Begriff "eng" umfaßt werden kann. Darüber hinaus werden als Abgrenzungskriterien die unterschiedlichsten Vorschläge unterbreitet, wie z.B. die Notwendigkeit der Durchsetzungsmacht[476], die Interessendienlichkeit aus der Sicht des Forumstaates[477] oder das Prinzip der Gegenseitigkeit.[478]

Es erscheint deshalb interessengerechter, ausländische Eingriffsnormen mit der Rechtsprechung materiell-rechtlich über die Generalklauseln des anwendbaren Rechts zu berücksichtigen. Auf diesem Wege wird ein Gleichklang zu der Rechtsordnung des Forumstaates sichergestellt. Internationale Schutzstandards, zu denen in immer stärkeren Maße auch der Kulturgüterschutz gehört,[479] können somit Berücksichtigung finden. Man wird deshalb vor allem im Hinblick auf die

---

470 Vgl. BGHZ 59, 82, 86; s. a. *Kropholler*, IPR, S. 445 ff.

471 So *Kropholler*, IPR, S. 450 f.

472 Vgl. *Schmeinck*, aaO., S. 95 m.w.N.

473 Dies erscheint zwingend, da die Formulierung einer solchen Kollisionsnorm jede von dem Forumstaat verschiedene Rechtsordnung berücksichtigen muß. Auch Art. 7 Abs. 1 EuSchVÜ schließt die Berücksichtigung der zwingenden Normen des Schuldstatuts zumindest in analoger Anwendung nicht aus, vgl. *Kleinschmidt*, aaO., S. 288 f. Auch die materielle Berücksichtigung muß zwingende Normen des öffentlichen Rechts des Schuldvertragsstatuts zumindest ebenso berücksichtigen wie Normen, die weder dem Forumsrecht noch dem Recht des Schuldstatuts angehören.

474 Vgl. *Mann*, Eingriffsgesetze, S. 139-160, S. 158.

475 Vgl. etwa *Wengler*, aaO., S. 185 ff.; *v.Bar*, IPR, Band 1, RN 266; MünchKomm-*Martiny*, RN 100 zu Art. 34 EGBGB; *Soergel-v. Hoffmann*, RN 95 zu Art. 34 EGBGB.

476 So *Soergel-Kegel*[11], RN 396 vor Art. 7 EGBGB.

477 *Kreuzer*, Ausländisches Wirtschaftsrecht vor deutschen Gerichten, S. 90 ff.

478 *v.Bar*, IPR, Band I, RN 267; vgl. zum Ganzen auch *Schurig*, RabelsZ 54 (1990), S. 239 ff.

479 Vgl. *Müller-Katzenburg*, aaO., S. 220 ff. m.w.N.

Entscheidung des BGH zur Einfuhr nigerianischer Masken zumindest materiell-rechtliche Wirkungen ausländischer Eingriffsnormen konstatieren können.[480] Die materiell-rechtliche Berücksichtigung der zwingenden Vorschriften ist somit eher geeignet, sachgerechte Ergebnisse zu erzielen.[481]

Auf den untersuchten Sachverhalt angewandt bedeutet dies, daß im Bereich der Verbotsgesetze des Kulturgüterschutzes sowohl nach der Rechtsprechung als auch nach dem überwiegenden Teil der Lehre nicht nur zwingende Normen des Schuldstatuts entsprechend Fallkonstellation (2), sondern auch zwingende Normen eines Drittstaates entsprechend Fallkonstellation (1) angewandt werden, falls die Interessen, aufgrund derer die zwingenden Normen erlassen worden sind, auch im Forumstaat jedenfalls materiell-rechtlich berücksichtigt werden können.

3. Berücksichtigung zwingender Vorschriften nach nordischem Recht

In der nordischen Literatur ist die Frage der Berücksichtigung von zwingenden öffentlich-rechtlichen Ansprüchen eines Staates durch Gerichte eines anderen Staates ebenfalls umstritten.

a) Dänemark

In Dänemark ist die Bereitschaft, öffentlich-rechtliche Ansprüche fremder Staaten anzuerkennen, in größerem Umfang als in Deutschland vorhanden. Der Grund liegt vor allem in der vorbehaltlosen Ratifizierung des EWG-Übereinkommens über das auf vertragliche Schuldverhältnisse anzuwendende Recht vom 19.6.1980 (EuSchVÜ). Dadurch wurde auch Art. 7 Abs. 1 EuSchVÜ in Dänemark durch Gesetz vom 09.05.1984 mit Wirkung vom 01.07.1984 innerstaatliches Recht. Auch nach dänischer Auffassung kann Art. 7 Abs. 1 EuSchVÜ dazu führen, daß zwingende öffentlich-rechtliche Vorschriften einer Rechtsordnung, die nicht lex causae ist, dann auf den Kaufvertrag Anwendung finden, wenn eine genügend enge Bindung zu dem zugrundeliegenden Sachverhalt besteht.[482] Allerdings ist dies in der Literatur nicht unumstritten. SIESBY hält öffentlich-rechtliche Normen, die lediglich der Verwirklichung staatlicher

---

480 Vgl. BGHZ 59, 82, 86; *Kropholler*, IPR, S. 445 ff. *Reitmann/Martiny* (Hrsg.), Internationales Vertragsrecht, 5. Aufl. Köln 1996, S. 429 ff.

481 Vgl. *Kropholler*, IPR, S. 450; so wohl auch *Schurig*, RabelsZ 54 (1990), S. 241 ff.

482 Vgl. *Philip*, Lovvalget, S. 94 f. mit Beispielen; *Karnov* (DK), Anm. 34 zu Art. 7 Konvention om lovvalget i kontraktsforhold, noch weitergehend *Lando*, Kontraktstatuttet, 3. Aufl., S. 36, sowie 62 f., 249 f.

Ziele dienen, für unanwendbar.[483] PHILIP verweist hierbei auf den in England entschiedenen Fall Reggazoni v. Sethia.[484] Dem Fall lag folgender Sachverhalt zugrunde:

Ein indischer Verkäufer wollte an einen Schweizer Käufer Jute verkaufen. Der Kauf sollte englischem Recht unterliegen. Nachdem der Verkäufer erfahren hatte, daß der Käufer die Jute nach Südafrika weiterverkaufen wollte, annullierte er den Kaufvertrag, da nach indischem Recht ein Export nach Südafrika verboten war. Die Klage des Käufers auf Schadensersatz vor einem englischen Gericht wurde abgewiesen mit Hinweis auf das Exportverbot.

PHILIP bezieht sich auf diesen Fall als Beispiel für einen Anwendungsfall von fremden öffentlich-rechtlichen zwingenden Regelungen.[485] PHILIP unterscheidet hier zwischen staatlichen Normen, die allein der Durchsetzung von fremden Staatsinteressen dienen und in diesem Fall nicht angewendet werden.[486] Dient hingegen das fremde öffentliche Recht auch den Interessen Dänemarks, sei eine Anwendung möglich, dies insbesondere dann, wenn die öffentlichen Normen Ausfluß eines internationalen Standards sind.[487]

Somit müßte nach dieser Auffassung nach dänischem Recht ein ausländisches Exportverbot in Dänemark beachtet werden. Denn zum einen ist der Kulturgüterschutz als internationaler Standard anerkannt,[488] zum anderen weist der Sachverhalt in der ersten Fallkonstellation durch den Verstoß gegen das deutsche Ausfuhrverbot eine hinreichend enge Verbindung zum deutschen - öffentlichen - Recht auf. Würde also entsprechend Fallkonstellation (1) ein deutsches Kulturgut entgegen dem bestehenden Ausfuhrverbot nach Dänemark verkauft, müßte, auch wenn dem Kaufvertrag dänisches Recht oder das Recht eines Drittstaates als lex causae zugrunde liegt, dennoch vor einem dänischen Gericht das deutsche Exportverbot bei einer Klage auf Feststellung der Nichtigkeit des Kaufvertrages oder auf Rückgängigmachung des Kaufvertrages beachtet werden. Auch wenn in der dänischen Literatur Kritik an dieser Ausweitung auf öffentlich-rechtliche

---

[483] *Siesby*, Lærebog i international privatret, S. 42 ff.

[484] Reggazoni v. Sethia, 1958, A C 301.

[485] Vgl. *Lando*, aaO., S. 249 f., der ebenfalls zwingende Regeln anerkennen will.

[486] Vgl. *Philip*, Dansk international Privat- og Procesret (IPR), 3. Aufl. 1976, S. 74 f.

[487] Vgl. *Philip*, aaO. Die Parallelen zu der Argumentation des BGH im Nigeria-Fall, BGHZ 59, 82 sind deutlich.

[488] Jedenfalls nach Ansicht des BGH im Nigeria-Fall, BGHZ 59, 82.

Regelungen geübt wird,[489] so ist doch, wie die Entstehungsgeschichte des Art. 7 Abs. 1 EuSchVÜ belegt, eine solche Wirkung beabsichtigt.[490]

Damit wäre nach dänischem Recht der Verstoß gegen ein ausländisches Verbot als Unwirksamkeitsgrund zu beachten.

b) Norwegen

Nach den Regelungen des norwegischen IPR ist gemäß Art 3 IPRK auf Kaufverträge das von den Parteien gewählte Recht anzuwenden, bei Fehlen einer Rechtswahl grundsätzlich dasjenige Recht, das mit dem Rechtsgeschäft die engsten Verbindungen aufweist. Dies folgt aus der sog. Irma-Mignon Regel.[491] Enthält dasjenige Recht, das ohne Rechtswahl anwendbar wäre, zwingende Regelungen, so bleiben diese weiterhin anwendbar.[492]

Dies betrifft jedoch nur den Fall, daß die zwingende Regelung dem ohne Rechtswahl anwendbaren Vertragsstatut angehört, d.h. Fallkonstellation (2).

Hier stellt sich jedoch die Frage, ob auch dann, wenn die zwingende Regelung einem Drittstaat angehört, also Fallkonstellation (1), die Ausfuhrverbote vom norwegischen IPR angewendet werden. Ob allein die Tatsache, daß das Kulturgut aus dem Herkunftsland stammt, ausreicht, das Recht des Herkunftslandes oder zumindest das Exportverbot als zwingende Regel nach der "Irma-Mignon-Regel"[493] zur Anwendung zu berufen, muß bezweifelt werden. Nach der bisherigen Diskussion in Norwegen ist nicht mit einer Anwendung zu rechnen.

c) Schweden

In der schwedischen Literatur war grundsätzlich die klassische Auffassung der Nichtanerkennung fremden öffentlichen Rechts vorherrschend.[494] Es sei nicht Aufgabe der schwedischen Gerichte, ausländischen Staaten bei deren Außen-

---

489 Vgl. *Siesby*, aaO, S. 44 f.

490 Vgl. zum Ganzen *Philip*, Lovvalget, S. 92 f.

491 Vgl. *Staudinger-Firsching*[12], RN 100 Vorb. zu Art. 27-37 n.F. EGBGB; *Gaarder* in: *Lassen*, Knophs oversikt over Norges rett, 10. Aufl., S. 1234; HD Rt 1923 II S. 58.

492 Vgl. *Gaarder* in: *Lassen*, aaO., S. 1234.

493 Vgl. *Gaarder* in: *Lassen*, aaO., S. 1233.

494 Vgl. dazu etwa *Bogdan*, Svensk internationell privat- och prozessrätt, 5. Aufl., Stockholm 1999, S. 70, 82 f., und grundlegend *Hjerner*, Främmade Valutalag och internationellt Privaträtt, Stockholm 1957, S. 37 ff.; kritisch *Eek*, Lagkonflikter i tvistemål, S. 247 ff.

und Währungspolitik zu helfen.[495] Dieser strenge Grundsatz ist aber entsprechend dem Interessenprinzip eingeschränkt. Das heißt, es ist durchaus möglich, daß öffentlich-rechtliche Regelungen fremder Staaten, die auch im Interesse des Gerichtsstaates liegen, von diesem beachtet werden, wenn auf das fremde Recht verwiesen werde.[496] Ob dies allerdings für das Ausfuhrverbot eines fremden Kulturgüterschutzgesetzes gilt, ist zu bezweifeln.

Aus der Rechtsprechung ist vor allem die sog. Takvorian Entscheidung[497] als Präjudiz heranzuziehen. Hier klagte der bulgarische Staat gegen einen in Schweden lebenden, geflüchteten bulgarischen Geschäftsmann auf Zahlung eines Geldbetrages auf die bulgarische Staatsbank. Obwohl unstreitig war, daß der Betrag dem Geschäftsmann aus früheren Tabakverkäufen nach Schweden als Kaufpreis zustand, war nach bulgarischen Devisenbestimmungen bei solchen Geschäften die Deponierung des Kaufpreises bei der Staatsbank zwingend vorgeschrieben. Der Oberste Gerichtshof stellte fest, daß sich der Anspruch des Staates aus der als öffentlich-rechtlich zu qualifizierenden Devisengesetzgebung des bulgarischen Staates ergebe. Diese Bestimmungen seien nicht durch schwedische Gerichte zu überprüfen, so daß die Klage abgewiesen wurde.[498]

Da diese Entscheidung immer noch als präjudiziell für die Frage der Berücksichtigung fremden öffentlichen Rechtes angesehen wird, ist festzustellen, daß die schwedische Rechtsprechung nach wie vor der klassischen Theorie der Nichtanerkennung fremden öffentlichen Rechts folgt.

Allerdings handelte es sich bei der Takvorian Entscheidung um eine Leistungsklage des bulgarischen Staates, mit der ein öffentlich-rechtlicher Leistungsanspruch eingeklagt werden sollte. Im vorliegenden Fall geht es jedoch um die Anerkennung ausländischer Verbotsnormen. Aber auch diesbezüglich war die schwedische Literatur bisher äußerst zurückhaltend. BOGDAN weist insbesondere auf die erhebliche Rechtsunsicherheit hin, die mit der Anerkennung von zwingenden Rechtsregeln verbunden sei.[499] Diese Ansicht wird von JÄNTERÄ-JAREBORG dahingehend relativiert, daß zumindest in den Fällen, in denen eine genügend enge Verbindung zum schwedischen Recht bei einem Auslandssach-

---

495 *Bogdan*, aaO., S. 81 f., "det är normalt inte de svenska domstolarnas uppgift att hjälpa främmande makter i deras valuta- eller utrikespolitik."

496 Vgl. *Bogdan*, aaO.; *Eek*, aaO., S. 250.

497 In NJA I 1961, S. 145-157, referiert bei *Bogdan*, aaO., S. 81. Vgl. auch *Eek*, aaO., S. 248; *Kegel/Seidl-Hohenveldern*, Zum Territorialitätsprinzip im öffentlichen Recht, S. 268.

498 Vgl. NJA I 1961, S. 145 - 147.

499 Vgl. *Bogdan*, Tillämplighet av avtalslagen 36 § i internationella rättsförhållanden, Lov og Rett 1996, S. 114-122, S. 119 f.

verhalt besteht, die zwingenden schwedischen Vorschriften Anwendung finden können.[500] Der Beispielsfall bezog sich auf einen Immobilienkauf in Spanien, an dem jedoch eine schwedische Maklerfirma beteiligt war und der gegen schwedische Verbotsnormen verstieß.[501]

Durch den Beitritt zur EG hat Schweden allerdings nunmehr das EuSchVÜ übernommen.[502] Übernommen wurde auch Art. 7 Abs. 1 EuSchVÜ, so daß zwingende Normen des Rechts eines anderen Staates unabhängig von einer abweichenden Rechtswahl angewendet werden können, soweit der dem Vertrag zugrundeliegende Sachverhalt zu diesem Recht eine enge Verbindung aufweist. Die Übernahme von Art. 7 Abs. 1 EuSchVÜ hat in Schweden wegen der durch die Generalklauselartige Formulierung verbundene Rechtsunsicherheit erhebliche Kritik erfahren.[503] Bisher stand die schwedische Literatur der Rezeption dieser Vorschrift ablehnend gegenüber.[504] Aber auch nach der Ansicht von BOGDAN, der bisher der Anerkennung zwingender Normen von Drittstaaten kritisch gegenüberstand,[505] wären bei einer sich aus dem EU-Beitritt folgenden engeren Einbeziehung der Gemeinschaftsrechtssetzung Änderungen denkbar.[506] Da der Kulturgüterschutz durch die EG-Verordnung und die EG-Richtlinie Bestandteil des Gemeinschaftsrecht ist, dürften auch die kritischen Stimmen der schwedischen Literatur jedenfalls bei Ausfuhrverboten innerhalb der EU zu einer Berücksichtigung von Verbotsnormen auch in der Fallkonstellation (1) ge-

---

500 Vgl. *Jänterä-Jareborg*, Internationellt tvingande civilrättsregler, SvJT 1995, S. 374-384, 378 f.

501 Der Entscheidung lag ein Fall zugrunde, in dem durch einen schwedischen Käufer gegen einen schwedischen Makler für die Vermittlung eines in Spanien belegenen Grundstückes Schadensersatzansprüche geltend gemacht wurden. Der HD kam zu der Anwendung schwedischen Schuldrechts und wandte trotz der Belegenheit in Spanien auch seiner Ansicht nach zwingende schwedische Regelungen des Immobilienrechts auf den Fall an, vgl. NJA 1991, S. 43.

502 So bereits *Jänterä-Jareborg*, Internationellt tvingande civilrättsregler, SvJT 1995, S. 383 f.; *Pålsson* in *Karnov* (S), RN 47 zu Lag (1998:167), S. 551, 4. Aufl. Stockholm 1999.

503 Vgl. *Pålsson* in *Karnov* (S), RN 47 zu Lag (1998:167), S. 551, 4. Aufl. Stockholm 1999.

504 Vgl. *Bogdan*, Ordre public och tvingande rättsregler, SvJT 1993, S. 308-318, 317; *ders.*, 1980 års EG-Konvention om tillämplig lag på kontraktsrättsliga förpliktelser - synpunkter beträffande den svenske inställningen, TfR 1982, S. 1-49, 34-41.

505 Vgl. *Bogdan*, Tillämplighet av avtalslagen 36 § i internationella rättsförhållanden, Lov og Rett 1996, S. 114-122, S. 119 f.

506 Vgl. *Bogdan*, Internationell privat- och processrätt, S. 243 ff. und *Pålsson*, Utkast till EG-konvention om tillämpling lag på kontraktsrättsliga förpliktelser, NTfIR 1980, S. 152-172; 164 f.

langen.[507] Es ist zu erwarten, daß sich zumindest im Bereich des Kulturgüterschutzes ein Wandel in der bisherigen restriktiven Auffassung der schwedischen Literatur ergibt.

4. Stellungnahme

Aus der Untersuchung ergibt sich, daß in den untersuchten Rechtsordnungen durchaus Unsicherheiten bezüglich der Berücksichtigung ausländischer Ausfuhrverbote bestehen. Nicht wenige Autoren fordern deshalb, eine eigene Kollisionsnorm für die Anknüpfung von Ansprüchen aus Kulturgüterschutzgesetzen einschließlich der in diesen Gesetzen angeordneten Ausfuhrverboten zu schaffen.

Kollisionsrechtliche Sonderregelungen werden vor allem von Mitgliedern des Institut de Droit International empfohlenangeregt.[508] Das Institut hat in einer Resolution von 1991[509] eine eigene Kollisionsnorm für Ansprüche an Kulturgütern vorgeschlagen, die ausschließlich an das Recht des Herkunftsstaates anknüpft. Durch diese Sonderanknüpfung würden auch die Kulturgüterschutzgesetze des jeweiligen Herkunftsstaates zur Anwendung gelangen, unabhängig von den Regelungen des IPR.[510] Die Geltung der Ausfuhrverbote wäre somit über die territorialen Grenzen hinaus festgeschrieben.[511] Für den Bereich des Kulturgüterschutzes würde somit die Problematik der Anwendbarkeit und Beachtung ausländischer öffentlich-rechtlicher Vorschriften gelöst.

Zwar dürfte dies unbestrittene Vorteile für die Frage der Beachtung ausländischer Ausfuhrverbote im Bereich des Kulturgüterschutzes haben. Allerdings wird mit dieser Lösung der Tendenz zur Schaffung von Sonderregelungen neben dem allgemeinen Kollisionsrecht für immer mehr Spezialgebiete Vorschub geleistet. Im Hinblick auf die damit einhergehende Zersplitterung des Kollisionsrechts scheint die Schaffung einer eigenen Kollisionsnorm bedenklich. Denn es ist schwer zu begründen, weshalb für Kulturgüter ein eigenes Sonderrecht neben dem Kollisionsrecht erforderlich sein soll. Durch die Schaffung von Sonderre-

---

507 So sieht auch. *Pålsson* in *Karnov* (S), RN 47 zu Art. 7 Lag (1998:167), 4. Aufl. Stockholm 1999 die Möglichkeit der Berücksichtigung allgemein akzeptierter Regelungen durch die Übernahme des EuSchVÜ eröffnet..

508 *Jayme/Kohler*,IPR-EG, IPRax 1993, 360; *dies.* Das Internationale Privat- und Verfahrensrecht der EG nach Maastricht, IPRax 1993, S. 346, 348.

509 La vente internationale d'objets d'art sous l'angle de la protection du patrimoine culturel, RabelsZ 56 (1992), S. 560, 566-571.

510 Vgl. hierzu *Müller-Katzenburg*, aaO., S. 279 ff.

511 Zu dem Entwurf ausführlich *Müller-Katzenburg*, aaO., m.w.N.

gelungen entsprechend den Vorschlägen von Unidroit werden für einen bestimmten Bereich abweichend von der bisherigen Praxis ausländische Verbotsnormen generell anerkannt. Nach der bisherigen Regelung ist aufgrund einer Prüfung im Einzelfall festzustellen, ob eine Anwendung mit den nationalen Regelungen übereinstimmt. Damit verbleibt jeweils die Korrekturmöglichkeit bei Fällen einer zu weitgehenden Einschränkung des Handels mit Kulturgütern, auf die nach dem Vorschlag von Unidroit verzichtet würde. Hinzu kommt, daß bei Unidroit- Konventionen nur bei einer allgemeinen Akzeptanz eine wirksame Anerkennung von Verbotsnormen erreicht werden kann. Dies ist nicht zu erwarten. Bisher[512] haben lediglich acht Staaten, nämlich Litauen, Paraguay, Peru, Rumänien, Ungarn, Bolivien, Finnland und Italien die Konvention ratifiziert, vier Staaten, China, Ecuador, Brasilien und El Salvador sind der Konvention beigetreten, Deutschland hat sich gegen eine Ratifizierung ausgesprochen.[513]

Auch wenn die bisherige Untersuchung gezeigt hat, daß nicht zwingend von einer Respektierung ausländischer Verbotsgesetze in Fallkonstellation (1), d.h. einer schuldstatutsunabhängigen Berücksichtigung, ausgegangen werden kann, sollte mit der Schaffung eigener Kollisionsregeln für den Bereich des Kulturgüterschutzes äußerst zurückhaltend umgegangen werden. Eine zwingende Notwendigkeit ist für die Schaffung eigener Kollisionsnormen nicht gegeben. Wie im einzelnen dargelegt, sind in jedem der untersuchten Staaten Generalklauseln im materiellen Recht vorhanden, die zumindest eine materielle Berücksichtigung von ausländischen Kulturgüterschutzgesetzen ermöglichen. Falls der Kulturgüterschutz als universeller Schutzgedanke anerkannt wird, ist er als Bestandteil der eigenen, nationalen Mindeststandards, somit des ordre public bzw. der guten Sitten zu berücksichtigen und kann daher materiell über die Generalklauseln des Rechts des Forumstaates angewendet werden. Solange jedoch ein solches Verständnis nicht besteht, würden auch durch die Schaffung von Sonderkollisionsrechten keine allgemein wirkenden Rechtstandards erreicht werden können. Liegt diese Übereinkunft vor, bedarf es auf der anderen Seite keines Sonderkollisionsrechts, da über die Möglichkeit der Berücksichtigung der Ausfuhrverbote der jeweiligen Kulturgüterschutzgesetze durch die Generalklauseln des jeweiligen nationalen, materiellen Rechts den Ausfuhrverboten Wirksamkeit verliehen werden kann, wie durch die Entscheidung des BGH zu den nigerianischen Masken[514] nachgewiesen wurde.

---

[512] Stand Januar 2001.

[513] Vgl. *v. Lovenberg*, Kunst ohne Grenzen, FAZ Nr. 194/1998, S. 39.

[514] BGHZ 59, 82, 85 f.

C Verhinderung des Eigentumserwerbs

I. Sachenrechtliche Aspekte

Konsequenter Kulturgüterschutz müßte neben der Unwirksamkeit der schuldrechtlichen Verträge auch einen wirksamen Eigentumserwerb im Ausland verhindern können. Nur so wäre eine Abwanderung der Kulturgüter effektiv mit den Mitteln des Zivilrechts zu bekämpfen. Ob allerdings die Regelung der nationalen Schutzgesetze eine so weitreichende Wirkung entfaltet, wird in dem nächsten Abschnitt der Arbeit untersucht werden.

Im Sachenrecht bestimmt sich nach internationalem Standard[515] die anwendbare Rechtsordnung nach dem Recht des Belegenheitsstaates, der lex rei sitae.[516] Überprüft man aufgrund der Kollisionsnorm der lex rei sitae die sachenrechtlichen Wirkungen einer verbotswidrigen Veräußerung des Kulturgutes, so sind zwei Fälle zu unterscheiden:

Der Ersterwerb vom Alteigentümer (1) und die Weiterveräußerung im Ausland durch den Ersterwerber (2).

Bei der Fallkonstellation (1) ist zu unterscheiden, (a) ob der Eigentumserwerb bereits im Herkunftsstaat vollendet ist, (dann ist das Recht des Herkunftsstaates auch anwendbar) oder (b) erst in dem Staat, in den das Kulturgut unrechtmäßig verbracht wurde (dann das Recht des Verbringungsstaates).[517] In der Fallkonstellation (2) ist diese Unterscheidung nicht notwendig, da unabhängig davon, wo der Eigentumserwerb vollendet ist, jedenfalls das Recht des Herkunftsstaates nicht als Sachstatut Anwendung findet. Diese Fallkonstellationen sollen in den einzelnen Staaten untersucht werden.

---

515 Vgl. die Nachweise bei *Venturini*, Property, in: International Encyclopaedia of comparative law, Vol III, Ch. 21, Anm. 2-3.

516 Vgl. für Deutschland BGH, Urt. v. 20.03.1963 (Registerpfandrecht) BGHZ 39, 173, 174; *Staudinger-Stoll*[13], Internationales Sachenrecht, RN 7, 57; MünchKomm-*Kreuzer*, Nach Art. 38 EGBGB, Anh. I, Rn 12; *Heldrich* in: *Palandt*, RN 1 zu Art. 43 EGBGB.

Für die nordischen Staaten *Siesby*, Lærebog i international privatret, S. 118 f.; *Philip*, IPR, S. 394; *Dennemark*, Om svenske domstols behörighet i internationellt förmögenhetsrättsliga mål, S. 182 f.

517 So nunmehr Art. 43 Abs. 2 EGBGB, vgl. etwa *Heldrich* in: Palandt RN. 6 zu Art. 43 EGBGB; LG Hamburg, IPRspr. 1996, Nr. 55.

1. Ersterwerb

a) Fehlendes Aneignungsrecht

Die Kulturgüterschutzgesetze der hier untersuchten Länder beziehen sich ausschließlich auf Kulturgüter, die im Privateigentum stehen. Hoheitliche dingliche Rechte, wie sie etwa durch die sog. "umbrella statutes" zahlreicher lateinamerikanischer, aber auch afrikanischer, asiatischer und einiger europäischer Staaten (insbesondere Griechenland) begründet sind,[518] durch die Kulturgüter zu unveräußerlichem und nicht ersitzbarem Eigentum des Staates erklärt werden, sind den hier untersuchten Länder fremd. Allerdings wird durch den Schutzzweck der Kulturgüterschutzgesetze ebenfalls ein hoheitlicher Regelungszweck verfolgt. Dies zeigt sich insbesondere in Deutschland und Schweden bei der Möglichkeit strafrechtlicher Einziehung. Ein Aneignungsrecht entsteht hierdurch jedoch nicht.[519]

b) Auswirkungen des Statutenwechsels auf das Ausfuhrverbot

Die Voraussetzungen des dinglichen Erwerbs bestimmen sich nach der lex rei sitae und damit dem Recht des Belegenheitsstaates unabhängig vom Vornahmeort.

Ist der Kaufgegenstand zum Zeitpunkt des Eigentumserwerbes im Herkunftsland belegen, ist entsprechend der Kollisionsregel der lex rei sitae dessen Recht nach allen hier untersuchten Rechtsordnungen auf den Eigentumserwerb anzuwenden. [520] Nach dem Recht des Herkunftsstaates ist aber gerade das Erfüllungsgeschäft, d.h. die Eigentumsübertragung auf den Verkäufer, bei einer unerlaubten Ausfuhr wegen Verstoßes gegen das jeweilige Kulturgüterschutzgesetz nichtig.[521] Damit kann der Käufer nicht wirksam Eigentum erwerben. Der Alteigentümer kann jederzeit als Eigentümer Herausgabe des Kulturgutes an sich verlangen. Im Gegenzug sieht er sich bei verschuldeter Unmöglichkeit Schadensersatzansprüchen des Käufers ausgesetzt. Dieses Ergebnis läge auch bei einer Ersteigerung im Rahmen einer inländischen Auktion vor. Denn der Eigentumserwerb würde durch Zuschlag im Inland erfolgen, so daß die Rechtsordnung des Herkunftslandes mit dem entsprechenden Ausfuhrverbot anwendbar wäre. Auch nach dem Ortswechsel ist die dingliche Zuordnung des Gegenstandes nach der alten Rechtsordnung zu beurteilen, wenn der Rechtserwerb im Inland bereits abge-

---

[518] Vgl. *Staudinger-Stoll*[13], IntSachR, RN 178.

[519] Vgl. hierzu die Ausführungen im 3. Teil, Gliederungspunkt A) IV.

[520] Vgl. *Firsching*, IPR, S. 443 f.; *Siesby*, aaO., S. 118; *Philip*, aaO., S. 394.

[521] Vgl. oben S. 102 ff.

schlossen ist.[522] Denn eine Sache wird mit den Rechten dem neuen Sachstatut bei Änderung der Belegenheit zugeführt, die zum Zeitpunkt des Statutenwechsels bestanden. Ist der Eigentumserwerb im Inland nicht abgeschlossen (Fallvariante 1 (b)), etwa in dem die Übergabe erst im Ausland erfolgt, richtet sich der Eigentumserwerb ausschließlich nach dem neuen Belegenheitsstatut.[523]

Während sich in der Fallvariante 1 (a) hinsichtlich des Eigentumserwerbs keine Probleme bei der Durchsetzung des nationalen Verbotsgesetzes ergeben, stellt sich in der Fallvariante 1 (b) die Situation anders dar. Wird der Eigentumserwerb erst im Ausland vollendet, ist kollisionsrechtlich ausschließlich dieses Recht anwendbar. [524] Allerdings werden auch im neuen Sachstatut zivilrechtliche Verfügungsbeschränkungen in der Regel anerkannt. So sind Verfügungsbeschränkungen, die Verfügungen nur mit Zustimmung eines Dritten ermöglichen, allgemein als Vinkulierung anerkannt[525] und deshalb grundsätzlich mit dem neuen Sachstatut vereinbar.[526] Fraglich ist allerdings in Fallvariante 1 (b), ob auch das Ausfuhrverbot als Vinkulierung in dem neuen Sachenrechtsstatut berücksichtigt wird. Wäre dies möglich, so würde die Beschränkung als sachenrechtliche Ausprägung der Rechte an dem Kulturgut durch einen schlichten Statutenwechsel nicht berührt werden.

c) Fortbestand von sachenrechtlichen Beschränkungen aufgrund öffentlich-rechtlicher Bestimmungen

Dies setzte voraus, daß die Anerkennung von Vinkulierungen durch das neue Belegenheitsstatut auch auf Beschränkungen zu übertragen ist, deren Grundlage wie im vorliegenden Fall nicht in rein sachenrechtlichen Vorschriften besteht, sondern die auf öffentlich-rechtlichen Bestimmungen beruhen und die Verfügung selbst verbieten. Läge in Deutschland z.B. eine Verfügungsbeschränkung aufgrund § 5 Abs. 1 ErbbauVO vor, so würde diese als Vinkulierung auch in dem

---

522 Ständige Rechtsprechung, vgl. BGH, Urt. v. 20.03.1963 (Registerpfandrecht) BGHZ 39, 173, 175; Urt. v. 02.02.1966 (Eigentumsvorbehalt nach ital. Recht), BGHZ 45, 95, 96; KG, Urt. v. 29.09.1987 (Herausgabeanspruch eines Kunstsammlers) NJW 1988, S. 341 f.; aus der Literatur *Kegel*, IPR, S. 666 ff.; für die nordischen Staaten vgl. *Siesby*, aaO., S. 118; *Philip*, aaO., S. 400.

523 Vgl. *Heldrich* in: Palandt, RN 5 zu Art. 43 EGBGB.

524 Nunmehr Art. 43 Abs. 3 EGBGB, vgl. auch OLG Hamm, IPRspr. 1985, Nr. 143, S. 392; *Kegel*, IPR, S. 668 f. Als rein sachenrechtliche Verfügungsbeschränkung § 5 Abs. 1 i.V.m. § 6 Abs. 1 ErbbauVO vom 15.1.1919; *Stoll*, Sachenrechtliche Fragen des Kulturgüterschutzes in Fällen mit Auslandsberührung, in: *Dolzer/Jayme/Mußgnug* (Hrsg.), Rechtsfragen des internationalen Kulturgüterschutzes, S. 53-66, 66.

525 Vgl. etwa *Stoll*, Sachenrechtliche Fragen, S. 63 f.

526 So auch *Stoll*, aaO.

neuen Sachstatut berücksichtigt.[527] Bei einem Ausfuhrverbot handelt es sich aber um eine öffentlich-rechtliche Vinkulierung, die das Recht des Eigentümers, über seine Sache frei zu verfügen, aufgrund des übergeordneten Staatsinteresses eingeschränkt. Eine solche Einschränkung ist nicht ohne weiteres mit einer auf bürgerlichen Rechtssätzen basierenden Einschränkung vergleichbar. Dort beruhen Verfügungsbeschränkungen entweder auf Vereinbarungen[528] oder darauf, daß keine für Verfügungen ausreichende Rechtsstellung vorhanden ist.[529]

STOLL vertritt die Ansicht, daß ein Ausfuhrverbot entsprechend einer Vinkulierung in eine Verfügungsbeschränkung dahingehend umgedeutet werden kann, daß Veräußerungen über die Grenze und anschließende Verfügungen über das Kulturgut im Ausland nur mit der Genehmigung des Herkunftsstaates erlaubt und wirksam sein sollen.[530]

Wie jedoch gezeigt, würde bei dieser Lösung eine Anerkennung in der Sachenrechtsordnung des neuen Statuts entgegen den bisher behandelten Verfügungsbeschränkungen aufgrund der *privat*rechtlichen Stellung des Zustimmungsberechtigten möglich werden. Denn Verfügungsbeschränkungen aufgrund *privat*rechtlicher Stellung korrespondieren mit einer entsprechenden Rechtsstellung des Zustimmungsberechtigten. So ist der Besteller eines Erbbaurechts nach wie vor Eigentümer, ebenso der Eigentümer im Verhältnis zum Besitzer oder auch bei einer Verfügungsbeschränkung aufgrund Familienrechts entsprechend dem Güterrecht. An einer solchen Rechtsstellung fehlt es dem Staat bei einem Ausfuhrverbot. Der Staat erlangt durch das Ausfuhrverbot keine Rechtsstellung an dem Kulturgut selbst,[531] die sachenrechtlichen Verhältnisse an dem Kulturgut sind somit nicht durch das Verbot geprägt. Daraus wird man folgern müssen, daß das Ausfuhrverbot nach einem Statutenwechsel im neuen Statut nicht berücksichtigt werden wird, da das Ausfuhrverbot nicht mit einer entsprechenden sachenrechtlichen Stellung des Staates korrespondiert.

---

527 Vgl. *Stoll*, Sachenrechtliche Fragen, S. 66.

528 Wie z.B. bei § 5 Abs. 1 ErbbauVO.

529 So ist ein Besitzer grundsätzlich nicht berechtigt, allein aufgrund des Besitzes über einen Gegenstand zu verfügen. Verfügt er dennoch, so kommt es für die Wirksamkeit auf die Zustimmung des Eigentümers an.

530 Vgl. *Stoll*, Sachenrechtliche Fragen, S. 66.

531 Vgl. auch *Stoll*, Sachenrechtliche Fragen, S. 66: "Die Annahme einer den Statutenwechsel überdauernden Verfügungsbeschränkung kann indes nichts daran ändern, daß der Herkunftsstaat allein aufgrund eines Ausfuhrverbots kein dingliches Recht an dem Kulturgut hat...".

Zwar werden durch die untersuchten Ausfuhrverbote die Rechte der privaten Berechtigten ebenfalls in erheblichen Maße eingeschränkt. Dingliche Wirkungen werden durch die Verbote jedoch nicht erzielt.[532]

d) Res sacrae sowie andere öffentlich-rechtlich gewidmete Sachen

Anders ist die Rechtslage nur bei res sacrae, somit Kulturgütern, die religiöskultischen Zwecken dienen. Denn diese Kulturgüter sind kraft öffentlichrechtlicher Widmung Teil des öffentlichen Sachenrechts, was sich in Deutschland aus Art. 140 GG in Verbindung mit Art. 138 Abs. 2 WRV ergibt. Durch die Widmung wird eine dingliche Belastung der res sacrae mit einer öffentlichrechtlichen Dienstbarkeit zugunsten des öffentlichen Sachherrn begründet,[533] aufgrund derer der jeweilige Eigentümer den Gebrauch der öffentlichen Sache im Rahmen ihrer spezifischen Zweckbestimmung zu dulden hat. Eine Widmung fehlt jedoch bei der bloßen Anordnung eines Ausfuhrverbotes. Auch kann nicht in der Vorfrage, welche Kulturgüter einem Ausfuhrverbot unterliegen und dem in diesem Zusammenhang entscheidenden Kriterium der Bedeutung für das jeweilige nationale Kulturerbe eine stillschweigende Widmung angenommen werden.[534]

In der deutschen Rechtsprechung ist in den Entscheidungen zum Hamburgischen Stadtsiegelfall,[535] in dem die Stadt Hamburg von einem Kölner Antiquitätenhändler die Herausgabe eines im Krieg abhandengekommenen mittelalterlichen Siegeltyppaares samt dazugehörigen Aufbewahrungsbeutels verlangte, sowohl die zivilrechtliche[536] als auch die verwaltungsrechtliche[537] Herausgabeklage letztinstanzlich abgewiesen worden. Die Stadt Hamburg hatte sich auf eine

---

532 So auch *Müller-Katzenburg*, aaO., S. 261.

533 Vgl. etwa *Wolff/Bachof* § 55 III. b. 1; *Pappermann/Andriske*, Recht der öffentlichen Sachen, München 1987, § 3 I. 4; *Fortscher*, Problem des öffentlichen Sachenrechts, VerwArch Bd. 62 (1971), 157; *Fechner*, JuS 1993, S. 704; *Jaeger*, aaO., S. 109.

534 So jedoch *Kromer* in bezug auf die landesrechtlichen Vorschriften des Denkmalschutzes gem. § 12 ff. DSchG BAWÜ, *Kromer*, Sachenrecht des Öffentlichen Rechts, S. 150-152; wie hier *Jaeger*, aaO., S. 109.

535 Vgl. hierzu *Ehlers*, Das öffentliche Sachenrecht-ein Trümmerhaufen, NWVBl 1993, S. 327; *Fechner*, Der Hamburger Stadtsiegelfall, JuS 1993, S. 704; *Mannsen*, Der Hamburger Stadtsiegelfall, JuS 1992, S. 745; *Thormann*, Nochmals: Das Hamburger Stadtsiegel, NWVBl 1992, S. 354; *Axer*, Das Hamburger Stadtsiegel, NWVBl 1992, S. 745.

536 Vgl. BGH Urt. v. 5.10.1989, MDR 1990, S. 238.

537 OVG Münster Urt. v. 25.2.1993, NJW 1993, 2635; dazu *Fechner*, JuS 1993, S. 704.

Widmung gestützt. Dies ist aber weder vom BGH noch vom OVG Münster anerkannt worden.[538] In den nordischen Staaten sind Parallelfälle nicht zu finden.

Bei den untersuchten Kulturgüterschutzgesetzen fehlt es an einer eindeutigen Widmungserklärung. Denn die Frage, ob ein Kulturgut nur im Rahmen einer spezifischen Zweckbestimmung genutzt werden kann, ist von der Frage der Bedeutung eines Kulturgutes für das nationale Kulturerbe unabhängig. Da trotz der kulturellen Bedeutung durch die untersuchten Kulturgüterschutzgesetze privates Eigentum an den Kulturgütern respektiert wird, kann nicht konkludent durch das Unterfallen eines Kulturgutes unter ein Schutzgesetz eine Widmung der Kulturgüter angenommen werden.[539] Man wird deshalb zu dem Ergebnis kommen müssen, daß in den Fällen, in denen sich der Eigentumserwerb erst im Ausland vollzieht, das Ausfuhrverbot des Herkunftsstaats keine Wirkung entfaltet.

2. Gutgläubiger Zweiterwerb

In der Regel wird der Eigentumserwerb im Inland vollendet. Da in diesem Fall das Verbotsgesetz auf den Eigentumserwerb durchschlägt, erhält der Erwerber zwar Besitz an dem Kulturgut, wird jedoch nicht Eigentümer. Der Eigentümer bleibt also Eigentümer, ein gutgläubiger Erwerb durch den Käufer ist ausgeschlossen, da sein guter Glaube an das Nichtbestehen eines Ausfuhrverbotes nicht geschützt wird.[540] Der ursprüngliche Eigentümer hat sein Eigentum nicht verloren und könnte das Kulturgut wieder herausverlangen.

Dies kann sich jedoch dann ändern, wenn der ausländische Erwerber seinerseits das Kulturgut im Ausland weiterveräußert. Beim Weiterverkauf an einen Dritten ist der Verkäufer zwar Besitzer des Kulturgutes, jedoch nicht Eigentümer. Kauft von ihm nun ein Dritter im guten Glauben an die Eigentümerstellung des Verkäufers, erscheint nach dem dann maßgebenden Sachstatut a priori ein gutgläubiger Erwerb nicht ausgeschlossen. Ob tatsächlich bei einem solchen Sachverhalt, der der eingangs dargestellten Fallkonstellation (2) entspricht, ein gutgläubiger Erwerb möglich ist, soll anhand der einzelnen Rechtsordnungen untersucht werden.

---

538 Vgl BGH aaO., OVG Münster aaO.

539 So auch im Ergebnis *Müller-Katzenburg*, aaO., S. 259 f.; *Stoll*, Sachenrechtliche Fragen, S. 65.

540 Vgl. *Soergel-Mühl*, RN 2, 4 zu § 932 BGB; *Staudinger-Wiegand*[13], RN 39 zu § 932 BGB.

a) Deutsches Recht als Sachstatut

Diese Fallkonstellation soll zunächst anhand des deutschen Rechts als Sachstatut für die Weiterveräußerung überprüft werden. Voraussetzung wäre also, daß deutsches Sachrecht auf den gutgläubigen Erwerb Anwendung findet. Wird z.B. ein durch das dänische KuSchG geschütztes Kulturgut unter Verstoß gegen das Veräußerungsverbot des § 3 des dänischen KuSchG von einem deutschen Käufer erworben, so ist die sachenrechtliche Übereignung unwirksam, wenn der Eigentumserwerb in Dänemark vollendet wurde. Der Eigentümer des Kulturgutes verliert sein Eigentum auch durch die Verbringung des Kulturgutes nach Deutschland nicht. Bei einer anschließenden Weiterveräußerung durch den deutschen Käufer in Deutschland wäre nach der lex rei sitae auf diese Weiterveräußerung ausschließlich deutsches Recht anwendbar.[541] Da der deutsche Ersterwerber nicht Eigentümer geworden ist, liegt bei der Weiterveräußerung ein Auseinanderfallen von Besitz und Eigentum vor, so daß sich für die Weiterveräußerung die Frage des gutgläubigen Erwerbes trotz des Bestehens des Ausfuhrverbotes des Herkunftsstaates stellt.

aa) Ausschluß des gutgläubigen Erwerbs wegen Abhandenkommens

Man könnte sich zunächst die Frage stellen, ob eine Sache, die ein Eigentümer gar nicht wirksam an einen Käufer veräußern konnte, da sowohl das Verpflichtungs- als auch das Erfüllungsgeschäft nichtig waren, als dem Eigentümer abhandengekommen anzusehen ist (§ 935 BGB). Von Abhandenkommen der Kaufsache kann allerdings nur dann gesprochen werden, wenn der ursprüngliche Eigentümer seinen unmittelbaren Besitz gegen seinen Willen verloren hat. Dies ist aber gerade nicht der Fall, da der Eigentümer aufgrund des (wenn auch verbotswidrigen) Vertrages bewußt den Besitz auf den Käufer übertragen hat. Es ist deshalb anerkannt, daß ein nichtiges Rechtsgeschäft keine Unfreiwilligkeit und damit kein Abhandenkommen begründet.[542]

bb) Vorrang des Verkehrsschutzes

Dem gutgläubigen Eigentumserwerb entgegenstehen könnte das Interesse des Herkunftsstaates des Kulturgutes, eine zivilrechtlich gefestigte Position des Erwerbers von illegal ausgeführtem Kulturgut nach Möglichkeit auch bei Weiterveräußerungen zu vermeiden. Hiergegen richtet sich aber das Interesse des Verkehrsschutzes an der Wirksamkeit von Übertragungen von Sachen, die man von einem Berechtigten zu erwerben glaubt. Denn da der Sache selbst der Makel der

---

541 Vgl. etwa *Heldrich* in: *Palandt*, RN 10 f. zu Art 43 EGBGB.

542 Vgl. KG OLG 15, 356, auch *Bassenge* in: *Palandt*, RN 3 zu § 935 BGB; *Staudinger-Wiegand*[13], RN 12 zu § 935 BGB.

illegalen Ausfuhr nicht anhaftet, kommt es auf die Stellung des nun Verkaufenden an. Ein redlicher Käufer wird sich nur an dessen Besitz orientieren können. Diesen Verkehrsschutz zugunsten eines sehr speziellen Bereiches aufzugeben, würde zum einen zu einer nicht zu unterschätzenden Unsicherheit bei der Übertragung von Sachen führen und vor allem unerwünschte Vorbildwirkungen entfalten für weitere Herausnahmen von Sachen, bei denen der gutgläubige Erwerb ausgeschlossen wäre. Dies würde darauf hinauslaufen, daß jedes Kulturgut zur sog. "res extra commercium" gemacht würde. Solche Vorschläge existieren denn auch bereits, bisher jedoch nur für im Eigentum des Staates stehende Kulturgüter. Diese Idee wird vor allem von MUßGNUG vertreten.[543] Er schlägt vor, allerdings beschränkt auf Museums- und Archivgut, Kulturgüter ähnlich wie bei der Widmung öffentlicher Sachen dem Privatrechtsverkehr zu entziehen. Daß dies mit dem derzeit geltenden Recht nicht vereinbar ist, läßt sich aus der Entscheidung des BGH zum Hamburger Stadtsiegel entnehmen.[544] Der Stadt Hamburg war in den Nachkriegswirren ihr historisches Stadtsiegel abhanden gekommen. Da der Käufer das Siegel bei einer öffentlichen Auktion erworben hatte, griff der ansonsten bestehende Ausschluß des gutgläubigen Erwerbs bei abhandegekommenen Sachen in diesem Fall nicht.[545] Die Stadt Hamburg stellte sich bei der Wiederentdeckung auf den Standpunkt, es handele sich bei dem Siegel um ein res extra commercium, so daß ein Eigentumsverlust nicht eingetreten sei. Der BGH ist dieser Ansicht richtigerweise nicht gefolgt und hat gemäß § 932 BGB darauf abgestellt, ob der Käufer das fragliche Stadtsiegel und seine Herkunft zwingend habe erkennen können. Allein durch die Widmung werde ein Objekt nicht zur "res extra commercium".[546]

Für die hier untersuchte Fallgruppe kommt eine solche Lösung bereits vom Ansatz her nicht in Frage. Denn bei allen untersuchten Schutzgesetzen ist Ausgangspunkt die Belassung des Eigentums an dem zu schützenden Kulturgut in der Hand des privaten Eigentümers. Sonderregelungen bestehen in Deutschland zwar auch an res sacrae, somit Kulturgütern, die religiös-kultischen Zwecken dienen. Hierzu kann auf S. 141 f. verwiesen werden. Ein bloßes Ausfuhrverbot beinhaltet in dessen keine Widmung.

---

543 Vgl. *Mußgnug*, "Museums und Archivgut als 'res extra commercium'?", in: *Reichelt* (Hrsg.), Internationaler Kulturgüterschutz, S. 141-147, S. 142 ff.

544 Vgl. BGH MDR 1990, S. 238.

545 Vgl. BGH aaO., *Bassenge* in: *Palandt*, RN 5 zu § 935 BGB.

546 Vgl. zu der Frage des res extra commercium auch *Jaeger*, Internationaler Kulturgüterschutz, S. 107 ff., sowie *Seidl-Hohenveldern*, Ausfuhr und Rückführung von Kunstwerken, in: FS für Schindler, S. 138.

Ein derartiger Eingriff würde deutlich über das Ziel, nämlich der Bewahrung von schützenswertem Kulturgut im Inland in *Privatbesitz*, hinausgehen. Denn damit würde die Eigentümerstellung des Besitzers des Kulturgutes so weit ausgehöhlt, daß nur noch graduelle Unterschiede zu einer Enteignung bestünden. Deshalb erscheint der Weg über eine Überbetonung des staatlichen Interesses durch die Einschränkung gutgläubigen Erwerbs von Kulturgut mit der Erstreckung der Nichtigkeit auf sämtliche Veräußerungen nicht gangbar. Vielmehr sollten hier konsequent die allgemeinen Grundsätze des gutgläubigen Erwerbs angewendet und bei der Weiterveräußerung des Kulturgutes nur auf den guten Glauben und den Besitz des Veräußerers abgestellt werden, wie dargestellt.

cc) Ergebnis

In dieser Situation kann der Dritterwerber somit bei gutem Glauben an die Eigentümerstellung des Ersterwerbers wirksam gutgläubig Eigentum erlangen. Wie STOLL zutreffend ausführt, hat der von der lex rei sitae in jedem Fall beanspruchte Verkehrsschutz Vorrang.[547] Das heißt, das Ausfuhrverbot des Herkunftsstaates findet spätestens bei einem gutgläubigen Erwerb nach deutschem Verständnis keine Beachtung mehr, wenn der gutgläubige Erwerb in Deutschland stattfinden würde. Dies erscheint auch gerechtfertigt, weil durch eine Weiterveräußerung eines bereits illegal verbrachten Kulturgutes kein weiterer Verstoß gegen das Kulturgüterschutzgesetz des Herkunftsstaates mehr möglich ist. Daher ist es aus deutscher Sicht nicht gerechtfertigt, auf internationalprivatrechtlicher Ebene den Verkehrsschutz bei gutgläubigem Erwerb in diesen Fällen einzuschränken.

b) Dänisches Recht als Sachstatut

Zu prüfen ist, ob, wenn auf eine Weiterveräußerung dänisches Recht anwendbar ist, trotz des Veräußerungsverbotes eines Drittstaates gutgläubig Eigentum an einem geschützten Kulturgut erworben werden kann. Wird z.B. ein durch das deutsche KuSchG geschütztes Kulturgut unter Verstoß gegen das Veräußerungsverbot des § 1Abs. 4 KuSchG von einem dänischen Käufer erworben, ist, wenn der Eigentumserwerb in Deutschland vollendet wurde, die sachenrechtliche Übereignung unwirksam. Der Eigentümer des Kulturgutes verliert sein Eigentum

---

547 Vgl. *Stoll*, Sachenrechtliche Fragen, S. 65. Nach der zutreffenden Ansicht von *Stoll* muß dies auch in den Fällen gelten, in denen der Staat neben der Verfügungsbeschränkung auch ein Konfiskationsrecht an dem Kulturgut im Falle einer unberechtigten Ausfuhr besitzt. Selbst wenn man dieses Konfiskationsrecht in ein positives sachenrechtliches Aneignungsrecht des Staates, das der Sache anhaftet, umdeuten würde, muß dieses Recht in dem Verkehrsschutz des gutgläubigen Erwerbs seine Grenze finden. Vgl. auch den Fall Attorney-General of New Zealand v. Ortiz (1984), 1 A.C. S. 1, 49, über die Rückforderung wertvoller Maori-Schnitzereien durch den Neuseeländischen Staat.

auch durch die Verbringung des Kulturgutes nach Dänemark nicht. Bei einer anschließenden Weiterveräußerung durch den dänischen Käufer in Dänemark wäre nach der lex rei sitae auf diese Weiterveräußerung dänisches Recht anwendbar. Da der dänische Ersterwerber nicht Eigentümer geworden ist, liegt bei der Weiterveräußerung ein Auseinanderfallen von Besitz und Eigentum vor, so daß sich für die Weiterveräußerung in Dänemark die Frage des gutgläubigen Erwerbes trotz des Bestehens des Ausfuhrverbotes des Herkunftsstaates stellt.

aa) Unterscheidung zwischen starken und schwachen Ungültigkeitsgründen

Bei der Untersuchung der Möglichkeiten eines gutgläubigen Erwerbs von illegal ausgeführten Kulturgegenständen ist auf die Besonderheit der Unterscheidung zwischen "schwachen und starken" Ungültigkeitsgründen in der nordischen Literatur zurückzugreifen.[548]. Diese Unterscheidung ist bei der Frage des gutgläubigen Erwerbs relevant. Denn bei starken Ungültigkeitsgründen ist eine Übereignung unwirksam, unabhängig von dem guten Glauben eines Dritten. Der ursprüngliche Eigentümer kann als Verkäufer von dem Erwerber vindizieren. Die Wirkung eines starken Ungültigkeitsgrundes geht jedoch weiter: Selbst ein gutgläubiger Dritter kann von dem Ersterwerber bei Vorliegen eines starken Ungültigkeitsgrundes nicht wirksam Eigentum erwerben. Der ursprüngliche Eigentümer und Verkäufer kann von dem Dritten vindizieren. Als starke Ungültigkeitsgründe kommen vor allem Gründe in Betracht, die einem besonderen Schutzzweck dienen, dem auch die Verkehrsfähigkeit aufgrund gutgläubigen Erwerbs weichen muß.[549] Ein Beispiel ist der Fall der Geschäftsunfähigkeit. Hier ist von der Rechtsordnung ein besonders effektiver Schutz des Geschäftsunfähigen gewollt und nur dadurch zu erreichen, daß jeglicher Verfügung zu Lasten des Geschäftsunfähigen die Wirksamkeit genommen wird, so daß selbst der Schutz des guten Glaubens Dritter dahinter zurückstehen muß.[550]

bb) Ausschluß des gutgläubigen Erwerbs

Fraglich ist aber, ob bei einer Weiterveräußerung von illegal ausgeführtem Kulturgut ein gutgläubiger Erwerb möglich ist oder ob auch hier das Veräußerungsverbot des Herkunftsstaates einen starken Ungültigkeitsgrund auch bei der Weiterveräußerung begründen würde. Es ist daher von entscheidender Bedeutung, ob die Ungültigkeit eines Vertrages über eine verbotswidrige Ausfuhr auf star-

---

548 Inwieweit es sich tatsächlich um "gesamtnordische" Ansichten handelt, wird bei den einzelnen Ländern untersucht werden. Immerhin ist zu konstatieren, daß in den untersuchten Ländern der Unterschied mehr oder weniger intensiv diskutiert wird. Vgl. als Übersicht Betænkning 370/1964, S. 18 ff.

549 Vgl. *Ussing/Kruse*, Aftaler, S. 8 f.; *Andersen/Clausen/u.a.*, Dansk priavtret, S. 65 f.

550 Vgl. Betænkning Nr. 370/1964, S. 18.

ken oder schwachen Ungültigkeitsgründen beruht. Im ersten Fall wäre der gutgläubige Erwerb für immer ausgeschlossen, ähnlich wie nach deutschem Recht bei gestohlenen Sachen.[551] Dies wird man für den Fall des Weiterverkaufs eines illegal ausgeführten Kulturgutes durch den Erwerber im Ausland nicht annehmen, auch wenn konkrete Beispiele in der dänischen Rechtsprechung und Literatur zur Frage des Kulturgüterschutzes nicht zu finden sind. Denn der Erwerber kann selbst nicht mehr gegen das Ausfuhrverbot des Herkunftsstaates durch einen Weiterverkauf verstoßen. Der Verstoß ist bereits durch den ursprünglichen Eigentümer erfolgt. Im Fall des Weiterverkaufs an einen Dritten steht nicht mehr der Schutzgedanke des Kulturgüterschutzgesetzes im Vordergrund. Der Schutz des Ausfuhrverbotes kann nicht mehr verwirklicht werden, da der Verstoß bereits vollendet ist.

cc) Ergebnis

Daraus ergibt sich, daß bei einem Weiterverkauf des Kulturgutes im Ausland an einen gutgläubigen Dritten dessen Vertrauen auf das vermeintliche Eigentum des Verkäufers stärkeren Schutz verdient und eine Einschränkung der Verkehrsfähigkeit des Kulturgutes im Sinne eines starken Ungültigkeitsgrundes nach dänischem Recht nicht geboten ist.

c) Norwegisches Recht als Sachstatut

Generell richtet sich der gutgläubige Erwerb nach dem gesamtnordischen Entwurf des Gesetzes über den gutgläubigen Erwerb von beweglichen Sachen[552], der mit Gesetz vom 2. Juni 1978, Nr. 37, in das norwegische Recht inkorporiert wurde.[553]

Auch nach der norwegischen Regelung ist bei einer Weiterveräußerung grundsätzlich ein Gutglaubenserwerb möglich, wenn, etwa durch die unwirksame Erstveräußerung im Herkunftsstaat, der Käufer kein wirksames Eigentum erwerben konnte. Denn dann fallen aufgrund der Unwirksamkeit des Ersterwerbes

---

551 Wobei die Fälle des Ausschlusses von gutgläubigem Erwerb bei gestohlenen Sachen nach dänischem Recht gesondert geregelt sind im Danske Lov, 6-17-5, vgl. auch *Andersen/Clausen/u.a.*, Dansk privatret, S. 280.

552 Vgl. Betænkning Nr. 370/1964 om fællesnordiske regler om erhvervelse af løsøre i god tro.

553 Vgl. Lov om godtroerverv av løsøre av 2. juni 1978, Nr. 37 (LGL).

durch das Veräußerungsverbot aufgrund des Kulturgüterschutzgesetzes auch nach norwegischem Recht Eigentümer- und Besitzerstellung auseinander. [554]

aa) Sonderregelungen für Kulturgüter

In Norwegen besteht aber eine Sonderregelung im Gesetz über den gutgläubigen Erwerb[555] speziell für Kulturgüter. Nach § 2 Abs. 2 des Gesetzes über den gutgläubigen Erwerb (LGL) ist ein gutgläubiger Erwerb von Kunstwerken, die im öffentlichen Eigentum stehen oder einer der Öffentlichkeit zugänglichen Privatsammlung angehören, ausgeschlossen.[556] Die letzte Alternative betrifft auch Kunstgegenstände, die dem Kulturgüterschutzgesetz unterfallen.

§ 2 Abs. 2 LGL beinhaltet neben dem Ausschluß des gutgläubigen Erwerbs nach § 2 Abs. 1 LGL bei gestohlenen Sachen die einzige Ausnahme vom Prinzip des gutgläubigen Erwerbs.[557] Dies zeigt, daß in Norwegen versucht wird, durch eine spezielle Regelung den gutgläubigen Erwerb von Kulturgütern zu verhindern.[558] In Norwegen ist bei der Frage der Anwendbarkeit von § 2 Abs. 2 LGL umstritten, ob das Tatbestandsmerkmal der Zugehörigkeit zu einer öffentlich zugänglichen Sammlung sich auf eine Sammlung der das Kulturgut übertragenden Person bezieht, oder ob es ausreicht, daß das Kulturgut überhaupt einer öffentlich zugänglichen Sammlung zugehört. Nach HÆREM[559] soll der Ausschluß des gutgläubigen Erwerbs nur dann greifen, wenn die Voraussetzungen des § 2 Abs. 2 LGL in der Person des Übertragenden vorliegen. Hat ein Eigentümer eines geschützten Gemäldes einen Strohmann als Eigentümer angegeben und verkauft dieser das Gemälde an einen gutgläubigen Dritten, so nütze es dem wahren Eigentümer

---

554 Der gute Glaube kann sich dabei ausdrücklich auch auf das Übertragungsrecht des Handelnden beziehen, vgl. *Hærem*, Tingsretten, Knophs oversigt over Norges Rett, S. 278.

555 Lov om godtroererverv av løsøre av 2. juni 1978, Nr. 37 (LGL).

556 Dies gilt für "kunstverk, antikviteter eller museumsgjenstander som er i offentlig eie eller tilhører privat samling som er åpen for allmennheten." (Kunstwerke, Antiquitäten oder Gegenstände eines Museums, die sich im öffentlichen Eigentum befinden oder zu einer privaten Sammlung gehören, die für die Allgemeinheit geöffnet ist.) § 2 Abs. 2 Lov om godtroerverv av løsøre av 2. juni 1978, Nr. 37.

557 Vgl. *Lilleholt*, Godtrueerverv og kreditorvern, S. 116.

558 Die Forderungen von *Mußnug*, Museums- und Archivgut als "res extra commercium"?, in: *Reichelt* (Hrsg.), Internationaler Kulturgüterschutz, Wien 1992, S. 141 ff. finden somit in Norwegen eine gesetzliche Regelung. Deshalb ist es auch nicht zutreffend, Norwegen unter die Gruppe der Länder einzuordnen, in denen der Grundsatz der unbeschränkten rei vindicatio besteht; so aber *Schmeinck*, aaO. S. 129f.

559 Vgl. *Hærem*, aaO., S. 280.

nichts, wenn er sich gegenüber dem Käufer darauf berufe, daß seine eigene Privatsammlung der Öffentlichkeit zugänglich sei. Entscheidend sei vielmehr, ob der Strohmann selbst eine Privatsammlung habe. Denn das Eigentum werde von der Person abgeleitet, die es übertrage.[560] Dies habe zur Konsequenz, daß ein gutgläubiger Erwerb nach den allgemeinen Regeln zu bewerten sei. Es erscheint jedoch fraglich, ob § 2 Abs. 2 LGL soweit einzuschränken ist. Würde man das Beispiel von HÆREM konsequent zu Ende denken, wäre bei jeder Weiterveräußerung der gutgläubige Erwerb wieder möglich. Denn sobald in der verfügenden Person die Voraussetzungen des § 2 Abs. 2 LGL (etwa die Zugehörigkeit zu einer der Öffentlichkeit zugänglichen Sammlung) nicht mehr vorlägen, entfiele der Schutz. Aus der Formulierung des § 2 Abs. 2 LGL geht jedoch hervor, daß eine solche Einschränkung nicht gewollt ist. Angeknüpft wird an die Zugehörigkeit zu einer öffentlichen Sammlung bzw. an das öffentliche Eigentum, unabhängig davon, ob der Verfügende Eigentümer dieser Sammlung ist.[561] Ausschließlich diese objektive Anknüpfung ist für die Anwendung der Regelung des § 2 Abs. 2 LGL entscheidend.[562] Der Ausschluß des gutgläubigen Erwerbs ist somit bei jeder Veräußerung eines Kulturgutes im Inland wirksam, das sich in einer der Öffentlichkeit zugänglichen Sammlung befindet.[563]

bb) Geltung der Regelung des § 2 Abs. 2 LGL auch für ausländisches Kulturgut

Eine andere Frage ist jedoch, ob ausländisches Kulturgut, das entgegen einem dortigen Ausfuhrverbot von einem norwegischen Käufer importiert und in Norwegen weiterveräußert werden soll, der Sonderregelung des gutgläubigen Erwerbs unterfällt. Bei der verbotswidrigen Ausfuhr aus dem Herkunftsstaat wird die Eigentumsübertragung unwirksam sein, wenn der Erwerbstatbestand bereits im Herkunftsstaat abgeschlossen war. Der norwegische Importeur hätte somit kein Eigentum an dem Kulturgut erworben, so daß es zu einem Auseinanderfallen von Besitz und Eigentum an dem Kulturgut kommt. Auf die Weiterveräußerung in Norwegen wäre ausschließlich norwegisches Recht als lex rei sitae anwendbar. Grundsätzlich wäre nach norwegischem Recht ein gutgläubiger Erwerb von illegal übertragenen Kulturgütern an sich möglich. Allerdings könnte, wenn es sich um ein Kulturgut aus einer öffentlich zugänglichen Sammlung handelt, der gutgläubige Erwerb nach § 2 Abs. 2 LGL ausgeschlossen sein. Fraglich ist, ob die Regelung des § 2 Abs. 2 LGL auch ausländisches Kulturgut umfaßt. Eine ausdrückliche Einschränkung enthält die Vorschrift

---

560 Vgl. *Hærem*, aaO., S. 280.

561 Vgl. *Lilleholt*, aaO. S. 116.

562 So auch *Lilleholt*, aaO. S. 116.

563 Vgl. *Hærem*, aaO., S. 278, *Lilleholt*, aaO. S. 116.

nicht. Dies würde jedoch zu dem Ergebnis führen, daß Kulturgüter bei einer Weiterveräußerung in Norwegen stärker geschützt wären als im Herkunftsland.

Grundsätzlich wäre ein solch weitgehender Schutz möglich. Während z.B. in allen hier untersuchten Staaten der gutgläubige Erwerb von gestohlenen Gegenständen ausgeschlossen ist, sieht das italienische Recht einen solchen Ausschluß nicht vor (Art. 1153 Codice civile). [564].Wird ein gestohlenes Kulturgut von einem gutgläubigen Erwerber in Italien erworben, so kann nach dem aufgrund der lex rei sitae anwendbaren italienischen Recht der Erwerber Eigentum an dem Kulturgut erlangen. Auf die Frage, ob das Kulturgut in Italien gestohlen wurde oder nicht, kommt es dabei nicht an.[565] Denn die auch für den gutgläubigen Erwerb von gestohlenen Sachen aufgrund der lex rei sitae[566] anwendbare italienische Vorschrift unterscheidet nicht nach dem Ort des Abhandenkommens. Das Tatbestandselement des Abhandenkommens muß nicht im Bereich des nach der Situs-Regel anwendbaren italienischen Rechts erfüllt worden sein. Es reicht aus, daß das Tatbestandselement des Abhandenkommens irgendwo verwirklicht wurde.

Überträgt man dieses Beispiel auf die Frage der Anwendbarkeit von § 2 Abs. 2 LGL würde es auch ausreichen, daß das fragliche Kulturgut überhaupt einer öffentlich zugänglichen Sammlung angehörte, nicht, daß die Sammlung im Bereich des nach der Situs-Regel anwendbaren norwegischen Rechts lag. Es sprechen auch tatsächlich Argumente für eine so weitgehende Anwendung der Regelung des § 2 Abs. 2 LGL. Denn die Vorschrift des § 2 Abs. 2 LGL differenziert nicht danach, ob das Kulturgut einer norwegischen oder einer ausländischen Sammlung angehörte. Auch im Ausland erfüllte Tatbestandsmerkmale führen zur Anwendung der auf sie Bezug nehmenden Regelungen der lex rei sitae.[567]

---

[564] Vgl. der von *Siehr* referierte Beispielsfall in: Vereinheitlichung von Mobiliarsachenrecht, S. 455, 461 f., RabelsZ 59 (1995), der sich an den Fall Winkworth v. Christie Manson & Woods Ltd [1980] 1 AllER S. 1121 anlehnt. Art. 1153 CC umfaßt vielmehr allgemein die Möglichkeit des gutgläubigen Erwerbs ohne Einschränkungen. Vgl. auch *Staudinger-Stoll*[13], IntSachR RN 303.

[565] Vgl. *Siehr*, aaO.

[566] So die herrschende Meinung. Vgl. *Heldrich* in: *Palandt*, RN 3 zu Art. 43 EGBGB; *Soergel-Lüderitz*, RN 16 zu Anh II Art. 38 m.w.N. Anders jedoch *Mansel*, DeWeerth v. Baldinger-Kollisonsrechtliches zum Erwerb gestohlener Kunstwerke, IPRax 1988, S. 268.

[567] Vgl. *Staudinger-Stoll*[13], IntSachR, RN 302f. m.w.N.

Hinzu kommt, daß Schutz von Kulturgütern in immer stärkeren Maße als universelle Aufgabe angesehen wird.[568] Der besondere Schutz des Kulturgutes ist nach § 2 LGL an die Zugehörigkeit zu einer öffentlich zugänglichen Sammlung geknüpft. Dann kann es aber nicht entscheidend sein, in welchem Staat sich diese Sammlung befindet. Zu berücksichtigen ist ferner, daß Norwegen mit seiner Sonderregelung versucht, besonders wertvolle Kulturgüter der Allgemeinheit zu erhalten. Dies wird in staatlichen Sammlungen durch die Widmung der Kunstwerke und damit die Überführung in öffentliches Eigentum erreicht. Wenn auch ein Kulturgut in einer privaten Sammlung nicht gewidmet werden kann, ist bei einer Öffnung dieser Sammlung an das Publikum gleichwohl analog einer der Öffentlichkeit gewidmeten staatlichen Sammlung eine erhöhte Schutzbedürftigkeit gegeben. Deshalb könnte eine größere Bereitschaft der Rechtsprechung bestehen, die Regelung des § 2 Abs. 2 LGL auch auf ausländisches Kulturgut, das einer öffentlich zugänglichen Sammlung angehört, auszudehnen.

cc) Ergebnis

Es kann deshalb als Ergebnis festgehalten werden, daß es durchaus möglich erist, die Regelung des § 2 Abs. 2 LGL bei Geltung des norwegischen Rechts als Sachrechtstatut auch auf ausländische Kulturgüter anzuwenden, falls diese einer der Öffentlichkeit zugänglichen Sammlung angehören, da der besondere Schutz der (quasi öffentlichen) Widmung unabhängig vom Ausstellungsort der Sammlung besteht. Bei einer Weiterveräußerung in Norwegen dürfte deshalb ein gutgläubiger Erwerb dieser Kulturgüter ausgeschlossen sein.

d) Schwedisches Recht als Sachstatut

aa) Allgemeine Voraussetzungen des gutgläubigen Erwerbs

Die Voraussetzungen für einen gutgläubigen Erwerb Dritter sind in Schweden seit 1986 im Gesetz 1986:796 über den gutgläubigen Erwerb von beweglichen Sachen geregelt.[569] Der Gutglaubenserwerbstatbestand entspricht den Grundsätzen der deutschen Regelung. Auch nach schwedischem Recht ist der Gutglaubensschutz an die Eigentumsvermutung aufgrund des Besitzes der Sache gekoppelt.[570] Daraus ergibt sich folgende Rechtslage:

---

568 Vgl. den Nigeria-Fall des BGHZ 59, 82, 86.

569 Vgl. zu den Gesetzesvorarbeiten SOU 1984:16, Förvärv i god tro.

570 § 2 Lag 1986:796; zu den Parallelen des Erwerbsprinzips mit der deutschen Regelung vgl. SOU 1984:16, S. 155.

Auch nach der schwedischen Regelung ist ein gutgläubiger Erwerb erst bei einem Zweiterwerb möglich, da durch die verbotswidrige Erstverfügung der Ersterwerber auch nicht gutgläubig Eigentum erlangen konnte, somit nur Besitzer des Kulturgutes geworden ist. Durch das Auseinanderfallen von Besitz und Eigentum bei der zweiten Übertragung ist daher ein gutgläubiger Erwerb möglich, wenn der Zweiterwerber auf die Eigentümerstellung des Ersterwerbers vertraut.[571]

bb) Lösungsrecht

Die schwedische Regelung über den gutgläubigen Erwerb enthält jedoch Abweichungen von den bisher untersuchten nationalen Regelungen. Selbst wenn der Zweiterwerber aufgrund seines guten Glaubens Eigentum erwerben sollte, kann der ursprüngliche Eigentümer die Sache bis zu drei Monaten nach Kenntnis des Erwerbes von dem gutgläubigen Eigentümer auslösen ("lösen") und so wieder selbst Eigentum begründen.[572]

D.h., auch wenn der Zweiterwerber gutgläubig nach der schwedischen Regelung Eigentum an einem verbotswidrig ausgeführten Kulturgut erlangen kann, kann der ursprüngliche Eigentümer gegen Wertersatz die Sache wieder herausverlangen, wenn auch nur binnen einer Frist von drei Monaten. Die Höhe des Wertesatzes bestimmt sich nach dem für den Erwerb der Sache vom Besitzer aufgewendeten Betrag, begrenzt durch die Höhe des tatsächlichen Marktwertes der Sache.[573] Damit wird dem gutgläubigen Erwerber zwar ein materieller Ausgleich für das nur vorläufig erworbene Eigentum geleistet, er erlangt aber nicht die absolute Vindikationsfestigkeit des gutgläubig erworbenen Eigentums wie etwa nach deutschem Recht. Man kann das Lösungsrecht somit als inhaltlich beschränkte Form des Gutglaubenserwerbs ansehen.[574] Durch das für die Übereignung maßgebende schwedische Sachstatut wird ein Surrogat für den gescheiterten Eigentumserwerb gewährt, das als materiellrechtliche Position international transportfähig ist und somit nicht durch schlichten Statutenwechsel erlischt.[575]

---

571 § 3 Lag 1986:796: ".. och omständigheterna i övrigt var sådana, att han inte borde ha insett att överlåtaren saknade rätt att förfoga över egendomen."

572 §§ 4 ff. Lag 1986:796.; vgl. *Siehr*, Gutgläubiger Erwerb, S. 284 f.

573 § 5 Lag 1986:796.

574 Vgl. *Staudinger-Stoll*[13], IntSachR, RN 307 m.w.N.

575 H.M., vgl. BGH IPRax 1987, 374 mit Anm. *Stoll*, Statutenwechsel, IPRax 1987, 357-360; MünchKomm-*Kreuzer*, RN 79 IntSachR; *Wolff/Raiser*, Sachenrecht, 10. Aufl., S. 367.

Auch ein Verstoß gegen die deutsche Sachenrechtsordnung besteht nicht, so daß das Lösungsrecht auch in Deutschland ausgeübt werden könnte.[576]

Fraglich und umstritten ist aber, ob das Lösungsrecht auch bei der Weiterveräußerung der Sache, an der dieses Recht besteht, fortbestehen bleibt. In Schweden selbst stellt sich die Frage nicht, da die schwedische Regelung des gutgläubigen Erwerbs gerade das Lösungsrecht beinhaltet. Die Anerkennung bei einer Weiterveräußerung wird sich deshalb nur in den Ländern stellen, in denen illegal ausgeführte schwedische Kulturgüter weiterveräußert werden. Für eine Anerkennung tritt insbesondere SIEHR ein.[577] Ein solches Recht bestehe als wohlerworbenes Recht auch bei Weiterveräußerung unter der Geltung eines Sachstatuts, das ein Lösungsrecht nicht kenne, fort, weil es reallastartig auf der Sache ruhe. Der Vergleich mit der Reallast kann jedoch nicht überzeugen. Nach schwedischem Recht besteht ein Lösungsrecht nur bei gutgläubigem Erwerb. Diese Rechtsposition, die der Eigentümer gegen den Erwerber hat, kann von diesem jedoch nicht an einen Zweiterwerber weitergegeben werden. Vielmehr kann allenfalls der Ersterwerber selbst ein eigenes Lösungsrecht gegen den Zweiterwerber geltend machen, wenn dieser ebenfalls durch gutgläubigen Erwerb von einem Nichtberechtigten erworben hat. Das Lösungsrecht besteht somit nur, wenn überhaupt ein gutgläubiger Erwerb stattfindet, und auch dann nur in der Person des jeweiligen Vorerwerbers, so daß nicht wie bei der Reallast eine Rechtsposition auf jeden Besitznachfolger allein durch die Besitznachfolge übertragen werden kann.[578] Bei einer Weiterveräußerung kann ein Lösungsrecht deshalb nur begründet werden, wenn auch die Rechtsordnung, die für die Weiterveräußerung maßgebend ist, ein solches anerkennt und die Tatbestandsvoraussetzungen selbst vorliegen.[579]

cc) Ergebnis

Daraus folgt, daß ein Lösungsrecht, wenn schwedisches Recht als Sachrechtsstatut berufen ist, auch in Deutschland respektiert würde.[580] Das Lösungsrecht

---

576 Vgl. BGH, Urt. v. 08.04.1987, BGHZ 100, 323, 325 f.; *Kropholler*, IPR, S. 482 f.

577 Vgl. *Siehr*, Gutgläubiger Erwerb, S. 273 ff.

578 Vgl. BGHZ 100, 327 f.; *Staudinger-Stoll*^{13}, IntSachR, RN 308.

579 Vgl. BGHZ 100, 327 f.; *Staudinger-Stoll*^{13}, aaO.; MünchKomm-*Kreuzer*, RN 79 nach Art. 38 Anh. I; *Kropholler*, IPR, S. 483.

580 Vgl. BGHZ 100, 327 f.

bleibt jedoch nicht bei einer Weiterveräußerung unter einem neuen Sachrechtsstatut, welches das Lösungsrecht nicht kennt, bestehen.[581]

3. Besonderes Mobiliarsachenrecht für Kulturgüter in Europa

a) UNIDROIT Übereinkommen von 1995

Das UNIDROIT-Übereinkommen über die internationale Rückgabe von gestohlenen oder illegal exportierten Kulturgütern wurde am 24.6.1995 von einer Regierungskonferenz in Rom verabschiedet und zur Zeichnung aufgelegt.[582] Das Übereinkommen wurde bis jetzt erst von acht Staaten ratifiziert, vier Staaten sind dem Abkommen beigetreten.[583] Deutschland hat sich bereits gegen eine Ratifizierung ausgesprochen.[584]

Das Übereinkommen enthält in Art. 5 Vorschriften für den Umgang mit illegal exportierten Kulturgütern. Nach Art. 5 des Übereinkommens sind illegal exportierte Kulturgüter an den Vertragsstaat zurückzugeben, aus dem sie ausgeführt worden sind, sofern nicht besondere Ablehnungsgründe entgegenstehen (Art. 7). Der Rückführungsanspruch steht hierbei dem Herkunftsstaat zu, aus dessen Territorium das Kulturgut illegal ausgeführt wurde. Der kondiktionsfeste gutgläubige Erwerb von illegal exportierten Kulturgütern ist nicht möglich, vgl. Art. 6.[585] Vielmehr hat der Besitzer des Kulturgutes dieses an den Staat zurückzugeben, erhält allerdings bei gutgläubigem Erwerb eine entsprechende Entschädigungsleistung.

Ob dadurch aber die Möglichkeit einer Rückführung von Kulturgütern geschaffen wird, ist fraglich. Wird ein ursprünglich in Dänemark belegenes Kulturgut illegal nach Deutschland exportiert, hat wie dargelegt ein deutscher Erwerber keine Möglichkeit, das Kulturgut gutgläubig zu erwerben, soweit das dänische Exportverbot als Verbotsnorm direkt oder über § 138 BGB anerkannt wird. Der

---

581 Vgl. BGHZ 100, 327 f.; *Staudinger-Stoll*[13], aaO., m.w.N.

582 Vgl. *Siehr*, Vereinheitlichung des Mobiliarsachenrechts, RabelsZ 59 (1995), S. 455-468, 460 ff. Zu den Vorarbeiten: *Reichelt*, Die Rolle von UNIDROIT für den Internationalen Kulturgüterschutz, Neue methodische Ansätze im UNIDROIT-Entwurf 1990 über gestohlene und unerlaubt ausgeführte Kulturgüter, in: Europa im Aufbruch, FS Fritz Schwind (Wien 1993).

583 Stand 1/2001 waren dies folgende Staaten: Litauen, Paraguay, Peru, Rumänien, Ungarn, Bolivien, Finnland und Italien haben die Konvention ratifiziert, vier Staaten, China, Ecuador, Brasilien und El Salvador sind der Konvention beigetreten.

584 Vgl. *v. Lovenberg*, Kunst ohne Grenzen, FAZ Nr. 194/98, S. 39.

585 Vgl. *Siehr*, aaO., S. 461.

Erwerber wird somit nicht Eigentümer des Kulturgutes, zumal sich der Erwerber nicht hinsichtlich der vermeintlichen Eigentümerstellung des Verkäufers in gutem Glauben befand, sondern hinsichtlich der fehlenden Gesetzwidrigkeit der Veräußerung, die nicht dem Gutglaubensschutz unterfällt. Andererseits wäre bei einer Weiterveräußerung des Kulturgutes durch den Erwerber der Tatbestand des § 932 BGB erfüllt. Der Dritterwerber würde gutgläubig den Besitz der Sache erlangen. Würde nun Dänemark auf Herausgabe des Kulturgutes in Deutschland klagen, so müßte, wenn beide Staaten das Übereinkommen ratifiziert hätten, der Klage entsprochen werden, da der Dritterwerber auch gutgläubig kein kondiktionsfestes Eigentum erwerben konnte, der bloße gutgläubige Erwerb würde keinen Hinderungsgrund für eine Rückgabe an den Ursprungsstaat darstellen.[586] Vielmehr wäre der gutgläubige Erwerber durch eine "fair and reasonable compensation" gemäß Art. 4 Abs. 1 des Übereinkommens für den Verlust seiner wohlerworbenen Rechte zu entschädigen.[587]

Das Übereinkommen von UNIDROIT folgt der Tendenz, neben den bestehenden Regelungen des IPR für den Schutz von Kulturgütern sonderprivatrechtliche Regelungen zu schaffen.[588] In der Sache wird Kulturgut zu "res extra commercium", auch wenn dieser Begriff im Übereinkommen nicht zu finden ist.[589] Gutgläubiger Erwerb ist nicht möglich. Das Übereinkommen bewirkt eine unbedingte Herausgabepflicht illegal exportierter Kulturgüter. Ein unter der Geltung des jeweiligen nationalen Rechts kondiktionsfester Eigentumserwerb wird durch das Übereinkommen ignoriert, da gutgläubiger Eigentumserwerb gemäß Art. 6 des Übereinkommens gerade keinen Ablehnungsgrund für die Rückgabe an den Ursprungsstaat darstellen soll. Der Anspruch des Ursprungsstaates resultiert ersichtlich nicht aus einer privatrechtlichen Position. Denn der Staat selbst hat weder Eigentum noch Besitz an den durch die Kulturgüterschutzgesetze erfaßten Kulturgütern. Dennoch soll die allein hoheitlich begründbare Kontrollbefugnis des Staates an den Kulturgütern ausreichen, um selbst wohlerworbene Eigentumsrechte zu ignorieren.

Es ist daher STOLL zuzustimmen, der zu Recht die Forderung aufstellt, daß zumindest der Staat, in dessen Bereich der Veräußerungsvorgang stattfindet, entscheiden können muß, ob dem Verkehrsinteresse oder dem Interesse eines Dritt-

---

586 Vgl. Artt. 6, 7 des Übereinkommens; *Siehr*, aaO., S. 461.

587 Vgl. *Siehr*, aaO., S. 461 f.; *Staudinger-Stoll*[13], IntSachR, RN 109.

588 Vgl. *Staudinger-Stoll*[13], IntSachR, RN 109; auch *Jayme*, IPR, S. 100 ff.

589 Anders als etwa in dem programmatischen Titel des Festschriftbeitrages von *Siehr*, Kulturgüter als res extra commercium im internationalen Rechtsverkehr, in: FS Reinhold Trinkner zum 65. Geburtstag, 1995, S. 703 ff., 715-717 m.w.N.

staates der Vorrang an dem streitgegenständlichen Kulturgut gebührt.[590] Diese souveräne Entscheidung eines Staates wird durch die Schaffung eines Sonderprivatrechts zur Berücksichtigung auch von öffentlich-rechtlichen Ansprüchen unterlaufen, da die Regelungen über die Behandlung von Kulturgütern im internationalen Rechtsverkehr in aller Regel von Staatsinteressen bestimmt sind. Es würden sich in bestimmten Bereichen nicht handelbare Güter herausbilden, ohne daß auf die Regelungen des IPR und der nationalen Rechte über den Verkehrsschutz Rücksicht genommen wird.

b) Art. 12 der EG-Richtlinie 7/93/EWG

Auch Art. 12 EG-Richtlinie 7/93/EWG vom 15.03.1993 (RL) berührt Fragen des gutgläubigen Erwerbs von Kulturgütern. Art. 12 RL lautet: "Die Frage des Eigentums an dem Kulturgut nach erfolgter Rückgabe bestimmt sich nach dem Recht des ersuchenden Mitgliedstaates."[591] Ob durch diese Vorschrift im Ausland bereits wohlerworbene Rechte an einem Kulturgut respektiert werden, läßt sich aufgrund der Formulierung nicht klar beantworten. Die Problematik soll anhand eines Beispiels verdeutlicht werden.

Ein Kulturgut, das ursprünglich in Dänemark belegen war, wird unter Verstoß gegen das dänische Kulturgüterschutzgesetz nach Deutschland exportiert und dort von einem deutschen Käufer erworben. Auf einer Auktion wird dieses Kulturgut von einem deutschen Drittkäufer gutgläubig erworben. Der dänische Staat macht nunmehr Rückübertragungsansprüche an dem Kulturgut geltend.

In Deutschland ist die Richtlinie durch Gesetz vom 15.08.1998 in nationales Recht transformiert worden.[592] Nach Art. 12 RL würde sich die Frage der Eigentumsverhältnisse an diesem Kulturgut nach dänischem Recht richten. Fraglich ist aber, ob es sich bei Art. 12 RL um eine Sachnorm- oder Gesamtverweisung handelt. Wäre letzteres der Fall, wäre aufgrund der Regelungen des dänischen IPR auf den Dritterwerb deutsches Sachenrecht als lex rei sitae anwendbar. Der Drittkäufer wäre nach deutschem Recht in seinem guten Glauben an die Eigentümerstellung des Ersterwerbers geschützt. Die wohlerworbene Eigentümerstellung würde somit grundsätzlich anerkannt, so daß der gutgläubige Erwerber sein Eigentumsrecht dem Herausgabeanspruch entgegenhalten könnte.

---

590 Vgl. *Staudinger-Stoll*[13], IntSachR, RN 295.

591 Vgl. ABlEG 1993, Nr. L 74/74. Im Rahmen der Umsetzung ist die Regelung teilweise mit unterschiedlichen Akzenten in die nationalen Gesetze übernommen worden, vgl. in Deutschland §§ 4, 8 KultGüRückG, in Dänemark Lov 1993-12-22 nr. 1104 i.V.m. Art. 12 der Richtlinie, in Schweden § 17 Kap. 6 KML. Im einzelnen s.u.

592 BGBl. I 1998, S. 3162 ff.

Dies scheint durch § 4 Abs. 2 KultGüRückG auch nochmals verdeutlicht zu werden. Dort heißt es: "Bürgerlich-rechtliche Ansprüche und Rechte auf das Kulturgut werden durch die Rückgabeansprüche im Sinne des § 5 dieses Gesetzes nicht berührt."[593] § 5 KultGüRückG bezieht sich aber gerade auf Rückforderungsansprüche anderer EU-Mitgliedstaaten.

aa) Deutsche Literatur

Ob tatsächlich die bürgerlich-rechtlichen Ansprüche an dem Kulturgut bei dessen Rückgabe unberührt bleiben und ob es sich bei Art. 12 RL um eine Sachnorm- oder Gesamtverweisung handelt, ist in der Literatur umstritten. SIEHR ist der Ansicht, daß eine Anerkennung wohlerworbener Rechte durch Art. 12 RL generell ausgeschlossen sei, was sich aus der englischen Begründung des Entwurfs ergebe.[594] Dies gelte selbst für den Fall der Ersitzung.[595] Weitere Argumente außer dem Verweis auf die englische Begründung des Entwurfs werden jedoch nicht vorgebracht.

Der Ansicht SIEHRS kann nicht gefolgt werden. Auch SIEHR räumt ein, daß aus der deutschen Begründung des Entwurfs sich die Schaffung einer res extra commercium nicht entnehmen lasse.[596] So ist die extensive Interpretation auch nicht zwingend.[597] Vor allem wird durch diese extensive Interpretation der Regelungsbereich der Richtlinie verlassen. Denn die Richtlinie begründet nicht etwa den Ausschluß der privatrechtlichen Zuordnung von Eigentumsverhältnissen an dem Kulturgut. Vielmehr wird durch die Richtlinie ein als öffentlich-rechtlich zu definierender Herausgabeanspruch geschaffen. Mit diesem Herausgabeanspruch wird aber gerade nicht in das internationale Privatrecht eingegriffen, sondern die mit diesem Herausgabeanspruch verbundenen privatrechtlichen Probleme werden der Lösung durch das nationale Recht übertragen, wie sich auch aus § 4 Abs. 2 KultGüRückG ergibt. Diese Konsequenz würde in ihr Gegenteil verkehrt, würde man mit SIEHR in Art. 12 RL den Ansatzpunkt für die Schaffung einer res extra commercium sehen, wodurch die nach dem Privatrecht der Staaten respektierten wohlerworbenen Rechte an dem Kulturgut ignoriert würden.

---

[593] BGBl. I 1998, S. 3162 ff.

[594] Vgl. *Siehr*, Vereinheitlichung des Mobiliarsachenrechts, RabelsZ 59 (1995), S. 455-468, 466.

[595] Vgl. *Siehr*, aaO., S. 467.

[596] Vgl. *Siehr*, aaO., S. 466, FN 50.

[597] Vgl. *Pfeiffer*, Die Entwicklung des Internationalen Vertrags-, Schuld- und Sachenrechts in den Jahren 1995/96, NJW 1997, S. 1207 ff., 1216.

Allenfalls könnte überlegt werden, ob durch Art. 12 RL eine eigene Kollisionsnorm für Kulturgüter geschaffen worden ist. Wenn Art. 12 RL die Zuordnung des Eigentums an dem Kulturgut dem nationalen Recht überträgt, könnte hierin ein Ausschluß der Regelungen des internationalen Privatrechts gesehen werden, der von der bisher geltenden Regelung der lex rei sitae abweicht.[598] Fraglich ist, ob in dem Verweis auf das Recht des ersuchenden Staates ein Verweis auf das Kollisionsrecht oder auf die Sachnormen des Staates zu sehen ist. Diese Streitfrage dürfte in Deutschland durch § 8 KultGüRückG zugunsten der Sachnormverweisung gesetzlich entschieden sein, nachdem nicht, wie bei einer wörtlichen Übernahme der Regelungen der Richtlinie, von dem "Recht" des ersuchten Mitgliedstaates gesprochen wird, sondern von dessen "Sachvorschriften".[599] Auch nach der Begründung der Kommission wird man von einer Sachnormverweisung sprechen müssen.[600] Denn aus der Begründung der Kommission ergibt sich, daß mit der Richtlinie bezweckt werden soll, den gutgläubigen Erwerb illegal exportierter Kulturgüter außerhalb des Herkunftsstaates zu verhindern.[601] Daß damit Rechtspositionen unberücksichtigt bleiben, die durch den Statutenwechsel durch die nun geltenden Rechtsordnungen vor der Rückführung erworben wurden, wird damit begründet, daß diese Rechtsnormen nur aufgrund des Verstoßes gegen das Ausfuhrverbot zur Anwendung gelangen konnten.[602]

Die Regelung der Richtlinie hat Kritik gefunden. So spricht SCHMEINCK von einer massiven Gefahr für den Rechtsfrieden und die Rechtssicherheit.[603] Die an der Eigentumsübertragung beteiligten Personen könnten sich in Zukunft nicht

---

598 Vgl. *Jayme/Kohler*, Europäisches Kollisionsrecht 1994, Quellenpluralismus und offene Kontraste, IPRax 1994, S. 405-415; S. 408.

599 Vgl. BGBl. I 1998, S. 3163.

600 Vgl. die Begründung der Kommission zu Art. 13 des Richtlinienvorschlages, KOM (91) 447 ABl. 1992 C 53/11; aus der Literatur etwa *Jayme, IPR, S. 171; Jayme/Kohler*, Europäisches Kollisionsrecht 1994, Quellenpluralismus und offene Kontraste, S. 408; *Roth*, Angleichung des IPR durch sekundäres Gemeinschaftsrecht, IPRax 1994, S. 165-174, 173; *Schmeinck*, Internationalprivatrechtliche Aspekte des Kulturgüterschutzes, S. 196 f.; Zweifelnd *Siehr*, Anmerkungen, NJW 1995, S. 853, während *Jayme/Kohler*, aaO., S. 408, die Ausführungen von *Siehr* in dessen Aufsatz, Handel mit Kulturgütern in der EWG, NJW 1993, S. 2206 ff., 2207 rechte Spalte; ebenfalls als Befürworter einer Sachnormverweisung zitieren. Die Kritik von *Siehr* erscheint auch nicht stichhaltig, wenn er in NJW 1995, S. 853, darauf hinweist, daß sich die Richtlinie nicht um das Eigentum kümmere. Dies ist bezüglich der Sachnormverweisung kein Widerspruch, da auch in diesem Fall die Frage des Eigentums nicht durch die Richtlinie, sondern durch die nationalen Sachnormen entschieden wird.

601 Vgl. *Jayme/Kohler*, aaO., S. 408.

602 Vgl. KOM (91) 447 ABl. 1992 C 53/11.

603 Vgl. *Schmeinck*, aaO., S. 196.

mehr darauf verlassen, daß ein nach dem Belegenheitsstatut wirksam erfolgter Eigentumserwerb nach einem späteren Wechsel des Aufenthaltsortes des Kulturgutes weiterhin seine Wirksamkeit entfalten werde. Im übrigen sei die Regelung deshalb problematisch, weil sie nur auf illegal exportierte Kulturgüter Anwendung finden würde, nicht jedoch auch auf gestohlene.[604]

VAN HECKE[605] ist der Ansicht, daß der Anspruch des Staates bei der nicht bewilligten Ausfuhr nicht aus dem tatsächlichen Besitz, sondern aus einer gesetzlichen Aneignung (dominium eminens) folge. Dieser Erklärungsversuch geht jedoch nicht weit genug, da die Richtlinie der EG einen Klaganspruch des ersuchenden Staates nicht von dem Bestehen eines Aneignungsrechtes abhängig macht. Welche Konsequenzen der Staat nach erfolgter Rückführung zieht, bleibt ihm selbst vorbehalten und ist nicht Anspruchsvoraussetzung. Die Richtlinie ermöglicht es dem Staat jedoch, mögliche Reaktionen nach nationalem Recht auf der Grundlage seiner Rechtsordnung durchsetzen zu können.[606]

bb) Schwedische Regelung

Auch Schweden hat durch Gesetz 1994:1523 die Richtlinie 93/7/EWG in Kap. 6 des schwedischen Denkmalschutzgesetzes übernommen. § 17 Kap. 6 KML übernimmt dabei die Regelung des Art. 12 RL, wo es heißt, daß "bei der Rückgabe eines ungesetzlich ausgeführten Kulturgutes sich das Eigentumsrecht an dem Kulturgut nach dem Recht des zurückfordernden Staates richtet."[607]

Nach schwedischem internationalen Privatrecht bestimmt entsprechend der lex rei sitae das Recht des Landes, in dem sich das Kulturgut befindet, die sachenrechtlichen Wirkungen.[608] In der Literatur wird die Auffassung vertreten, dieses Prinzip sei durch Art. 12 RL durchbrochen, da sich das Eigentumsrecht nicht nach dem Recht des Belegenheitsstaates, sondern nach dem Recht des rückfordernden Staates richten solle.[609] Um diesen Konflikt zu regeln, wurde mit § 17 Kap. 6 KML eine Sonderregelung für die Anknüpfung der Bestimmung sachen-

---

604 Vgl. *Schmeinck*, aaO., S. 197.

605 Vgl. *van Hecke*, Nochmals: Der ausländische Staat als Kläger, IPRax, 1992, S. 205 f., S. 206.

606 Vgl. auch *Roth*, aaO., S. 173.

607 Vgl. § 17 Kap. 6 KML: Om ett olagligt bortfört kulturföremål återlämnats, skall äganderätten till föremål bestämmas enligt den återkrävande statens lag.

608 Vgl. *Bogdan*, Svensk internationell privat- och processret, 5. Aufl., S. 273 ff.; *Adlercreutz/Karnov* (S), 3. Bd., FN 141 zu Lag 1988:950, S. 3647.

609 Vgl. *Adlercreutz/Karnov* (S), 3. Bd., FN 141 zu Lag 1988:950, S. 3647; *Bogdan*, aaO., S. 278.

rechtlicher Wirkungen geschaffen, die eine Sachnormverweisung auf das Recht des zurückfordernden Staates enthält.[610] Insbesondere in den Fällen, in denen nach dem Recht des zurückfordernden Staates ein gutgläubiger Erwerb nicht anerkannt wird, nach der Situs-Regel jedoch anerkannt würde, könne durch die Sonderanknüpfung ein einmal erworbenes Eigentumsrecht verloren gehen. Dieser Rechtsverlust werde durch die zwingende Entschädigungsregelung des § 7 Kap. 6 KML ausgeglichen.[611] Auf der anderen Seite könnte, wenn Schweden das Kulturgut zurückfordern würde, derjenige welcher das Kulturgut illegal ausgeführt hat, von der "relativ generösen" schwedischen Regelung des gutgläubigen Erwerbs profitieren.[612] Nach Ansicht der schwedischen Literatur wird somit durch Art. 12 RL nicht generell eine Anerkennung wohlerworbener gutgläubiger Rechte versagt, sondern nur dann, wenn das Recht des zurückfordernden Staates keinen Fall eines gutgläubigen Erwerbs anerkennt.

cc) Stellungnahme

Die Kritik an der Regelung des Art. 12 RL ist berechtigt. Zwar wird man nicht das Argument heranziehen können, es läge eine unterschiedliche Beurteilung von illegal ausgeführtem und gestohlenem Kulturgut vor.[613] Gerade in der Nichtberücksichtigung von gestohlenem und damit gegen den Willen des Besitzers abhanden gekommenen Kulturgut in der Richtlinie kann die Begründung der Berechtigung für die Sachnormverweisung in Art. 12 RL gesehen werden. Denn die Rechtspositionen an gestohlenen Gegenständen werden nach den geltenden Grundsätzen des IPR zu lösen sein. Die Tatsache, daß das Diebstahlsobjekt ein Kulturgut ist, zwingt nicht zu einer besonderen Behandlung. Anders ist dies jedoch bei illegal ausgeführten Kulturgütern. Denn bei einer illegalen Ausfuhr wird nicht etwa gegen das Eigentumsrecht des Kulturgutbesitzers verstoßen, sondern gegen das Recht des Staates, bestimmte wertvolle Kulturgüter im Lande zu sichern, da sie einen Teil seines Kulturerbes ausmachen. Es ist nicht mehr das private Eigentum des Besitzers des Kulturgutes, das geschützt werden muß, sondern das öffentliche Interesse des Staates und die Respektierung seines Verbotsgesetzes.[614] Gerade dieses Intersse wird durch die Richtlinie geschützt, indem dem Staat ein Klagerecht eingeräumt wird, welches nur auf der Verletzung seines Ausfuhrverbotes beruht. Mit Art. 12 RL soll offensichtlich auf sachenrechtlicher Ebene versucht werden, einen Gleichklang herzustellen zwischen der

---

610 Vgl. *Adlercreutz/Karnov* (S), 3. Bd., FN 141 zu Lag 1988:950, S. 3647.

611 Vgl. *Adlercreutz/Karnov (S),* aaO.

612 Vgl. *Bogdan*, aaO, S. 273 ff.

613 So aber *Schmeinck*, aaO., S. 197.

614 Vgl. *van Hecke*, aaO., IPRax, 1992, S. 205 f., S. 206.

Klagemöglichkeit des Staates aufgrund der Verletzung seines Ausfuhrverbotes und der Möglichkeit, aus dieser Verletzung nach der eigenen Rechtsordnung die notwendigen Konsequenzen zu ziehen.[615]

Daraus ergibt sich aber gerade nicht die Schlußfolgerung, daß aufgrund der Kollisionsregelungen des IPR wohlerworbene Rechte an dem Kulturgut ignoriert werden müßten. Nach dem neutralen Wortlaut des Art. 12 RL ist auch eine Gesamtverweisung auf das Recht des Herkunftsstaates einschließlich dessen Kollisionsrechts möglich. Würde aber tatsächlich durch eine Sachnormverweisung ausschließlich das Recht des Herkunftsstaates auf die Frage der sachenrechtlichen Berechtigung an dem Kulturgut angewandt, würden nach internationalem Recht wirksame Erwerbsvorgänge (und seien sie auch nur aufgrund gutgläubigen Erwerbs) ignoriert. Die Einräumung einer Klagebefugnis für den Staat kann somit nicht dazu führen, daß nunmehr ausschließlich das Sachrecht des Herkunftsstaates für die Rechtsstellung an dem Kulturgut ausschlaggebend sein soll. Wohlerworbene Rechte aufgrund von Erwerbsvorgängen im Ausland sind nach wie vor zu respektieren, wenn nach erfolgter Rückführung über die Eigentumsrechte an dem Kulturgut zu befinden ist.

Daß deshalb in der Regelung des § 8 KultGüRückG eine Entscheidung zugunsten der Sachnormverweisung getroffen wurde, kann nicht überzeugen. Im Sinne der Rechtssicherheit des IPR wäre eine - nach dem Wortlaut der Richtlinie mögliche - Gesamtverweisung sinnvoller gewesen.[616] In der Gesetzesbegründung ist zu dieser Frage, mit der immerhin Grundsätze des IPR in Frage gestellt werden,[617] nicht Stellung genommen worden.[618]

Unabhängig von der Frage einer Gesamtverweisung oder einer Sachnormverweisung würde auch eine Sachnormverweisung nicht zum Ausschluß der Anerkennung gutgläubigen Erwerbs führen. Zwar würde bei Anwendung der Sachnormen das jeweilige Verbotsgesetz als zwingende Regelung des Forumstaates angewandt. In der Regel wird aber bei dem Tatbestand eines gutgläubigen Dritterwerbs kein Verstoß gegen das Kulturgüterschutzgesetz des Forumstaates vorliegen. Würde etwa in Deutschland ein deutsches Kulturgut durch die Klage aufgrund der Richtlinie zurückgeführt, das illegal von Deutschland nach Dänemark

---

615 Vgl. *Roth*, aaO., S. 173.

616 Für eine Gesamtverweisung auch *Müller-Katzenburg*, aaO., S. 285 f. A.A. *Roth*, aaO.; MünchKomm-*Kreuzer*, RN 195 nach Art. 38 Anh. I; differenzierend wohl *Soergel-Lüderitz*, RN 110 Anh. II Art. 38.

617 So ausdrücklich zu Recht für Schweden *Adlercreutz/Karnov (S)*, RN 128, 141 KML, S. 3645, 3647.

618 Vgl. BT-Drucksache 10789, 13. Wahlperiode vom 26.05.1998, S. 9 f.

exportiert und vom dänischen Ersterwerber an einen schwedischen Käufer weiterveräußert wurde, wird man auch unter Berücksichtigung des deutschen Sachrechts die Weiterveräußerung als wirksam ansehen müssen. Denn in der Weiterveräußerung liegt kein Verstoß gegen das Ausfuhrverbot des Kulturgüterschutzgesetzes, das lediglich eine Verbringung aus Deutschland verbietet. Oben, S. 121 wurde nachgewiesen, daß eine Erstreckung des Ausfuhrverbotes auf alle Erwerbsvorgänge nicht erfolgen kann. Damit würde auch nach dem jeweiligen Sachrecht der gutgläubige Eigentumserwerb des schwedischen Käufers anerkannt werden. Auch bei einer Sachnormverweisung kann es somit zu einem fehlenden Gleichlauf mit den sachenrechtlichen Bestimmungen kommen.

Die Durchbrechung des Grundsatzes der lex rei sitae durch Art. 12 RL erscheint somit nicht gerechtfertigt.

III. Sachenrechtliche Alternativen zur Sicherung des Kulturgutes im Herkunftsstaat

Nach den untersuchten Rechtsordnungen wird regelmäßig bei einer Weiterveräußerung außerhalb des Herkunftsstaates ein gutgläubiger Erwerb von illegal ausgeführtem Kulturgut möglich sein.

1. Ergänzung der Regelungen des gutgläubigen Erwerbs durch ein Lösungsrecht?

Teilweise wird ein Lösungsrecht, wie es in Schweden für die Fälle des gutgläubigen Erwerbs besteht,[619] als Alternative zur Verhinderung gutgläubigen Erwerbs von Kulturgütern angesehen.[620] Man wird jedoch zu berücksichtigen haben, daß es sich bei der Einführung eines Lösungsrechts um eine prinzipielle Entscheidung im Bereich des Sachenrechts handelt. Ob man die in den einzelnen Staaten vorhandenen Regelungen in einem Teilbereich zugunsten eines Lösungsmodells abwandeln soll, das jedenfalls dem deutschen Modell des gutgläubigen Erwerbs nicht entspricht,[621] erscheint fraglich. Denn die Übernahme des schwedischen Lösungsrechts in die jeweiligen nationalen Regelungen des gutgläubigen Erwerbs nur für Kulturgüter würde die Übernahme nur eines Teils einer anderen Sachenrechtsordnung bedeuten. Da jedoch gerade im Bereich des gutgläubigen Erwerbs die grundlegende Entscheidung für oder gegen die Kon-

---

619 Vgl. oben S. 152 f.

620 Vgl. *Siehr*, Gutgläubiger Erwerb, S. 287; *Reichelt*, Internationaler Kulturgüterschutz, S. 18.

621 Vgl. *Siehr*, Gutgläubiger Erwerb, S. 291.

diktionsfestigkeit von gutgläubig erworbenem Eigentum getroffen wird, kann schwerlich für Kulturgüter eine andere Regelung getroffen werden.[622]

2. Ausschluß gutgläubigen Erwerbs durch eine Registerlösung

Um einen Erwerb von Kulturgütern zu verhindern, bietet sich mit der deutschen Lösung des Verzeichnismodells für Kulturgüter ein zweiter Weg an.

a) Publizität eines Kulturgutregisters

Ähnlich wie der öffentliche Glaube des Grundbuchs könnte eine Eintragung des Kulturgutes in das Verzeichnis der schützenswerten Kulturgüter den gutgläubigen Erwerb ermöglichen oder verhindern. Ist das Kulturgut in das Verzeichnis eingetragen, so kann sich aufgrund dieses Eintrags niemand darauf berufen, er habe von der Kulturgütereigenschaft keine Kenntnis gehabt. Diese Eintragung könnte auch gegenüber Dritten wirken, so daß ein gutgläubiger Erwerb bei Weiterveräußerung mangels guten Glaubens unmöglich wäre.[623] Damit wäre der Intention der jeweiligen Kulturgüterschutzgesetze Genüge getan. Eine andere Frage ist, ob ein solches Verzeichnis auch im Ausland anerkannt würde.

b) Art Loss Register (ALR)

Um die Publizität eines Registers zu erreichen, müßte ein solches Register möglichst international angelegt werden, um einen umfassenden Überblick über geschützte und illegal exportierte Kulturgüter zu schaffen. Ein gutgläubiger Erwerb könnte dann nicht erfolgen, wenn in einem solchen international anerkannten Register das zu erwerbende Kulturgut als illegal exportiert verzeichnet wäre. Die Idee eines (internationalen) Registers ist nicht neu und in der Schaffung des Art Loss Registers (ALR) 1990 in London[624] und in New York[625] für den Bereich von gestohlenen Kunstgegenständen bereits realisiert.[626] Allerdings bezieht sich das Register ausschließlich auf die Registrierung von gestohlenen

---

622 So im Ergebnis auch *Siehr*, Gutgläubiger Erwerb, S. 291.

623 Für eine solche Registerlösung tritt z.B. *Hanisch*, Internationalprivatrechtliche Fragen im Kunsthandel, in: FS für Müller-Freienfels, S. 223, ein. Wenn *Schmeinck*, S. 151 f., darauf hinweist, daß eine solche Eintragung die entsprechenden Behörden hoffnungslos überlasten würde, ist zu berücksichtigen, daß in Deutschland dieses Register aufgrund des Kulturgüterschutzgesetzes bereits vorhanden ist.

624 The Art Loss Register, 13 Grosvenor Place, London SW IX 7 HH.

625 The Art Loss Register, 46 East 70th Street, New York, NY 10021.

626 Vgl. die umfangreichen Ausführungen von *Müller-Katzenburg*, aaO., S. 324 ff. m.w.N.; *Schmeinck*, aaO., S. 150 ff.; 205 (die jedoch keinen Hinweis auf die Existenz des ALR gibt).

Kunstgegenständen. Durch das Register soll es dem Kunsthandel, namentlich den großen Auktionshäusern ermöglicht werden, dem Handel mit gestohlenem Kulturgut vorzubeugen und so den Handel mit gestohlenen Kunstwerken einzudämmen. Soweit vorgeschlagen wird, daß das Register auf illegal exportierte Kunstgegenstände erstreckt werden soll,[627] wird jedoch übersehen, daß illegale Ausfuhren im Gegensatz zu Diebstählen in aller Regel mit Wissen und Billigung des Eigentümers erfolgen. Aus diesem Grunde dürfte zum einen der Anreiz fehlen, Kunstwerke bei dem ALR registrieren zu lassen, zum anderen für das ALR kaum eine Möglichkeit bestehen, die erforderlichen Informationen zu erhalten. Denn nach der bisherigen Ausgestaltung ist das ALR auf die freiwillige Anmeldung durch die Eigentümer angewiesen.

c) Lost Art Internet Database (LOSTART)

In Deutschland existiert ein ähnliches Internetprojekt des Bundes und der Länder, das durch die 1991 vom Bund gegründete Dokumentationsstelle für die Rückführung kriegsbedingt verbrachter deutscher Kulturgüter errichtet wurde.[628] Dieses Internetprojekt soll es privaten Besitzern von in Folge von Kriegsereignissen vermißten Kulturgütern ermöglichen, diese Kulturgüter zu recherchieren und Ansprüche anzumelden. Allerdings ist auch dieses Projekt nicht geeignet, als Grundlage für ein Register zu dienen, mit dem der gutgläubige Erwerb illegal ausgeführter Kulturgüter verhindert werden kann, da sich das Projekt auf die Recherche verschollener Kulturgüter beschränkt.

d) Ausschluß gutgläubigen Erwerbs durch ein Kulturgutregister

Ansatzpunkt kann daher nur die Nutzung eines bestehenden oder die Schaffung eines neuen nationalen oder internationalen Registers sein, in dem diejenigen Kunstwerke aufgeführt werden, die den Ausfuhrverboten nationaler Gesetze unterfallen. In Deutschland besteht in der Veröffentlichung des Verzeichnisses der schützenswerten Kulturgüter in periodischen Abständen im Bundesanzeiger bereits ein grundsätzlich zugängliches Verzeichnis der dem deutschen Kulturgüterschutzgesetz unterfallenden Kunstwerke. Allerdings stellt sich das Problem des gutgläubigen Erwerbs in der Regel erst bei einem Weiterverkauf im Ausland. Es ist somit fraglich, ob in diesem Fall ein gutgläubiger Erwerb eines Dritten ausgeschlossen werden kann, nur weil im Herkunftsstaat des Kulturgutes ein Verzeichnis der schützenswerten Kulturgüter existiert.

Hier wäre zu differenzieren. Soweit die Ansicht vertreten wird, daß durch eine Erkundigungspflicht des Erwerbers etwa beim ALR der gutgläubige Erwerb

---

627 So *Müller-Katzenburg*, aaO., S. 332, FN 348.

628 Nähere Information hierzu unter der Internetadresse http://www.lostart.de.

eingeschränkt würde,[629] kann damit lediglich der Sorgfaltsmaßstab bei dem Erwerb gestohlenen Kulturgutes verschärft werden. Abgesehen davon, daß das ALR es in erster Linie dem Kunsthandel ermöglichen soll, gestohlene Kulturgüter zu erkennen, ist der gutgläubige Erwerb beim Weiterverkauf vom Ersterwerber eines illegal exportierten Kulturgutes durch das Bestehen eines Registers nicht betroffen. Denn für den potentiellen Erwerber muß sich die Gutgläubigkeit nicht auf das Bestehen oder Nichtbestehen von kulturgüterschützenden Vorschriften beziehen, sondern auf die Eigentümerstellung des Veräußerers. Insoweit besteht ein Unterschied zwischen der durch ein Register erworbenen Kenntnis, ob es sich bei einem Kulturgut um ein gestohlenes oder ein illegal exportiertes Kulturgut handelt. Bei der Weiterveräußerung von gestohlenem Kulturgut kann allein aufgrund der gesetzlichen Vorschriften nicht der Eigentümer handeln. Ist dem Erwerber daher aufgrund eines Registers bekannt, daß es sich bei dem Kulturgut um gestohlene Ware handelt, ist ein gutgläubiger Erwerb ausgeschlossen. Erkennt der Erwerber aus einem Register aber, daß es sich bei dem Kulturgut um illegal ausgeführtem Kulturgut handelt, sagt dies für ihn direkt nur etwas über die Genehmigungsfähigkeit einer Ausfuhr dieser Kulturgüter aus, nicht jedoch über die Eigentümerstellung des Veräußerers. Denn ob der Zweitveräußerer das Kulturgut selbst wirksam erworben hat oder der Erwerb wegen Verstoßes gegen das Ausfuhrverbot nichtig war, ergibt sich nicht allein aus der Tatsache, daß es sich um ein geschütztes Kulturgut handelt.

e) Schaffung einer Erkundigungspflicht

Man könnte daher nur über die Statuierung weitergehender Erkundigungspflichten zu dem Ausschluß des gutgläubigen Erwerbs kommen. Wenn ein Erwerber Kenntnis von der Genehmigungspflichtigkeit der Ausfuhr eines Kulturgutes hat oder hätte haben müssen,[630] sind dem Erwerber die Tatsachen bekannt, aus denen sich das Fehlen der unbeschränkten der Veräußerungsbefugnis des Eigentümers ergibt. Liegt ein Fall der Weiterveräußerung vor, und kann der Ersterwerber keine Genehmigung zur Ausfuhr des Kulturgutes vorlegen, ergibt sich aus der Eintragung des Kulturgutes, daß der Ersterwerber kein Eigentum erlangen konnte. In dem Fall, in dem der Erstwerber eines nach seiner Kenntnis zur Ausfuhr einer Erlaubnispflicht unterliegenden Kulturgutes nicht das Bestehen einer Ausfuhrerlaubnis nachweist, muß der Zweiterwerber davon ausgehen,

---

629 So etwa *Schmeinck*, aaO., S. 150,152,205; *Jaeger*, aaO., S. 159; *Müller-Katzenburg*, aaO., S. 329, 330.

630 Vgl. etwa den Fall Parter v. Wertz, N.Y.S. 2d, 254, 257, 258, in dem einer Kunstgalerie bei dem Erwerb eines Gemäldes von UTRILLO, das abhanden gekommen war, vorgeworfen wurde, sich nicht ausreichend nach den Eigentumsverhältnissen und der Verfügungsbefugnis des Veräußerers erkundigt zu haben, vgl. auch *Müller-Katzenburg*, aaO., S. 320 ff.

daß die Ausfuhr des Kulturgutes aus dem Herkunftsstaat verbotswidrig erfolgte, die Veräußerung nichtig war und damit ein wirksamer Vorerwerb nicht vorlag.

Dies würde allerdings voraussetzen, daß ausdrückliche Ausfuhrerlaubnisse erteilt werden. Dies ist war nach der nationalen Regelung in Dänemark nicht der Fall. Dort wird vielmehr eine Ausfuhrerlaubnis fingiert, wenn nicht innerhalb von drei Monaten ein Ausfuhrersuchen abgelehnt worden ist.[631] Allerdings setzt nunmehr die auch für Dänemark gütige EG-Verordnung in Art. 2 Abs.1 die Erteilung einer Erlaubnis voraus.[632]

Ferner müßte die Pflicht bestehen, die Ausfuhrerlaubnis bei jedem Verkauf vorzulegen. Zumindest im professionellen Kunsthandel ist ein Verkauf nur mit entsprechendem Ausfuhrzertifikat und die Kenntnis der jeweiligen nationalen Register zu fordern. Es ist somit zumutbar zu überprüfen, ob das entsprechende Kulturgut in dem Register eingetragen ist. In diesem Fall besteht eine Erkundigungspflicht, wenn sich der Erwerber auf einen gutgläubigen Erwerb berufen will.[633] Auch würde zumindest in Deutschland eine Erkundigungspflicht auch bezüglich eines ausländischen Registers anerkannt werden.[634]

Durch die Schaffung eines Registers könnte mithin der gutgläubige Dritterwerb eingeschränkt werden.[635] Zu begrüßen ist, daß auch der deutsche Gesetzgeber diesen Denkanstoß aufgegriffen hat. So ist § 4 KuSchG durch das Kulturgutsi-

---

631 Vgl. Lov 1986-06-04 nr. 332, § 6 Abs. 2.

632 Vgl. Art. 2 Abs. 1 VO und oben S. 45 f.

633 Vgl. etwa BGH Urt. v. 11.03.1991, NJW 1991, S. 1415, zur Frage der Bösgläubigkeit eines Gebrauchtwagenkäufers. Der BGH hat zu Recht darauf abgestellt, daß derjenige bei einem Gebrauchtwagenkauf nicht in gutem Glauben ist, der sich nicht aufgrund der Eintragungen im KfZ-Brief davon überzeugt, daß der Handelnde Eigentümer des Fahrzeuges ist. Überträgt man diese Rechtsprechung auf den hier untersuchten Fall, so wäre, würde man dem Kulturgüterregister einen weitergehenden Beweiswert zubilligen, ebenfalls bei einer fehlenden Erkundigung über die Eintragung des Kulturgutes ein gutgläubiger Erwerb ausgeschlossen.

634 Bleibt man bei dem Beispielsfall des Erwerbes eines Gebrauchtwagens und dem Beweiswert des KfZ-Briefs, so hat das OLG Celle JZ 1979, S. 608, gerade auch bei dem Erwerb von einem Ausländer, dessen Heimatrecht keinen KfZ-Brief kennt, eine erhöhte Auskunftspflicht des Erwerbers angenommen, um einen gutgläubigen Erwerb anzuerkennen. Würde man deshalb eine generelle Eintragungspflicht von schützenswertem Kulturgut auch im Ausland schaffen, wäre eine Erkundigung des Erwerbers über eine Eintragung sowie die Vorlage einer Ausfuhrgenehmigung als Voraussetzung eines gutgläubigen Erwerbs zu fordern.

635 So auch *Müller-Katzenburg*, aaO., S. 332, die jedoch nicht zwischen gestohlenem und illegal exportiertem Kulturgut unterscheidet.

cherungsgesetz um einen zweiten Absatz ergänzt worden, wonach bereits die Einleitung der Eintragung in das Kulturgüterregister öffentlich bekannt zu machen ist.[636] Die erhöhte Erkundigungspflicht wäre zumindest im Bereich des professionellen Kunsthandels gerechtfertigt.[637] Auch würde die Gefahr der Auflösung der Situs-Regel nicht weiter verstärkt.[638] In jedem Fall empfiehlt sich die Beibehaltung der deutschen Registerlösung.

3. Übertragbarkeit des norwegischen Modells

a) Ausschluß gutgläubigen Erwerbs

Die Verhinderung gutgläubigen Erwerbs könnte dadurch gesichert werden, daß ein gutgläubiger Dritterwerb für illegal ausgeführtes Kulturgut weitgehend ausgeschlossen wird. Eine solche Regelung ist in der Literatur bereits vorgeschlagen worden.[639] Wie gezeigt, besteht in Norwegen sogar eine entsprechende gesetzliche Regelung.[640] § 2 Abs. 2 des Gesetzes über den gutgläubigen Erwerb von beweglichen Sachen, Lov Nr. 37 1978, bestimmt, daß ein Dritter an Kunstwerken, Antiquitäten oder Museumsgegenständen auch gutgläubig kein Eigentum erwerben kann, wenn diese sich entweder im öffentlichen Eigentum befinden oder einer privaten Sammlung zugehören, die der Allgemeinheit zugänglich ist.[641]

b) Übertragbarkeit dieses Modells

Die norwegische Regelung über den Ausschluß gutgläubigen Erwerbs könnte bzgl. der zweiten Alternative, der privaten Kunstgegenstände, die sich in einer öffentlich zugänglichen Sammlung befinden, für eine entsprechende Regelung in den anderen Kulturgüterschutzgesetzen zum Vorbild genommen werden. Zum einen wird die Regelung der besonderen Bedeutung und der besonderen Schutzbedürftigkeit herausragender Kulturgüter gerecht, zum anderen wird das Interesse des Schutzes des Rechtsverkehrs dadurch erfüllt, daß der Ausschluß des gutgläubigen Erwerbs bei Kulturgütern in privatem Eigentum auf solche Kulturgü-

---

636 Vgl. BGBl. I 1998, S. 3164.

637 Vgl. *Müller-Katzenburg*, aaO.

638 Vgl. auch MünchKomm-*Kreuzer*, RN 202 nach Art. 38 Anh. I, der ebenfalls eine Erhöhung der Anforderungen an den gutgläubigen Erwerb fordert und sich gegen die Schaffung eines Sondermobiliarsachenrechts wendet.

639 Vgl. *Hanisch*, in: Festschrift für Müller-Freienfels, S. 193, 223; *Schmeinck*, aaO., S. 146 ff.; *Adlercreutz*, Det rörliga kulturarvet, SvJT 1994, S. 39-80, 76.

640 Lov om godtroerverv av løsøre, 02.06.1978, Nr. 37.

641 Vgl. auch *Adlercreutz*, SvJT 1994, S. 76.

ter beschränkt wird, die in öffentlichen Sammlungen ausgestellt sind und der Ausschluß des gutgläubigen Erwerbs somit nur auf einen engen schutzwürdigen Kreis von Kulturgütern beschränkt wird.[642] Ferner ist durch die Beschränkung auf öffentliche Sammlungen die für den Ausschluß des gutgläubigen Erwerbs notwendige Publizität sichergestellt. Im Interesse der Klarheit einer solchen Regelung sollte der Ausschluß des gutgläubigen Erwerbs auch auf die in der norwegischen Regelung genannten objektiven Merkmale beschränkt werden. Obwohl es sich bei dem Ausschluß des gutgläubigen Erwerbs um eine Regelung handelt, die als sachenrechtliche Regelung gegenüber jedermann wirkt, sollte eine solche Regelung in das Kulturgüterschutzgesetz, und nicht wie in Norwegen in die gesetzlichen Regelungen über den gutgläubigen Erwerb aufgenommen werden. Denn es handelt sich um einen punktuellen Ausschluß des gutgläubigen Erwerbs, der sich ausschließlich auf den Bereich des Kulturgüterschutzes beschränkt. In diesem Fall empfiehlt es sich, eine entsprechende Regelung auch nur in das jeweilige Spezialgesetz zu übernehmen.

Man wird auch nicht von einer unnötigen Einschränkung des Verkehrsschutzes sprechen können. Im Gegensatz zur Schaffung eines eigenen Kollisionsrechts bzw. Abkommens, das die Anwendung des Kollisionsrechts für den Bereich des Kulturgüterschutzes ausschließt, wird durch die Übernahme des norwegischen Lösungsmodells das Kollisionsrecht nicht weiter berührt. Es handelt sich um eine Änderung in dem jeweiligen nationalen materiellen Recht des gutgläubigen Erwerbs. Ob und wie diese nationale Regelung auf einen Fall der unerlaubten Ausfuhr auch durch einen anderen als den Ausfuhrstaat angewandt wird, richtet sich ausschließlich nach den Regelungen des Kollisionsrechts, das gerade nicht abgeändert wurde.

Auch sprechen keine Bedenken gegen eine Übernahme in das materielle Recht. Denn es wird die jeweilige Grundkonzeption des gutgläubigen Erwerbs im materiellen Recht nicht geändert. Damit besteht auch ein entscheidender Unterschied zu dem schwedischen Lösungsmodell. Da sich dieses Lösungsmodell auf die grundsätzliche Konzeption des gutgläubigen Erwerbs auswirkt, kann eine punktuelle Übernahme nicht befürwortet werden. Der bloße Ausschluß von schützenswerten Kulturgütern von der Möglichkeit eines gutgläubigen Erwerbs ist demgegenüber keine dem System des gutgläubigen Erwerbs fremde Regelung. Insbesondere im Zusammenspiel mit dem bestehenden Kulturgutregister kann

---

642 Daß auch in Deutschland private Kulturgüter in öffentlichen Sammlungen als besonders wichtiger Bestandteil des nationalen Kulturerbes angesehen werden, ergibt sich aus Ziff. 3 des Beschlusses der Kultusministerkonferenz vom 20.05.1983 (GMBl. 1983, S. 442). Vgl. hierzu *Stich/Burhenne* (Hrsg.), Denkmalrecht der Länder und des Bundes, Ziff. 420, S. 13 ff.

deshalb ohne Beeinträchtigung des Verkehrsschutzes ein solcher Ausschluß erfolgen.

D) Rückführungsansprüche des Staates

Ausgangspunkt der Arbeit ist die Annahme, daß der Eigentümer des Kulturgutes das Kulturgut illegal in das Ausland verbringt. Auch wenn er, wie in der vorangegangenen Untersuchung dargelegt, u.U. Berechtigter des Kulturgutes bleibt, wird er die eigenen Ansprüche in der Regel nicht durchsetzen wollen. Es bleibt somit zu überprüfen, ob und wie die Rückführung eines illegal ausgeführten Kulturgutes zur Sicherung eines effektiven Kulturgüterschutzes durch den Staat als dem an der Bewahrung des Kulturgutes Interessierten zu gewährleisten ist. Insbesondere ist zu überprüfen, ob dem Staat materielle Ansprüche auf Rückführung des Kulturgutes zustehen.

I. Enteignung

Eine eigene Rechtsposition stünde dem Staat zu, wenn er selbst ein dingliches Recht am Kulturgut hätte. Eigentum hat der Staat aber an schützenswerten Kulturgütern gerade nicht, und zwar in keinem der untersuchten Länder. Die Verschaffung von Eigentum durch vorherige Enteignung des privaten Eigentümers des Kulturgegenstandes zugunsten des Staates würde dies ändern und eine klare eindeutige Zuordnung des Kulturgutes an den Staat bewirken. Ob eine zwangsweise Überführung des Eigentums an dem Kulturgut auf den Staat sachgerecht wäre, ist fraglich. Neben den Staat und seinem Interesse an der Bewahrung des Kulturgutes im Lande als Zeugnis seiner besonderen kulturellen Bedeutung tritt der Kunstmarkt mit dem legitimen Interesse am Handel mit möglichst wertvollen Kunstgegenständen und natürlich der Eigentümer des Kulturgutes, der seine Verfügungsbefugnis über sein Eigentum möglichst unbeschränkt nutzen will. Eine zwangsweise Überführung des Eigentums käme von vornherein nur dann in Frage, wenn der Eigentümer gegen die Vorschriften des Kulturgüterschutzes verstoßen hätte.[643] Anderenfalls läge kein Grund für eine Enteignung vor.

Selbst wenn man sich jedoch für eine Enteignung entschließen sollte, wäre fraglich, ob dies zu dem gewünschten Ergebnis führen kann. Eine gesetzliche Regelung müßte sicherstellen, daß das Privateigentum an schützenswertem Kulturgut bei einer unerlaubten Ausfuhr kraft Gesetzes an den Staat verfallen würde.[644]

---

[643] Vgl. *Stoll*, Sachenrechtliche Fragen, S. 62 f.

[644] Vgl. *Stoll*, Sachenrechtliche Fragen, S. 62 f.; *Knott*, aaO., S. 114 ff.; *Siehr*, Eingriffsnormen, S. 526 f.

Die Enteignung würde somit als Reaktion auf die verbotswidrige Verbringung des Kulturgutes erfolgen. Das Problem wird jedoch darin bestehen, daß der Herausgabeanspruch im Ausland kaum zu vollziehen sein dürfte. Solange der Eigentümer des Kulturgutes nicht über dieses Gut verfügt hat, liegt kein Verstoß gegen Schutzgesetze vor, so daß keine Gründe für eine Enteignung vorliegen. Erst mit Abschluß eines Vertrages über die unerlaubte Ausfuhr würde gegen das Schutzgesetz verstoßen. Dann stellt sich aber das Problem der Vollziehung der Enteignung. Der Vollzug einer Enteignung von beweglichen Sachen muß neben dem Hoheitsakt auch die Besitzergreifung der beweglichen Sache beinhalten. Diese kann aber gerade durch die verbotswidrige Ausfuhr des Kulturgutes verhindert werden. D.h., der Staat müßte seine Enteignung in dem fremden Belegenheitsstaat vollziehen. Ein solcher Vollzug erscheint rechtlich unmöglich. GEIMER[645] führt aus: "Einem ausländischen Staat wird zur Durchsetzung seiner Steuer- und Gebührenforderung der inländische Justizapparat nicht zur Verfügung gestellt. [...] Ebenso nicht zur Durchsetzung seines Konfiskationsrechts. Ist es dem früheren Eigentümer gelungen, die enteignete Sache ins Ausland zu schaffen, dann stehen die deutschen Gerichte für eine rei vindicatio (zugunsten des enteignenden Staates) nicht zur Verfügung." Es wäre daher dem Staat nicht möglich, seinen Anspruch auf Enteignung mit Hilfe der Gerichte eines ausländischen Staates durchzusetzen.

STOLL will im Rahmen des Kulturgüterschutzes die Einziehung einer Enteignung allerdings nicht gleichstellen.[646] Vielmehr könne man in diesem Fall u.U. das Heimfallrecht als ein dingliches Aneignungsrecht interpretieren, das der Sache anhaftet und bei einem Statutenwechsel unter der Herrschaft des neuen Rechts bestehen bliebe.[647] STOLL bezieht sich hierbei auf eine Entscheidung des Neuseeländischen Staates, dem Fall Attorney-General of New Zealand v. Ortiz, 1 A.C. 1, 49, in dem diese Frage abschlägig beschieden wurde.[648] In dieser Entscheidung wurde die neuseeländische Verfallsnorm des Sec 12 (2) Historic Articles Act als ausländische Eingriffsnorm angesehen, die der Forumstaat, hier England, nicht durchsetzen könne.[649] Auch wenn man diese Entscheidung nicht verallgemeinern darf, so ist nicht zu übersehen, daß das dinglich wirkende Heimfallrecht des Staates aufgrund der hoheitlichen Machtposition dieses Staates ausgeübt wird. Ob man unter diesen Umständen eine Anerkennung von fremden

---

645 *Geimer*, Internationales Zivilprozeßrecht, RN 1976, S. 506 f.; vgl. auch *Kropholler*, IPR, S. 138.; *Staudinger-Stoll*[13], IntSachR, RN 145, 146.

646 Vgl. *Stoll*, Sachenrechtliche Fragen, S. 65.

647 Vgl. *Stoll*, aaO.

648 Vgl. House of Lords 2 W.L.R. [1983], S. 809; auch *Knott*, aaO., S. 114 ff.

649 Vgl. House of Lords 2 W.L.R. [1983], S. 809; *Jaeger*, aaO. S. 94 f..

Forumstaaten erwarten kann, wird im Rahmen der Wirkung eines dinglichen Vorkaufsrechts des Staates näher untersucht, vgl. unten.

Doch selbst wenn man eine Möglichkeit der Schaffung eines durchsetzbaren Enteignungsanspruchs bejahen würde, bestehen Bedenken, ob eine Enteignung der richtige Weg wäre.

Eine Enteignungsdrohung würde jeden Eigentümer, der im Besitz von wertvollen Kunstgegenständen ist, dazu verleiten, diese entweder zu verheimlichen oder zumindest materiell den größten Vorteil aus dem Eigentum zu ziehen und es meistbietend zu verkaufen, bevor es enteignet werden kann. Ein Verkauf im Inland würde regelmäßig scheitern, da der potentielle Käufer unter der gleichen Enteignungsdrohung stünde, so daß der Eigentümer gezwungen wäre, sein Kulturgut im Ausland anzubieten. Durch die Enteignungsdrohung wäre vornehmlich der graue Markt der Weg, auf dem das Kulturgut ins Ausland gebracht wird, so daß mit der Einführung einer Enteignungsmöglichkeit für wertvollen Kulturbesitz letztlich das Gegenteil der Schutzintention bewirkt würde.

Daß solche Überlegungen beim Erlaß der jeweiligen Schutzgesetze durchaus angestellt wurden, wird am Beispiel der dänischen Gesetzgebungsarbeiten deutlich. Dort wird ausgeführt, ein Schutzgesetz solle in einer Weise ausgestaltet werden, daß nicht eine generelle Verbotsgesetzgebung, sondern nur eine selektive Begrenzung geschaffen wird. Durch die Begrenzung der Sanktionen sei ein Gleichgewicht zwischen dem Bewahrungsinteresse des Staates und dem privaten Recht des Eigentümers zu erzielen, so daß dessen Mitwirkung an der Bewahrung des kulturellen Erbes attraktiv bleibt.[650]

II. Ankaufsangebot als Alternative

Der Staat könnte weiter versuchen, zivilrechtliche Ansprüche am Kulturgut zu erwerben. Dies kann bereits präventiv vor der Verbringung des Kulturgutes erfolgen. Von den untersuchten Ländern hat Dänemark eine solche Regelung in sein Kulturgüterschutzgesetz mit aufgenommen. Wie oben beschrieben,[651] wird mit Versagung der Ausfuhrerlaubnis und damit mit dem Abschneiden der Möglichkeit des Verkaufes auf dem internationalen Kunstmarkt dem Eigentümer ein Äquivalent dadurch geboten, daß ihm von Seiten des Staates ein Angebot zum Ankauf des Kulturgutes zum Marktpreis unterbreitet wird.[652] Würde das Kaufan-

---

650 Vgl. Bet. 1040/1985, S. 76 f.

651 Vgl. S. 81.

652 § 11 Lov 1986-06-04 nr. 332.

gebot angenommen, könnte der Staat eigene Rechte am Kulturgut geltend machen. Denn in diesem Fall würde das Eigentum an dem Kulturgut auf den Staat übergehen und der Staat könnte sämtliche Eigentumsrechte Dritten gegenüber geltend machen. Allerdings erwirbt auch der dänische Staat durch das obligatorische Kaufangebot selbst noch keine eigene Rechtsposition an dem Kulturgut. Wird das Kaufangebot durch den Eigentümer nicht angenommen, verbleibt es bei der ursprünglichen Rechtslage. Der Staat könnte nicht aufgrund des Ankaufsangebotes eine Rückführung eines dennoch verbotswidrig ausgeführten Kulturgutes fordern. Wird das Angebot aber angenommen, stellt sich das Problem nicht, da in diesem Fall eine verbotene Ausfuhr in aller Regel nicht erfolgen wird. Für die Begründung einer eigenen Rechtsposition des Staates bringt das dänische Ankaufsangebot somit keine Vorteile.

III. Vorkaufsrecht als Alternative

Zu prüfen ist, ob ein Vorkaufsrecht dem Staat den eigenen privatrechtlichen und damit vor ausländischen Gerichten einklagbaren Anspruch nach den Regeln des IPR und internationalen Prozeßrechtes durchsetzbaren Anspruch geben kann.[653] Immerhin sah der Referentenentwurf für ein "Rahmengesetz zum Schutz nationalen Kulturgutes" von 1997 des Bundesministeriums des Innern[654] in § 22 des Entwurfs ein Vorkaufsrecht zugunsten des Staates vor, ohne aber nähere Regelungen über dessen Ausübung und Wirkung zu enthalten. Fraglich ist zunächst, welche Rechtsposition der Staat bei der Schaffung eines Vorkaufsrechts gewinnen würde. Dies soll anhand der Regelungen des Vorkaufrechtes in den einzelnen Ländern untersucht werden.

1. Das deutsche obligatorische Vorkaufsrecht

Gemäß §§ 504, 505 BGB kann ein Vorkaufsrecht in der Weise vereinbart werden, daß zwischen demjenigen, der zum Vorkaufe berechtigt ist und dem Vorkaufsverpflichteten im Vorkaufsfall, d.h. wenn der Vorkaufsverpflichtete den Gegenstand an einen Dritten verkauft, ein Kaufvertrag zu den gleichen Bedingungen wie mit dem Dritten zustande kommt.[655] Ein Anspruch des Vorkaufberechtigten gegenüber dem Käufer besteht nicht. Der Verkäufer kann deshalb an den Käufer das Kulturgut übertragen, ihm wird aber dadurch die Erfüllung des durch den Vorkaufsfalls entstehenden zweiten Kaufvertrag gegenüber dem Staat

---

653 Ein Vorkaufsrecht wurde 1955 im deutschen Kulturgüterschutzgesetz aus Kostengründen nicht eingeführt, vgl. *Pieroth/Kampmann*, NJW 1990, S. 1389.

654 Vgl. die Dokumentation im Blick durch die Wirtschaft vom 21. und 24. 4 1998, jeweils Seite 4.

655 Vgl. *Esser/Weyers*, Besonderes Schuldrecht, Band 2, S. 106; *Larenz*, Besonderes Schuldrecht, Band 1, S. 151.

verschuldet unmöglich, so daß Schadensersatzansprüche gemäß § 325 BGB die Rechtsfolge wären.[656] Der Staat kann aber keinen privatrechtlichen Anspruch auf Rückführung des Kulturgutes erlangen.[657]

Im übrigen ist fraglich, ob überhaupt die Voraussetzungen für ein obligatorisches Vorkaufsrecht vorliegen. Voraussetzung für die Ausübung eines Vorkaufsrechts ist, daß ein wirksamer Kaufvertrag besteht.[658] Wie dargelegt, wird durch den unerlaubten Verkauf des Kulturgutes gegen die jeweiligen nationalen Kulturgüterschutzgesetze verstoßen mit der Folge, daß der Kaufvertrag nichtig ist.[659] Damit fehlt es aber bereits an einem wirksamen Kaufvertrag; ein Vorkaufsrecht könnte nicht ausgeübt werden.

Einen anderen Weg geht jedoch teilweise die Rechtsprechung. In Fällen, in denen versucht wurde, durch Umgehungsgeschäfte oder Schikane den Berechtigten von der Ausübung eines gesetzlichen oder vertraglichen Vorkaufsrechts abzuhalten, hat der BGH z.B. der Nießbrauchbestellung im Kaufvertrag zwischen Verpflichtetem und Käufer, durch die der Verpflichtete lebenslang den Nießbrauch an dem durch das Vorkaufsrecht gesicherten Grundstück gegen den jeweiligen Eigentümer hätte ausüben können, als nichtiges Umgehungsgeschäft angesehen.[660] Der BGH war damit über §§ 138, 139 BGB zur Nichtigkeit des gesamten Kaufvertrages gekommen. Konsequenterweise hätte damit die Ausübung des Vorkaufrechts aufgrund des nichtigen Kaufvertrages ausgeschlossen sein müssen, da es an einem wirksamen Vorkaufsfall fehlte. Der BGH behalf sich hier mit dem Gedanken der unzulässigen Rechtsausübung. Jedenfalls dann, wenn der Kaufvertrag aufgrund des Versuchs des Verpflichteten, sich der Verpflichtung durch ein Umgehungsgeschäft zu entziehen, zu einer Nichtigkeit des Kaufvertrages führen würde, könne sich jedenfalls der Verpflichtete gegenüber dem Berechtigten nicht auf die Nichtigkeit des den Vorkaufsfall auslösenden Kaufvertrages berufen.[661] Diese Rechtsprechung überzeugt durch das Argument der unzulässigen Rechtsausübung. Das fraudulöse Verhalten des Verpflichteten

---

656 Vgl. *Putzo* in: *Palandt*, RN 8 vor § 504 BGB; *Soergel-Huber*; RN 14 zu § 505 BGB.

657 Vgl. zur fehlenden dinglichen Berechtigung *Wilhelm*, Sachenrecht, RN 1218; *Putzo* in: *Palandt*, RN 5 ff. zu Vorbem. v. § 504 BGB; *Soergel-Huber*; RN 54 zu § 504 BGB.

658 Vgl. *Putzo* in: *Palandt*, RN 5 zu § 504 BGB; *Soergel-Huber*; RN 17 zu § 504 BGB, allg. Ansicht.

659 Vgl. oben, S. 102 ff.

660 Vgl. BGHZ 34, 200, 205.

661 Vgl. BGHZ 34, 200, 205 f.; BGH WM 1970, 321, 322; WM 70, 1315, 1318. Vgl. auch *Rothe* in: RGRK, RN 10 zu § 1097 BGB m.w.N.; MünchKomm-*Westermann*, RN 22 zu § 504 BGB.

kann dem Berechtigtem gegenüber keinen Vorteil im Vergleich zu der Rechtslage verschaffen, die bestehen würde, wenn sich der Verpflichtete vertragsgerecht verhalten hätte.[662] Überträgt man dies auf die Fallkonstellation des KuSchG, dürfte auch hier sich nicht der Eigentümer eines geschützten Kulturgutes durch den Verstoß gegen das staatliche Ausfuhrverbot eine formale Rechtsposition verschaffen, die es dem Staat als Berechtigten unmöglich machen würde, sein Vorkaufsrecht auszuüben. Jedenfalls gegenüber dem Staat könnte sich der Verpflichtete deshalb nicht auf die Unwirksamkeit des Kaufvertrages mit seinem Käufer berufen, da anderenfalls der Eigentümer des Kulturgutes im Zusammenwirken mit seinem Käufer eine unerlaubte Verbringung des Kulturgutes erreichen könnte, ohne daß der Staat gerade aufgrund der Mißachtung seiner Verbotsnormen seine Rechtsposition wirksam geltend machen könnte. Folgt man dieser Rechtsprechung, könnte somit auch ein schuldrechtliches Vorkaufsrecht bei der Erstveräußerung ausgeübt werden. Ob man jedoch soweit gehen kann, erscheint fraglich. Zwar würde durch den Verstoß gegen das KuSchG die Ausübung des Vorkaufsrechts vereitelt. Allerdings wäre das Kulturgut noch erreichbar, da der ursprüngliche Eigentümer durch die Nichtigkeit des Kaufvertrages und der Übereignung sein Eigentum nicht verloren hat. Da jedoch die Verbringung als Verbotshandlung bereits erfolgt ist und allenfalls der Eigentümer einen Anspruch auf Rückführung aus seinem noch bestehenden Eigentum hätte, erscheint es sinnvoll, dem Staat über das Vorkaufsrecht hinaus auch die Möglichkeit zu geben, auf die Rückführung des Kulturgutes Einfluß zu nehmen. Allerdings kann das schuldrechtliche Vorkaufsrecht nur bei der Erstveräußerung ausgeübt werden.[663] Sicherungswirkungen Dritten gegenüber hat das schuldrechtliche Vorkaufsrecht nicht.

2. Dingliches Vorkaufsrecht für Kulturgüter

Weitergehende Ansprüche könnten möglicherweise durch ein dingliches Vorkaufsrecht geschaffen werden. Z.Zt. ist in Deutschland gesetzlich lediglich ein dingliches Vorkaufsrecht an Grundstücken geregelt. Das dingliche Vorkaufsrecht wirkt als dingliches Recht auch gegenüber Dritten, vgl. § 1098 Abs. 2 BGB.[664] Es entfaltet Vormerkungswirkung, so daß der Vorkaufsberechtigte von

---

662 Vgl. *Rothe* in: RGRK, RN 10 zu § 1097 BGB.

663 Vgl. statt vieler *Putzo* in Palandt, RN 6 f. vor § 504 BGB mwN.

664 Vgl. *Baur/Stürner*, Lehrbuch des Sachenrechts, 17. Aufl., S. 243; *Westermann*, Band 2, S. 380; *Wolf*, Sachenrecht, RN 365 f.; *Müller*, aaO., RN 1191; *Wilhelm*, aaO., RN 1218.

dem Dritten Zustimmung zu seiner eigenen Eintragung und vom Vorkaufsverpflichteten die Auflassung des Grundstückes verlangen kann.[665]

Allerdings ist zu überprüfen, ob ein dingliches Vorkaufsrecht trotz der Unwirksamkeit des ersten Kaufvertrages wegen Verstoßes gegen das Ausfuhrverbot des Kulturgüterschutzgesetzes ausgeübt werden kann. Auch bei einem dinglichen Vorkaufsrecht ist das Bestehen eines wirksamen Kaufvertrages Voraussetzung für dessen Ausübung.[666] Folgt man der hier vertretenen Interpretation der Rechtsprechung des BGH, könnten sich die Parteien des nichtigen Kaufvertrages, mit dem sie gegen das Verbotsgesetz des Staates verstoßen haben, sich gegenüber dem Staat nicht auf die Nichtigkeit des Kaufvertrages berufen.

Im Gegensatz zu einem schuldrechtlichen Vorkaufsrecht kann ein dingliches Vorkaufsrecht jedoch nicht nur für den ersten Verkaufsfall, sondern auch auf weitere Verkaufsfälle bestellt werden, vgl. § 1097 BGB.[667] § 1097 BGB kann zwar auf gesetzliche Vorkaufrechte nicht angewendet werden.[668] Es steht dem Gesetzgeber aber frei, ähnliche Regelungen in den öffentlich-rechtlichen Vorkaufsrechten zu schaffen.[669] Es ist deshalb zu untersuchen, ob bei einer Weiterveräußerung, bei der wie gezeigt in der Regel ein gutgläubiger Dritterwerb möglich sein dürfte,[670] ein Vorkaufsrecht eingreifen kann. Ein wirksamer Kaufvertrag würde bei einer Weiterveräußerung letztlich vorliegen, selbst wenn man nicht dem BGH folgen wollte und jedenfalls die Parteien des Kaufvertrages sich nicht auf dessen Nichtigkeit dem Staat gegenüber berufen dürften.[671] Bei einer Weiterveräußerung liegt jedoch in der Regel zumindest ein wirksamer Kaufvertrag vor. Wenn auch bei der unwirksamen Erstveräußerung das Vorkaufsrecht nicht eingreifen würde, könnte dies aber bei der wirksamen Weiterveräußerung der Fall sein. Wenn man sich den Zweck des dinglichen Vorkaufsrechts vor Augen führt, daß der Vorkaufsberechtigte Einfluß auf das veräußerte Grundstück[672] bzw. bei der Schaffung eines Registervorkaufsrechts auf das veräußerte Kulturgut behält, so ist der Einfluß spätestens dann notwendig, wenn eine wirksame

665 Vgl. *Baur/Stürner*, aaO., S. 243; *Westermann*, aaO., S. 384.

666 Vgl. BGHZ 14, S. 2; *Rothe* in: RGRK, RN 7 zu § 1097 BGB.

667 Vgl. *Soergel-Stürner*, RN 5 zu § 1097 BGB; *Rothe*, aaO.

668 Vgl. die Nachweise bei MünchKomm-*Westermann*, RN 1 zu § 1097, FN 4.

669 Dies wird auch bisher etwa bei gemeindlichen Vorkaufsrechten an Grundstücken so praktiziert, vgl. MünchKomm-*Westermann*, aaO.

670 Vgl. oben für das deutsche Recht S. 143 ff.

671 Vgl. *Rothe* in: RGRK, RN 5 zu § 1097 BGB; MünchKomm-*Westermann*, RN 3 zu §1097 BGB.

672 Vgl. etwa *Bassenge* in: *Palandt*, RN 2 zu Überbl. v. § 1094 BGB.

Änderung der Eigentumszuordnung eintritt. Da bei einer wirksamen Weiterveräußerung eine Änderung der Eigentumszuordnung erfolgen würde, müssen in diesem Fall bei einem für alle Vorkaufsfälle bestellten Vorkaufsrecht die Wirkungen des Vorkaufsrechts eintreten. Das Vorkaufsrecht würde jedenfalls bei der zweiten Veräußerung Wirkung zeitigen,[673] nach der hier vertretenden Auffassung könnte sich der Staat jedoch auch bereits im ersten Verkaufsfall jedenfalls gegenüber den Parteien dieses Kaufvertrages auf sein Vorkaufsrecht berufen.[674]

a) Notwendigkeit der Publizität

De lege lata existiert in Deutschland ein dingliches Vorkaufsrecht nur für Grundstücke.[675] Der Grund liegt in der Publizität des Grundbuchs.[676] Während bei beweglichen Sachen der Besitz das Publizitätsmittel ist[677] und gemäß § 1006 BGB für eine Eigentümerstellung spricht,[678] ist Publizitätsmittel bei Liegenschaften das Grundbuch. Die Rechtsstellung an Liegenschaften ergibt sich nicht aus den tatsächlichen Verhältnissen wie etwa aus dem Besitz, sondern aus den amtlichen Aufzeichnungen des Grundbuches selbst.[679] Durch das Grundbuch werden nicht nur Rechte, sondern auch Belastungen Dritten gegenüber deutlich gemacht. Da die zwischen zwei Parteien vereinbarte Belastung einer Sache mit einem Vorkaufsrecht aber nur dann gegenüber Dritten wirken kann, wenn diese die Belastung auch erkennen können, muß eine dingliche Belastung im Grund-

---

673 So auch *Rothe* in: RGRK, RN 8 zu § 1097 BGB für den Fall der Nichtausübung des Eintrittsrechts des § 17 KO. *Roth*e führt als Beispielsfall an, daß bei einem Verkauf eines Grundstückes vor Konkurseröffnung dann, wenn der Konkursverwalter die Nichterfüllung des bereits geschlossenen Kaufvertrages wählt, das Vorkaufsrecht mangels Vorkaufsfall nicht ausgeübt worden ist, wohl aber bei einer anschließenden Veräußerung ausgeübt werden kann, da es nicht untergegangen ist.

674 Vgl. BGHZ 34, 200, 205 f.; BGH WM 1970, 321, 322; WM 70, 1315, 1318. Vgl. auch *Rothe* in: RGRK, RN 10 zu § 1097 BGB m.w.N.

675 Die Beschränkung besteht nicht nur im deutschen Recht. In den mituntersuchten nordischen Staaten ist ein Vorkaufsrecht nur im Zusammenhang mit Grundstücken bzw. mit öffentlichrechtlichen Ansprüchen verknüpft. Ein rechtsgeschäftlich vereinbartes obligatorisches Vorkaufsrecht ist hingegen nicht gebräuchlich. Zwar wird der Begriff "Forkøbsret" (Vorkaufsrecht) auch bei *Ussing*, Aftaler, aaO., im Zusammenhang mit dem Vorkauf einer Mietsache durch den Mieter verwendet, eine Kodifizierung dieses Rechts gibt es aber nicht. Vgl. für Norwegen etwa *Knudsen*, Konsesjons- og forkjøpsrett, S. 157 ff.

676 Vgl. *Staudinger-Mayer-Maly/Mader*, RN 21, 27 zu § 1094; *Schurig*, Vorkaufsrecht, S. 115 f.

677 Vgl. *Soergel-Mühl*, RN 6 zu § 932 BGB.

678 Vgl. *Soergel-Mühl*, RN 1 zu § 1006 BGB.

679 Vgl. *Baur/Stürner*, aaO., S. 32 f.

buch eingetragen sein. Würde man auch an beweglichen Sachen ein gegenüber Dritten wirkendes dingliches Vorkaufsrecht schaffen, so wäre die Publizität mangels Register nicht gewahrt. Der Dritte sähe sich Herausgabeansprüchen ausgesetzt, mit denen er nicht rechen könnte.

Durch die Schaffung eines Registers könnten allerdings auch an beweglichen Sachen dingliche Belastungen Dritten gegenüber offenkundig werden.[680] In speziellen Bereichen bestehen für Fahrnisse durchaus Register, in welche dingliche Belastungen eingetragen werden können. So wurden für spezielle Bereiche des Wirtschaftslebens durch Sondergesetze Registerpfandrechte eingeführt.[681] Weiter als das deutsche geht das norwegische Recht. Dort können in einem Register für bewegliche Sachen Rechte, insb. Pfandrechte, eingetragen werden.[682] Im Falle von Sicherungspfandrechten beim Kauf und Leasing von KfZ ist ein gutgläubiger Erwerb Dritter durch die Registereintragungen ausgeschlossen.[683]

b) Ausgestaltung eines dinglichen Vorkaufsrechtes für Kulturgüter

Auch im Bereich des Kulturgüterschutzes könnte durch die Schaffung eines speziellen Registers die Möglichkeit einer dinglichen Belastung an beweglichen Sachen in Form eines dinglichen Vorkaufsrechtes, geschaffen werden.[684] Die notwendige Publizität der Belastung wäre im Rahmen eines speziellen Registers gewährleistet, was gerade für den deutschen Kulturgüterschutz reizvoll wäre, da hier bereits ein Register der schützenswerten Kulturgüter besteht und auf diesem Register aufgebaut werden könnte.

Somit bestünde gerade in Deutschland aufgrund des bestehenden Kulturgüterregisters die Möglichkeit, ein gesetzliches Vorkaufsrecht des Staates an den re-

---

680 Vgl. *Staudinger-Wiegand*[12], Vorbem. zu § 1204, RN 2 BGB.

681 Vgl. die Übersicht bei *Staudinger-Wiegand*[12], Anhang zu § 1257 BGB, RN 32 ff.; und bei MünchKomm-*Damrau*, RN 6 ff. vor § 1204 BGB. Beispiele für diese sog. Registerpfandrechte finden sich z.B. beim Kabelpfandrecht für die Verpfändung von Hochseekabeln nach dem Gesetz vom 31.3.1925, RGBl. I 37, das Pfandrecht an Luftfahrzeugen nach dem Gesetz über Rechte an Luftfahrzeugen vom 26.2.1959, BGBl. I 57; hierzu *Wendt*, Dingliche Rechte an Luftfahrzeugen, MDR 1963, S. 448; oder auch das Pfandrecht nach dem Pachtkreditgesetz vom 5.8.1951, BGBl. I 494; hierzu auch BGH Urt. v. 7.10.1970, BGHZ 54, S. 319.

682 Vgl. *Lilleholt*, in: *Lassen*, Knophs oversikt over Norges Rett, S. 273 f.

683 Vgl. *Lilleholt*, aaO., S. 274. Zum schwedischen Recht vgl. *Simitis*, Das besitzlose Pfandrecht, AcP 171 (1971), S. 94-154, S. 102 f.

684 Vgl. zum Ganzen *Simitis*, aaO., S. 94-154. *Simitis* führt in seiner Untersuchung aus, daß die Erfahrungen aus anderen Staaten belegen, daß solche Versuche durchaus problematisch sein können.

gistrierten Kulturgütern zu schaffen, das Dritten gegenüber sachenrechtliche Wirksamkeit entfaltet.[685]

c) Rechtswirkungen eines dinglichen Vorkaufsrechts für Kulturgüter

Grundsätzlich kann für die Beschreibung der Rechtsverhältnisse zwischen den Parteien auf die Regelungen des im BGB enthaltenen dinglichen Vorkaufsrechts für Grundstücke zurückgegriffen werden.[686] Trotz des bestehenden Vorkaufsrechts kommt der Kaufvertrag erst durch die Ausübung des Vorkaufsrechts zustande, wie sich aus der Regelung der §§ 1098, 504 BGB ergibt. Mit der Ausübung kommt zwischen dem Staat als Berechtigtem und dem Verpflichteten ein Kaufvertrag zu den Bedingungen zustande, die zwischen dem Verpflichteten und dessen Käufer vereinbart wurden.[687]

Das dingliche Vorkaufsrecht wirkt gegenüber jedem Dritten in der Weise, daß der Erwerb gegenüber dem Vorkaufsberechtigten, hier somit gegenüber dem Staat, relativ unwirksam wäre. Verpflichtet ist aber nur der ursprüngliche Eigentümer, der mit dem dinglichen Vorkaufsrecht belastet ist. Damit könnte der Staat von dem besitzenden Dritten Herausgabe des Kulturgutes verlangen. Gleichzeitig kommt ein Kaufvertrag mit dem Eigentümer als Verpflichtetem zustande. Da der Verpflichtete nur ein Kaufvertrag mit dem Ersterwerber geschlossen hat, wird grundsätzlich nur dieser Kaufvertrag die materiellen Bedingungen zwischen Staat und Verpflichtetem regeln.[688] Wird das Kulturgut vom Besitzenden an den Berechtigten herausgegeben, so müßte die Rückabwicklung Rechtsvorgängern des Berechtigten im Wege der Bereicherungskette erfolgen. Der Vorkaufsverpflichtete kann auch nicht gegenüber dem vorkaufsberechtigten Staat einwenden, daß der Kaufvertrag mit dem Erstkäufer wegen Verstoßes gegen das KuSchG nichtig ist. Wie dargelegt, würde dies gegenüber dem Staat eine unzulässige Rechtsausübung darstellen, da gerade durch den Verstoß gegen das Ausfuhrverbot der Vorkaufsverpflichtete den Staat um die Ausübung seines Vorkaufrechts bringen würde.[689] Selbst wenn man der Rechtsprechung nicht soweit folgen will, daß in diesem Fall bereits beim ersten Verkauf ein gegenüber

---

[685] Vgl. *Staudinger-Mayer-Maly/Mader*[12], Vorbem. zu § 1094, RN 12.

[686] Vgl. *Baur/Stürner*, aaO., S. 243; *Westermann*, Band II, S. 381.

[687] Vgl. *Bassenge* in: *Palandt*, RN 3 zu § 1098 BGB; *Baur/Stürner*, aaO., S. 243; *Westermann*, Band II, S. 384; *Wolf*, aaO., RN 365 f.

[688] Vgl. *Soergel-Stürner*, RN 3 zu § 1098 BGB.

[689] Vgl. S. 173.

dem Staat wirkender Vorkaufsfall vorliegen würde,[690] so ist dieser erste Verkauf gegenüber dem Staat als Berechtigtem jedenfalls insoweit wirksam, als die Vertragsbedingungen dieses Kaufvertrages für die Frage der Vorkaufsbedingungen heranzuziehen sind. Zumindest im Wege der Analogie wird man entsprechend §§ 1100, 1102 BGB die Konditionen des ersten Kaufvertrages für die Gestaltung des Vorkaufrechts heranziehen müssen.[691]

Dies soll an einem Beispiel erläutert werden: So wird etwa bei einer verbotenen Erstveräußerung eines geschützten Kulturgutes nach Dänemark und einer Weiterveräußerung nach Schweden der schwedische Käufer im Zweifel gutgläubig Eigentum erwerben können, obwohl der Kaufvertrag zwischen dem deutschen Verkäufer und dem dänischen Käufer unwirksam sein dürfte. Der bei dem Weiterverkauf auftretende dänische Ersterwerber ist aber nicht Verpflichteter eines dinglichen Vorkaufsrechts, das zwischen dem deutschen Staat und dem ursprünglichen deutschen Eigentümer Geltung erlangt. Deshalb kann der Inhalt des zwischen dem Erstkäufer und dem Zweitkäufer abgeschlossenen Kaufvertrages nicht für den aufgrund der Ausübung des Vorkaufsrechts zustandegekommenen Kaufvertrag zwischen Berechtigtem und Verpflichtetem ausschlaggebend sein. Dieser Kaufvertrag ist durch die Konditionen des Erstvertrages bestimmt, wobei sich der Verpflichtete aufgrund seines eigenen fraudulösen Verhaltens gegenüber dem Staat als Berechtigten nicht auf die Unwirksamkeit dieses Vertrages berufen kann..[692]

Allerdings ist fraglich, ob tatsächlich in unserem Beispielsfall der deutsche Staat von dem schwedischen Besitzer Herausgabe des Kulturgutes verlangen könnte. Nimmt man die dingliche Natur eines Registervorkaufsrechts ernst, so müßte der Staat aufgrund der mit der Sache verbundenen dinglichen Vorkaufswirkung gegenüber dem besitzenden Käufer die Herausgabe der Kaufsache an sich fordern können.[693] Durch das dingliche Vorkaufsrecht zugunsten des Staates, das aufgrund der Eintragung gegenüber Dritten und damit auch gegenüber dem Käu-

---

690 So aber wohl BGHZ 34, 200, 205 f.; BGH WM 1970, 321, 322; WM 70, 1315, 1318. Vgl. auch *Rothe* in: RGRK, RN 10 zu § 1097 BGB m.w.N.; zweifelnd MünchKomm-*Westermann*, RN 22 zu § 504 BGB.

691 Vgl. BGHZ 34, 200, 205; *Rothe* in: RGRK, RN 4 zu § 1100 BGB m.w.N.; MünchKomm-*Westermann*, RN 3 zu § 1102 BGB; *Bassenge* in: Palandt, RN 1 zu § 1102 BGB.

692 Vgl. *Soergel-Stürner*, RN 3 zu § 1098 BGB; MünchKomm-*Westermann*, RN 3 zu § 1100 BGB.

693 Dies ergibt sich aus § 1098 BGB. Der Eigentumserwerb einer durch ein dinglich wirkendes Vorkaufsrecht belasteten Sache wäre gegenüber dem durch das Vorkaufsrecht Berechtigten unwirksam, so daß die Herausgabe an sich verlangt werden kann, vgl. *Bassenge* in: *Palandt*, RN 6 zu § 1098 BGB m.w.N.; *Soergel-Stürner*, RN 3 f. zu § 1098 BGB; *Rothe* in: RGRK, RN 3 vor § 1094 BGB.

fer wirkt, wird die Veräußerung des Kulturgutes dem Staat gegenüber relativ unwirksam, so daß der Käufer gegenüber dem Vorkaufsberechtigten, dem Staat, kein Besitzrecht hätte. Das Kulturgut wäre herauszugeben.

d) Öffentlich-rechtlicher oder privatrechtlicher Anspruch

Fraglich bleibt jedoch, ob durch ein Registervorkaufsrecht der Staat tatsächlich einen privatrechtlichen Anspruch gegen den Erwerber des Kulturgutes erhalten würde, der Chancen hätte, vor den Gerichten eines ausländischen Staates anerkannt zu werden. Kennzeichen des Privatrechts ist die Regelung von Rechtsbeziehungen zwischen einzelnen gleichgeordneten Mitgliedern der Gemeinschaft.[694] Man ist frei, sich gegenüber anderen zu verpflichten, und auch frei darin, welche Regelung man wählt. Im Sachenrecht sind diese Freiheiten durch den Typenzwang und die Typenfixierung eingeschränkt.[695] Die Abschlußfreiheit, ob man überhaupt dingliche Rechte begründen will, besteht aber auch im Sachenrecht.[696] Nun sieht das BGB aber gerade im Bereich der dinglichen Sicherungsrechte die Entstehung von Sicherheiten kraft Gesetzes vor, so daß hier der Einzelne keinen Einfluß auf die Entstehung der Sicherungsrechte hat. Die gesetzlichen Pfandrechte des BGB, Werkunternehmerpfandrecht, Vermieter- und Verpächterpfandrecht, Pfandrecht des Gastwirtes,[697] lassen die Belastung an den Sachen des anderen Vertragsteiles entstehen, ohne daß es hierfür von Seiten des anderen Vertragsteiles einer Zustimmung bedarf. Zieht man die Parallele zu dem Vorschlag des gesetzlich entstehenden Vorkaufsrechtes an einem schützenswerten Kulturgut, so könnte man argumentieren, daß auch hier ein aufgrund Gesetzes entstandenes Vorkaufsrecht die Abschlußfreiheit ausschließt, dies aber gerade nicht dem System des BGB widerspräche, so daß ein solches gesetzliches Vorkaufsrecht als privatrechtliches zu qualifizieren wäre.

Diese Schlußfolgerung würde aber die Unterschiede zwischen den im Gesetz geregelten Pfandrechten und einem zu schaffenden gesetzlichen dinglichen Vorkaufsrecht übersehen. Die im BGB und in anderen Gesetzen, vor allem dem HGB, geregelten gesetzlichen Pfandrechte stellen ein Äquivalent für die sich aus Vertragsverhältnissen ergebenden Vorleistungspflichten des einen Vertragsteils dar. Aus diesen typischerweise bestehenden Vorleistungspflichten ergibt sich ein

---

694 So die Definition von *Brox*, Allgemeiner Teil des Bürgerlichen Rechts, RN 9. Vgl. auch *Larenz*, Allgemeiner Teil des Bürgerlichen Rechts, S. 1 f.; *Flume*, Allgemeiner Teil des bürgerlichen Rechts, Band 2., S. 1.

695 Vgl. *Baur/Stürner*, aaO., S. 3; *Flume*, aaO., S. 12 ff.; *Larenz*, Allgemeines Schuldrecht, Band I, § 4 IIa; jeweils m.w.N.

696 Vgl. *Baur/Stürner*, aaO., S. 3.

697 Vgl. hierzu auch *Baur/Stürner*, aaO., S. 689 ff.; *Wolf*, aaO., RN 548.

Sicherungsbedürfnis des Leistenden, das durch die Zugriffsmöglichkeit auf die in seinem Herrschaftsbereich befindlichen Sachen des anderen Vertragsteiles befriedigt wird.[698] D.h., den gesetzlichen Pfandrechten liegen zwingend vertragliche Schuldverhältnisse zugrunde. Dies ergibt sich bereits aus dem Gedanken der strengen Akzessorietät des Pfandrechtes.[699] Die gesetzlichen Pfandrechte sind somit eine zwingende Ausgestaltung der zugrundeliegenden Schuldverhältnisse. Mit anderen Worten, die Vertragsparteien sind frei, einen entsprechenden Vertrag abzuschließen, wenn sie ihn abschließen, kommt er aufgrund Gesetzes mit dem Inhalt einer dingliche Sicherung zustande.[700] Gesichert werden soll dabei das Risiko der vorleistenden Vertragspartei.

Bei einem gesetzlichen Vorkaufsrecht des Staates an schützenswerten Kulturgütern für den Fall, daß der Eigentümer diese illegal veräußert, wäre die Situation eine andere. Im Gegensatz zu den oben dargestellten Grundsätzen stünden dem Eigentümer keinerlei Wahlmöglichkeiten zu. Er kann nicht wählen, ob er überhaupt eine dingliche Belastung seines Eigentums durch ein Vorkaufsrecht in Kauf nehmen will. Die Bestellung des Vorkaufsrechtes wäre Folge der Eintragung des Kulturgutes in das Kulturgutregister, somit Folge eines staatlichen Verwaltungsaktes. D.h., der Eigentümer hätte keine Wahl, einer dinglichen Belastung zuzustimmen, sei es direkt oder über die persönliche Verpflichtung im Rahmen eines mit einem gesetzlichen dinglichen Sicherungsmittel ausgestalteten Vertrages.

Auch ist zu berücksichtigen, daß mit dem Mittel des dinglichen Vorkaufsrechtes für Kulturgüter nicht etwa vertraglich zu erbringende Vorleistungen Privater gesichert werden sollen, sondern der hoheitliche Anspruch des Staates, schützenswerte, national wertvolle Kulturgüter im Lande zu behalten bzw. im Falle eines illegalen Exportes wieder zurückzuführen. Ein dingliches Vorkaufsrecht würde keine privaten Ansprüche schützen, sondern hoheitliche.

e) Ergebnis

Aus diesen Gründen kann das Ergebnis nur lauten, daß ein so zu schaffendes dingliches Vorkaufsrecht für den Staat öffentlich-rechtlicher Natur wäre und

---

698 Vgl. *Baur/Stürner*, aaO., S. 689 ff.

699 Vgl. *Baur/Stürner*, aaO., S. 672 f.

700 Dabei ist zu beachten, daß die Parteien die Entstehung eines solchen Pfandrechtes auch durch Parteivereinbarung abbedingen können, vgl. *Putzo* in: *Palandt*, RN 4 zu § 559 BGB.

einen hoheitlichen Eingriff des Staates darstellen würde.[701] Dem Ziel, der Schaffung eines eigenen, vor ausländischen Gerichten durchsetzbaren privatrechtlichen Anspruchs des Staates, wird man somit durch die Schaffung eines solchen Vorkaufsrechtes nicht nahe kommen. Die Qualifizierung eines Vorkaufsrechtes des Staates als öffentliches Recht wird auch durch einen Vergleich mit bereits bestehenden Vorkaufsrechten des Staates verdeutlicht. Zu finden sind solche Vorkaufsrechte einmal im Bereich des Bodenrechts[702], aber auch im Natur- und Landschaftsschutz[703] und im Denkmalschutzrecht.[704] All diese gesetzlichen Vorkaufsrechte der öffentlichen Hand sind als öffentlich-rechtliche Ansprüche zu qualifizieren.[705] Die Ausübung der Vorkaufsrechte erfolgt durch Verwaltungsakt.[706] Diese gesetzlichen Vorkaufsrechte gehen den privatrechtlich bestellten vor, unabhängig davon, ob es sich um ein dingliches oder schuldrechtliches Vorkaufsrecht handelt.[707] Einen eigenen privatrechtlichen Anspruch an dem zu schützenden Kulturgut durch ein Registervorkaufsrecht zu verschaffen, dürfte nicht gelingen.

3. Vorkauf nach nordischem Recht

In den nordischen Staaten wurde bei der Reform des Kulturgüterschutzes über die Schaffung eines Vorkaufsrechtes beraten.[708] Allerdings wurde ein solches

---

[701] Vgl. für den parallelen Fall des existenten Vorkaufrechts Art. 31 Abs. 1 des italienischen Gesetzes vom 8.8.1939 no 184 die Ausführungen von *Jayme*, IPR, S. 220 f, der ebenfalls die öffentlich-rechtliche Natur eines solchen Gesetzes bejaht.

[702] Vgl. §§ 4 ff. des Reichssiedlungsgesetzes; hierzu auch *Baur/Stürner*, aaO., S. 245; *Westermann*, Band 2, S. 386 ff.; *Bassenge* in: *Palandt*, RN 4 ff. vor § 1094 BGB.

[703] Vgl. z.B. § 46 Naturschutzgesetz BaWÜ, § 25 Landeswaldgesetz BaWÜ. Interessant ist in diesem Zusammenhang die Vorschrift des § 8 Fischereigesetz BaWÜ, die ein Vorkaufsrecht dem Land bzw. den Gemeinden an Fischerei*rechten* zugesteht, wobei allerdings ausdrücklich die Geltung der §§ 504 bis 509, § 510 Abs. 1 und § 512 BGB bestimmt wird, vgl. § 8 Abs. 3 FischG BaWÜ.

[704] Vgl. § 19 DenkmalschutzG Bay; § 32 DenkmalschutzG NRW; § 32 DenkmalschutzG RhPf; § 24 DenkmalschutzG SaarL.

[705] Vgl. *Rothe* in: RGRK, RN 4 vor § 1094 BGB.

[706] Vgl. *Bassenge* in: *Palandt*, RN 6 vor § 1094 BGB; *Soergel-Stürner*, RN 18 vor § 1094 BGB; *Rothe* in:RGRK, RN 6 vor § 1094 BGB.

[707] Vgl. *Bassenge* in: *Palandt*, RN 9 vor § 1094 BGB; § 46 Abs. 4 Naturschutzgesetz BaWÜ.

[708] Vgl. die Begründungen für den Gesetzesvorschlag in Schweden Prop. 1984/85:179, S. 24, 55 f. Große Teile der befragten Experten gaben grundsätzlich ein positives Votum zur Schaffung eines Vorkaufsrechts für den Staat bei Auktionen im Inland ab.

Recht bei der Verabschiedung des Gesetzes nicht mitaufgenommen. Die Schaffung eines Vorkaufsrechts wurde als zu eingriffsintensiv abgelehnt.[709]

Der Begriff "forkjøb" ist in den nordischen Staaten in noch stärkerem Maße als im deutschen Recht mit hoheitlichen Eingriffen verbunden.[710] Zwar kennen die nordischen Staaten ebenfalls ein vertragliches Vorkaufsrecht, insbesondere ein vertragliches Vorkaufsrecht an Immobilien.[711] Die weitaus größte Bedeutung hat das Vorkaufsrecht jedoch im Bereich der hoheitlichen Vorkaufsrechte des Staates.[712]

a) Der nordische Vorvertrag

Der Vorvertrag entfaltet zwischen dem Interessenten und dem Eigentümer der Sache eine vergleichbare Bindungswirkung wie nach deutschem Recht das obligatorische Vorkaufsrecht.[713] Die Begrenzung des deutschen Rechts, mittels Vorvertrages nur die Verpflichtung zum Abschluß eines obligatorischen Vertrages zu erhalten, ist dem nordischen Recht fremd.[714] Das pragmatische nordische Verständnis[715] sieht die Rechtswirkungen eines Vorvertrages weiter bzw. unterscheidet nicht zwischen der Rechtswirkung von Vorverträgen, bindenden Angeboten ("stående løfter") und Vorkaufsrechten. Zwar kann auch der Berechtigte eines Vorvertrages die Verurteilung des Verpflichteten zum Abschluß des Vertrages erreichen,[716] er ist aber nicht auf diese Möglichkeit beschränkt. Vielmehr kann der Berechtigte, wenn die in dem dem Vorvertrag zugrundeliegenden Vertrag zu vereinbarende Leistung fällig ist, direkt auf Leistung aus dem abzuschließenden Vertrag klagen. Auch sekundäre Leistungsrechte wie Schadenser-

---

709 Es gab vor allem Bedenken, die sich zum einen gegen die Eingriffsintensität eines Vorkaufsrechts richteten, insbesondere aufgeführt in der Stellungnahme des Hofgerichts in Göta, das die dänische Regelung eines Kaufangebotes für mit dem schwedischen Recht eher vereinbar hielt, zum anderen Bedenken hinsichtlich der bereitzustellenden Ressourcen von mehreren Seiten. Der Gesetzesvorschlag schloß sich den Bedenken an, vgl. Prop. 1984/85:179, S. 24. Letztlich wurde weder ein Vorkaufsrecht noch ein Kaufangebot im Gesetz verankert.

710 Vgl. *Ussing*, Aftaler, 2. Aufl., S. 96; *Knudsen*, S.157 ff.

711 Vgl. *Brækhus/Hærem*, Norsk tingsretten, 2. Aufl. Oslo 1984, S. 108 f.

712 Vgl. *Brækhus/Hærem*, aaO., S. 109: "Størst praktisk betydning har de forkjøpsrettigheter som har hjemmel i loven." (Die weitaus größte praktische Bedeutung haben diejenigen Vorkaufsrechte, die ihre Grundlage in [öffentlich-rechtlichen] Gesetzen haben.).

713 Vgl. *Ussing*, aaO., S. 97 ff.

714 Vgl. *Ussing*, aaO., FN 3 auf Seite 97.

715 Wobei *Ussing*, aaO., S. 97 ff., zum dänischen Recht als beispielhaft anzusehen ist.

716 Als grundlegende Entscheidung vgl. hierzu UfR 1901, 666 H.

satz wegen Unmöglichkeit der Leistung können direkt auch ohne Abschluß des beabsichtigten Vertrages aus dem Vorvertrag heraus verlangt werden. Denn "es wäre unbillig zu verlangen, daß er (der Berechtigte) erst den Umweg über eine Forderung auf Vertragsschluß gehen solle."[717] Der Berechtigte erhält bereits durch den Vorvertrag einen Leistungsanspruch gegen den Verpflichteten entsprechend dem beabsichtigten Vertrag. Damit erreicht aber der Vorvertragsberechtigte eine Rechtsstellung, die nach deutschem Recht nur ein Vorkaufsberechtigter erlangen kann. Die erlangte Rechtsstellung geht auch über die Berechtigung zur Geltendmachung von sekundären Schadensersatzansprüchen hinaus. Denn der Vorvertragsberechtigte erhält nicht etwa sekundäre Schadensersatzansprüche gegen den Verpflichteten, weil dieser nicht den Vertragsschluß herbeigeführt hat, sondern sein Anspruch richtet sich auf die Erfüllung des Vertrages selbst.[718] Das heißt aber, es wird nicht das Erfüllungs*interesse* im Wege des Schadensersatzanspruches geltend gemacht, sondern der Erfüllungs*anspruch* selbst.

b) Bewertung des Vorvertrages im Hinblick auf einen eigenen Anspruch des Staates

Die Rechtsstellung eines Vorvertragsberechtigten nach nordischem Recht entspricht jedoch nur der Stellung eines obligatorisch Vorkaufsberechtigten, da auch nach nordischem Verständnis der Berechtigte nicht an dem Kaufgegenstand ein relativ dingliches Recht gegenüber dem Vorvertragsverpflichteten erhält, sondern ein Forderungsrecht seinem Vertragspartner gegenüber. Ebenso wie im deutschen Recht wäre bei erfolgter Ausfuhr nur ein Anspruch gegen den Verkäufer, nicht jedoch gegen den Verkäufer auf Rückführung des Kulturgutes gegeben. Im Hinblick auf mögliche Rückführungsansprüche ist ein Vorkaufsrecht bzw. ein Vorvertrag somit unergiebig.

Darüber hinaus würde ein Gericht in den nordischen Staaten ein Vorkaufsrecht des deutschen Staates als hoheitlichen öffentlich-rechtlichen Anspruch qualifizieren. Denn auch in den vergleichend herangezogenen nordischen Staaten sind zwingende Vorkaufsrechte der öffentlichen Hand als öffentlich-rechtliche Ansprüche zur Durchsetzung hoheitlicher Ziele und Aufgaben ausgestaltet.[719] Man würde also von einer unzutreffenden Prämisse ausgehen, wenn man versuchen

---

717 "Det vilde være urimeligt at forlange, at han skulde gaa den Omvej først at fordre Kontrakten indgaaet.", *Ussing*, aaO., S. 97.

718 Vgl. hierzu *Ussing*, aaO., S. 97.

719 Vgl. in Norwegen das Vorkaufsrecht der Gemeinden im Bereich der Bauleitplanung, Gesetz Nr. 34 vom 29.4.1977, Lov om kommunal forkjøbrett til leiegården; in Schweden Lag 1967:868 (Förköpslag); zu der Unterscheidung zwischen öffentlichen und privaten Vorkaufsrechten auch *Knudsen*, S. 157 f; 178 f.

würde, durch die Schaffung eines dinglichen Vorkaufsrechtes des Staates im Bereich des Kulturgüterschutzes diesem einen privatrechtlich durchsetzbaren Anspruch an die Hand zu geben.

4. Öffentlich-rechtliches Vorkaufsrecht auf Rückführung von Kulturgütern

Es läßt sich somit kein gesetzliches Vorkaufsrecht des Staates konstruieren, das rein privatrechtlicher Natur wäre. Der zugrundeliegende Anspruch des Staates wäre zwingend als öffentlich-rechtlich zu definieren, auch wenn die Geltendmachung des Vorkaufsrechts nach privatrechtlichen Grundsätzen erfolgen würde.

Dies beendet aber die Prüfung eines Vorkaufsrechts als Instrumentarium zur Durchsetzung des Kulturgüterschutzes noch nicht. Denn ein Vorkaufsrecht könnte vom Staat ohne weiteres geschaffen werden. Ein solches Vorkaufsrecht würde auch im Inland in der gewünschten Weise wirken, wie sich aus den bereits bestehenden öffentlich-rechtlichen Vorkaufsrechten etwa der Gemeinden ergibt.[720] Bei der vorliegenden Untersuchung besteht aber die Besonderheit, daß nicht wie bei den bereits existierenden Vorkaufsrechten die (unproblematische) Durchsetzung im Inland das Ziel ist, sondern ein zu schaffendes Vorkaufsrecht müßte gerade auch dann eingreifen, wenn das Kulturgut bereits außer Landes gebracht worden ist. Dies setzt aber voraus, daß vor den Gerichten des Staates, in dem sich das illegal ausgeführte Kulturgut befindet wird, die Vorkaufsberechtigung des Ursprungsstaates anerkannt wird.

Hierbei kann nicht auf die Ausführungen zur Anerkennung des Kulturgüterschutzgesetzes als Verbotsgesetz zurückgegriffen werden.[721] Denn ein zu schaffendes öffentlich-rechtliches Vorkaufsrecht wird nicht als zwingende Vorschrift im Sinne der Sonderanknüpfung angesehen werden können. Vielmehr würde sich der Staat durch ein eigenes Vorkaufsrecht einen eigenen Leistungsanspruch anmaßen. Ob ein solcher hoheitlicher Leistungsanspruch vor ausländischen Gerichten anerkannt würde, erscheint fraglich.

a) Rechtliche Situation in Deutschland

aa) Rechtsprechung

Im Bereich des illegalen Kunstexportes durch Verstoß gegen ein Verbotsgesetz sind im international privatrechtlichen Bereich nur wenige einschlägige Ent-

---

720 Dies gilt auch für die nordischen Staaten, vgl. für Norwegen das Vorkaufsrecht der Gemeinden im Bereich der Bauleitplanung, Gesetz Nr. 34 vom 29.4.1977, Lov om kommunal forkjøprett til leiegården; in Schweden Lag 1967:868 (Förköpslag).

721 Vgl. oben, S. 119 ff.

scheidungen zu finden. Die bekannten Entscheidungen, in denen auf der einen Seite staatliche oder halbstaatliche Stellen als Kläger auftraten, wie KUNSTSAMMLUNG WEIMAR V. ELLINGHOFEN, befassen sich mit Fällen, in denen Eigentum des Staates selbst abhanden gekommen ist.[722] Hierbei wurde also der privatrechtliche Eigentumsanspruch des Staates geprüft, über die Anerkennung hoheitlicher Leistungsansprüche sagen diese Entscheidungen nichts aus.

In einem Urteil aus dem Jahr 1978 hat das Landgericht Hamburg[723] einem hoheitlichen Kostenerstattungsanspruch der Stadt Wien gegen einen Deutschen stattgegeben. Die Stadt Wien hatte im Rahmen der Ersatzvornahme ein einsturzgefährdetes Haus gesichert und machte nunmehr Kostenerstattung geltend. Das LG Hamburg sah den Rechtsweg als eröffnet, da der Anspruch nicht hoheitlicher Natur, sondern vermögensrechtlicher Art sei. Die Entscheidung des LG Hamburg ist aber berechtigt auf Kritik gestoßen, da der vermögensrechtliche Erstattungsanspruch aufgrund hoheitlicher und nicht etwa privatwirtschaftlicher Tätigkeit der Stadt Wien geltend gemacht wurde. Es handelte sich auch nach dem österreichischen Polizeirecht um einen auf öffentlichem Recht basierenden Anspruch des Verwaltungszwangs.[724] Gerade diese Entscheidung zeigt, daß die Rechtsprechung eher versucht, hoheitliche Ansprüche als zivilrechtliche zu qualifizieren, als explizit einem hoheitlichen Anspruch zur Durchsetzung zu verhelfen.[725]

bb) Literatur

Daß ausländische hoheitliche Ansprüche im Inland nicht zur Durchsetzung verholfen werden kann, ist auch in der Literatur absolut herrschende Meinung[726] und wird auch von der Rechtsprechung geteilt.[727]

---

722 So klagte in dem Fall *Kunstsammlung Weimar v. Ellinghofen* die Kunstsammlung auf Herausgabe eines während der Wirren der letzten Kriegstage von Amerikanern gestohlenen Kunstwerkes, ähnlich lag es in dem Fall des *Quedlinburger Domschatzes*, bei dem zwar eine außergerichtliche Einigung erzielt wurde, der jedoch ein beachtliches Presseecho mit sich brachte, vgl. z.B. *Siehr*, Wer schläft, der sündigt, FAZ vom 27.02.1991, S. 35.

723 IPRspr 1979, S. 115.

724 IPRspr 1979, S. 115.

725 Vgl. auch *Geimer*, Internationales Zivilprozeßrecht, RN 1977, S. 507.

726 Vgl. *Geimer*, aaO., RN 1976, S. 506 f.; MünchKomm-*Sonnenberger*, Einl. vor Art. 3 EGBGB, RN 360; *Vischer*, Der ausländische Staat als Kläger, IPRax 1991, S. 209-215, 209; *Pfeiffer*, Internationale Zuständigkeit und prozessuale Gerechtigkeit, S. 712; *Kropholler*, IPR, S. 138.

Etwas anders ist die Situation, wenn durch einen Umsetzungsakt der hoheitliche Anspruch des Staates bereits in dem Ursprungsstaat zu einer eigenen Rechtsposition des den öffentlich-rechtlichen Anspruch erlassenden Staates geführt hat. Wird etwa eine Enteignung bereits im Ursprungsstaat vollzogen und zeitlich nachfolgend das erlangte Eigentumsrecht des Staates verletzt, kann der enteignende Staat nach h.M. seine Eigentumsrechte auch vor den Gerichten des Lageortes der Sache durchsetzen.[728] Als Argument wird in diesen Fällen angeführt, daß es sich hier nicht mehr um einen öffentlichen Anspruch des Staates handele, der durchgesetzt werde, sondern um die Geltendmachung von Eigentumsrechten, da der Staat durch die vorgenommene Enteignung Eigentümer der Sache geworden sei. Es gehe also um einen privatrechtlichen Anspruch, da es unerheblich sei, ob der Staat oder ein Privater Ansprüche wegen Eigentumsverletzung geltend mache.[729]

Im Rahmen der hier angesprochenen Problematik spielt indessen die soeben angesprochene Frage keine Rolle, denn hier steht das Kulturgut in privatem Eigentum. Der Staat verbietet lediglich die Verbringung des Kulturgutes ins Ausland. Bei einem verbotswidrigen, aber erfolgreichen Export, bei dem sich erst das Problem der Rückführung stellt, hat der Staat keinerlei Möglichkeit, bereits im Inland das Kulturgut zu beschlagnahmen und zu enteignen. Sämtliche Ansprüche, die der Staat aufgrund seiner hoheitlichen Machtbefugnisse an dem Kulturgut geltend macht, müßte er erst durchsetzen. Hier aber ist unstreitig, daß ohne internationale Abkommen ausländische Gerichte nicht bereit sein werden, einem fremden Staat bei der Durchsetzung seiner hoheitlichen Ansprüche behilflich zu sein.

Eine andere Frage wäre es, ob durch ein Vorkaufsrecht eine Vinkulierung des Eigentums eintreten könnte, die auch bei Maßgeblichkeit eines neuen Sachstatutes erhalten bliebe.[730] Auch hier stellt sich aber das Problem, ob im Ausland eine dinglich wirkende Verfügungsbeschränkung, die aufgrund öffentlich-rechtlicher Ansprüche besteht, überhaupt als Vinkulierung anerkannt würde. Eine vollendete Enteignung, die sachenrechtlich ein Eigentumsrecht des Staates schaffen würde, würde als bestehende Rechtsposition durch das Ausland zwar anerkannt.

---

727 Aus der Rechtsprechung BVerfGE 16, 27.

728 Vgl. *Staudinger-Stoll*, Internationales Sachenrecht, RN 147; *Soergel-Kegel*[11], RN 859 vor Art. 7 EGBGB; jeweils m.w.N.

729 So auch *Kropholler*, IPR, S. 139; der die Enteignung im Rahmen der sog. relativen Territorialität anerkennen will, das aufgrund öffentlicher hoheitlicher Einwirkung erlangte Eigentum aber nicht leugnet. Vgl. im übrigen *Staudinger-Stoll*, Internationales Sachenrecht, RN 146; *Soergel-Kegel*[11], RN 815 vor Art. 7 EGBGB.

730 Vgl. *Stoll*, Sachenrechtliche Fragen, S. 63, 66.

Was jedoch nicht anerkannt würde, wäre der Vollzug der Enteignung im Ausland, wenn das Kulturgut bereits mit der Enteignungsdrohung belastet in das Ausland verbracht wurde. Auch bei einem öffentlich-rechtlichen Vorkaufsrecht wäre die Situation nicht anders. Würde die Vinkulierung durch das Vorkaufsrecht anerkannt, müßte das Ausland erst mithelfen, das auf einem öffentlichrechtlichen Anspruchs beruhende Vorkaufsrecht durchzusetzen. Das aber ist gerade nicht zu erwarten.

b) Rechtliche Situation in den Nordischen Staaten

aa) Dänemark

Nach dänischer Ansicht ist es einem ausländischen Staat verwehrt, sich der Hilfe der dänischen Gerichte bei der Durchsetzung seiner hoheitlichen Ansprüche im Ausland zu bedienen.[731] Denn im Gegensatz zur Frage der Anerkennung öffentlich-rechtlicher Verbotsnormen, die in Dänemark durch die Ratifizierung von Art. 7 Abs. 1 EuSchVÜ in weitem Maße akzeptiert wird,[732] würde hier dem Staat erst mit Hilfe dänischer Gerichte ein Anspruch eingeräumt werden. Dies ist nach dänischer Ansicht aufgrund der begrenzten Durchsetzungsmacht staatlicher Ansprüche außerhalb der Landesgrenzen des erlassenden Staates nicht möglich.[733]

bb) Norwegen

In Norwegen ist ebenfalls die Auffassung herrschend, daß öffentlich-rechtliche Ansprüche eines fremden Staates nicht durch die Gerichte des eigenen Staates durchgesetzt werden können.[734]

cc) Schweden

Für Schweden kann zunächst auf die auf S. (...) 110 genannte Leitentscheidung im Takvorian Fall[735] verwiesen werden. Hier ging es um einen Anspruch des

---

731 Vgl. *Siesby*, Lærebog international privatret, S. 42 ff.

732 Vgl. *Karnov (DK)*, Anm. 34 zu Art. 7 EuSchVÜ; *Lando*, Kontraktstatuttet, S. 36.

733 Vgl. *Siesby*, aaO., S. 42 ff.; *Philip*, IPR, S. 74 f.

734 Vgl. *Gaarder* in: *Lassen*, Knophs oversikt over Norges rett, 10. Aufl. S. 1233 ff.; *Lando*, Anmerkungen zu *Bogdan*, Svensk internationell privat-och processrätt, TfR 1993, S. 565-568, 567.

bulgarischen Staates gegen einen Privaten auf Einzahlung von Devisen in die bulgarische Staatsbank. Obwohl unstreitig war, daß der Betrag dem Geschäftsmann aus früheren Tabakverkäufen nach Schweden als Kaufpreis zustand, war nach den bulgarischen Devisenbestimmungen bei solchen Geschäften die Deponierung des Kaufpreises bei der Staatsbank zwingend vorgeschrieben. Damit lag dieser Entscheidung ein staatlicher Anspruch zugrunde (Deponierung der Gelder auf der Staatsbank), der vor dem Gericht eines anderen Staates durchgesetzt werden sollte. Die Urteil befaßte sich somit mit einer vergleichbaren Situation wie im Falle eines Rückführungsanspruchs bei unerlaubter Ausfuhr von Kulturgütern zugrunde. Auch dabei geht es um einen Anspruch eines Staates gegen einen Privaten, der nach innerstaatlichem Recht unbefugt ein Kulturgut erworben hat. Würde versucht, einen Rückführungsanspruch, der z.B. aufgrund eines Vorkaufsrechts für den Fall einer unerlaubten Ausfuhr bestehen würde, vor einem schwedischen Gericht durchzusetzen, so müßte zunächst festgestellt werden, ob der Anspruch privater oder öffentlich-rechtlicher Natur ist. Im letzteren Fall müßte das schwedische Gericht in Fortführung der bisherigen Rechtsprechung die Klage abweisen, weil das Gericht nicht über ausländische öffentlich-rechtliche Ansprüche urteilen kann. Nach schwedischer Rechtsprechung wäre somit ein aufgrund eines öffentlichen Vorkaufsrechts begründeter Herausgabeanspruch des Ursprungsstaates eines Kunstwerkes vor schwedischen Gerichten nicht durchsetzbar.

Eine nur scheinbare Ausnahme macht der Fall MORSKA CENTRALA v. KOZICKI, HD 1951.[736] Hier versagte der Oberste Gerichtshof einem polnischen Flüchtling das Eigentumsrecht an einem Schiff, das dieser zu seiner Flucht nach Schweden benutzt hatte und das seiner ehemals ihm gehörenden und dann enteigneten Gesellschaft in Polen gehörte. Der Grund für diese scheinbar entgegenstehende Entscheidung war, daß der Oberste Gerichtshof die Enteignung, die aufgrund eines Konkurses erfolgte, nicht als öffentlich-rechtlich qualifizierte.[737] Hier bestehen Parallelen zu der oben angesprochenen Entscheidung des LG Hamburg.[738]

Wie bereits bei der Untersuchung zum deutschen Recht festgestellt, geht es bei der Frage einer möglichen Rückführung von Kulturgütern um die erstmalige Durchsetzung öffentlich-rechtlicher Ansprüche des Ursprungsstaates vor ausländischen Gerichten. Für diese Fälle herrscht auch in der Literatur der nordischen Staaten Einigkeit darüber, daß öffentlich-rechtliche Ansprüche eines Staates

---

735 In NJA I 1961, S. 145 ff., referiert bei *Bogdan*, Svensk internationell privat- och prozessrätt, S. 81.

736 Referiert bei *Bogdan*, Expropriation, S. 53.

737 Vgl. *Bogdan*, Expropriation, S. 53.

738 LG Hamburg, IPRspr 1979, S. 115.

nicht durch Gerichte eines anderen Staates durchgesetzt werden können, solange keine internationalen Abkommen diese zulassen.[739]

c) Ergebnis

Man wird deshalb zu Recht als Ergebnis festhalten können, daß ein öffentlich-rechtliches Registervorkaufsrecht nicht vor Gerichten ausländischer Staaten durchgesetzt werden könnte, sofern nicht - etwa gemeinschaftsrechtliche - Sonderregelungen diese Möglichkeit vorsehen.

IV. Klagebefugnis aufgrund der Richtlinie 93/7/EWG

1. Rückführungsansprüche aufgrund Art. 2 Richtlinie 93/7/EWG

Die Richtlinie verpflichtet die Mitgliedstaaten, durch Art. 2 RL einen eigenen Klaganspruch des Herkunftsstaates zu schaffen: "Die unrechtmäßig aus dem Hoheitsgebiet eines Mitgliedstaats verbrachten Kulturgüter werden nach den in dieser Richtlinie vorgesehenen Verfahren und Bedingungen zurückgegeben."

Kulturgüter sind dabei gemäß Art. 1 Ziff. 1 RL alle Güter, die sowohl von den jeweiligen nationalen Schutzgesetzen desjenigen Mitgliedstaates, aus dem das Kulturgut unrechtmäßig verbracht wurde, als auch von der der Richtlinie beigefügten Anlage erfaßt werden. Unrechtmäßig verbracht sind gemäß Art. 1 Ziff. 2 RL Kulturgüter, wenn sie entgegen den Rechtsvorschriften des Mitgliedstaates oder der Verordnung 3911/92/EWG verbracht worden sind, wobei auch jede nicht erfolgte Rückgabe nach vorübergehender rechtmäßiger Verbringung (etwa als Leihgabe) als unrechtmäßige Verbringung angesehen wird.

Liegt eine unrechtmäßige Verbringung vor, kann der Mitgliedstaat, aus dessen Hoheitsgebiet die Verbringung erfolgte, auf Rückgabe klagen, vgl. Art. 5 S. 1

---

739 Vgl. vor allem *Bogdan*, Expropriation, S. 47 ff., mit einer Zusammenfassung der Literaturstimmen und weiteren Nachweisen, weiter *Hjerner*, Anm. av S. Dennemark: Om svensk domstols behörighet, SvJT 1963, S. 191-203, S. 195; NJA I 1961, S. 145 ff., 155; *Karlgren*, Svensk rättspraxis, internationell privat, straff- och processrätt 1961 -1965, SvJT 1967, S. 511 -528, S. 518

Für Dänemark vgl. *Philip*, Lovvalget, S. 81 ff.

Für Norwegen *Lando*, Anmerkungen zu *Bogdan*, Svensk internationell privat-och processrätt, TfR 1993, S. 565-568, 567.

i.V.m. Art. 1 Ziff. 3 RL, soweit die Verbringung nach dem 1. Januar 1993 erfolgt ist, vgl. Art. 13 RL.

2. Schuldner

Der Anspruch des ersuchenden Mitgliedstaates richtet sich gegen den Eigentümer, ersatzweise gegen den Besitzer des Kulturgutes, vgl. Art. 5 RL. Dabei kann der ersuchende Mitgliedstaat direkt vor den zuständigen nationalen Gerichten des ersuchten Mitgliedstaates, somit des Staates, in dem sich das Kulturgut befindet, auf Rückgabe klagen.

Wegen der Aufnahme des Begriffes "Eigentümer" in Art. 5 der Richtlinie wird teilweise die Ansicht vertreten, es sei damit klargestellt, daß selbst ein wirksamer Eigentumserwerb den Herausgabeanspruch nicht hindern könne.[740] Dem ist jedoch nicht zuzustimmen. Art. 5 RL sagt über die sachrechtliche Position an dem fraglichen Kulturgut nichts aus. Vielmehr beinhaltet die Richtlinie selbst eine Definition des Begriff "Eigentümer". Eigentümer ist nämlich: "die Person, die die tatsächliche Sachherrschaft über das Kulturgut für sich selbst ausübt". Damit ist aber nach deutschem Recht der Eigen*besitzer* gemeint.[741] Dies ergibt sich auch durch einen Vergleich mit dem dänischen Text. Dort wird in Art. 5 RL der Begriff "besidder" im Gegensatz zum "indehaver" verwendet.[742] Beide Begriffe bezeichnen unterschiedliche Besitzerstellungen, nicht jedoch das Eigentum bzw. den Eigentümer "ejendom, ejer".

Daß die Richtlinie gerade keine sachenrechtliche Zuordnung vornehmen will, ergibt sich weiter aus Art. 12 RL. Danach richtet sich das Eigentum an dem Kulturgut nach erfolgter Rückgabe nach dem Recht des ersuchenden Mitgliedstaates.[743] Wenn also ein Dritter etwa gutgläubig Eigentum erworben hat, steht ihm gegen den Herausgabeanspruch eines ersuchten Mitgliedsstaates nach deutschem Recht der Einwand des § 986 BGB oder jedenfalls die exceptio dolo agit entgegen.

---

740 Vgl. *Müller-Katzenburg*, aaO., S. 119.

741 Vgl. etwa BGH, NJW 1996, 1890, 1893; *Bassenge* in: *Palandt,* RN 1 zu § 872 BGB m.w.N.

742 Vgl. Lovtidende 1993, Nr. 1104, S. 6135 b, c.

743 Wobei in dieser Verweisung richtigerweise eine Gesamtverweisung zu sehen ist, so auch *Müller-Katzenburg*, aaO., S. 285 f. sowie die Ausführungen oben 3. Teil C 2.1.2. c), S. 187. A.A. *Roth*, IPRax 1994, 173; MünchKomm-*Kreuzer*, RN 195 nach Art. 38 Anh I; differenzierend *Soergel-Lüderitz*, RN 110 Anh. II Art. 38.

3. Gläubiger

Wie sich aus dem Vorhergehenden ergibt, erhält der ersuchende Mitgliedstaat durch die Richtlinie einen Klaganspruch, dessen materielle Grundlage ausschließlich in der Mißachtung der öffentlich-rechtlichen Bestimmungen der Kulturgüterschutzgesetze besteht.[744] Allerdings ist fraglich, ob der Staat über diese Klagebefugnis heraus durch die Richtlinie eine eigene materielle Berechtigung an dem Kulturgut erhält.

Richtigerweise wird man diese verneinen müssen. Eine materielle Zuordnung des Kulturgutes wird durch die Richtlinie gerade vermieden. Die Frage des Eigentumsrechts wird den nationalen Bestimmungen der Mitgliedstaaten überlassen. Eingriffe in die materielle Rechtsposition des Eigentums sind nach der Richtlinie nicht möglich. Auch Art. 9 RL, der eine Entschädigungsregelung für den Eigentümer enthält, wenn das über den Rückgabeanspruch zu entscheidende Gericht "davon überzeugt ist, daß der Eigentümer beim Erwerb mit der erforderlichen Sorgfalt vorgegangen ist", ändert nicht die sachenrechtliche Position am Kulturgut, zumal der Begriff "Eigentümer" von der Richtlinie gemäß Art. 1 Ziff. 6 RL in einer vom deutschen Sachenrecht abweichenden Bedeutung nur als Umschreibung einer Eigenbesitzerstellung verwendet wird.

Die Richtlinie 93/7 EWG verpflichtet somit die Mitgliedstaaten lediglich, einen eigenen Herausgabeanspruch des Staates, der sich gegen jeden Besitzer eines unrechtmäßig ausgeführten Kulturgutes innerhalb der EG richtet, zu schaffen.

Die Schaffung eines isolierten Rückgabeanspruchs ist aber durchaus problematisch. So könnte der Inhaber des Kulturgutes bei einem Erwerb nach der Weiterveräußerung in ein Drittland gutgläubig Eigentum erworben haben, wie oben dargelegt. Bei einer Weiterveräußerung in einem Drittstatt wird der Veräußerer regelmäßig nicht gegen das im Ursprungsstaat bestehende Veräußerungsverbot verstoßen, so daß bei Anwendung der Rechtsordnung des Drittstaates als Sachstatut durchaus gutgläubig Eigentum erworben werden könnte.[745] Wenn man entsprechend der hier vertretenen Ansicht[746] von einer Gesamtverweisung in Art. 12 RL ausgeht, so müßte der ersuchende Mitgliedstaat einen bei der Weiterveräußerung erfolgten gutgläubiger Eigentumserwerb anerkennen. Dies würde zu dem unbefriedigenden Ergebnis führen, daß trotz wirksamen Eigentumserwerbs der ersuchende Mitgliedsstaat durch die Rückgabeklage das Recht zum Besitzes an dem Kulturgut nähme.

---

[744] Vgl. *von Preuschen*, Kulturgutsicherungsgesetz und EG-Recht, EuZW 1999, S. 40-42, 41.

[745] Vgl. den Beispielsfall auf S. 143 f.

[746] Vgl. oben, S. 160 f.

Denn durch Art. 12 RL wird nicht etwa ein Anspruch des Eigentümers durchgesetzt, sondern ein von der dinglichen Rechtslage losgelöster öffentlichrechtlicher Herausgabeanspruch des Staates. Wo das Kulturgut von dem Staat dann aufzubewahren wäre, wer die Kosten für die Unterhaltung des Kulturgutes trüge, alle diese Fragen blieben unbeantwortet. Das Auseinanderfallen von Gläubigerstellung und der eigentumsrechtlicher Zuordnung ist deshalb problematisch.

Doch auch wenn man mit der überwiegenden Meinung[747] von einer Sachnormverweisung ausgeht, bleiben Fragen offen. Zwar müßte dann ein bei einer Weiterveräußerung erfolgter gutgläubiger Erwerb nach den Sachnormen des ersuchenden Mitgliedstaates beurteilt werden. Auch das Recht des ersuchenden Mitgliedstaates wird aber schwerlich die Unwirksamkeit eines gutgläubigen Erwerbs annehmen können. Denn bei einer Weiterveräußerung in einem Drittstaat kann das Exportverbot des ersuchenden Mitgliedstaates nicht mehr verletzt werden. Nach dem Sachrecht des Mitgliedstaates muß deshalb entschieden werden, ob dennoch das Exportverbot dem Gutglaubensschutz und damit dem Schutz der Verkehrsfähigkeit vorgeht. Allein aus Art. 12 RL kann dies Frage nicht beantwortet werden.

Der isolierte Rückgabeanspruch der Richtlinie überzeugt nicht,[748] ist aber gleichwohl vom nationalen Gesetzgeber zu beachten. Es müßte deshalb eine nationale Regelung getroffen werden, die eine Antwort auf die offenen Fragen finden würde.[749]

V. Rückerstattung in Prozeßstandschaft

1. Rückforderungsanspruch des ursprünglichen Besitzers

a) Unwirksamkeit der Veräußerungsverträge

Neben dem oben beschriebenen Weg einer Rückerstattung aufgrund eigener materieller Ansprüche des Staates an dem geschützten Kulturgut ist noch eine weitere Möglichkeit denkbar: der Staat würde nicht einen eigenen Anspruch, sondern den Rückerstattungsanspruch des ursprünglichen Besitzers in Prozeßstandschaft geltend machen. Wie oben gezeigt, sind sowohl das Verfügungs-

---

747 Vgl. *Roth*, IPRax 1994, S. 173; MünchKomm-*Kreuzer*, RN 195 nach Art. 38 Anh. I; differenzierend Soergel-*Lüderitz*, RN 110 Anh. II Art. 38.

748 So auch *Müller-Katzenburg*, aaO., S. 124 f., 129 f.

749 Vgl. hierzu unten, Ziff. IV.

als auch das Verpflichtungsgeschäft, das auf die Verbringung von Kulturgütern aus dem Geltungsbereich der jeweiligen Schutzgesetze gerichtet ist, nichtig.

Damit stünde dem ursprünglichen Eigentümer sowohl nach deutschem als auch nach skandinavischem Recht ein Rückerstattungsanspruch zu, da der Kaufvertrag über eine Erstveräußerung des Kulturgutes wegen Verstoßes gegen die jeweiligen Ausfuhrverbote unwirksam ist und damit dem Erwerber kein Recht zum Besitz des Kulturgutes gibt. Somit könnte der Eigentümer gegenüber dem Erwerber aus seinem bestehende Eigentumsrecht vorgehen. Dies wird er aber nicht versuchen, da es dem Eigentümer gerade um den Verkauf und die illegale Ausfuhr des Kulturgutes geht. Es liegt deshalb nahe, zu überprüfen, ob sich der Staat den bestehenden Anspruch des Eigentümers zunutze machen kann.

b) Ausschluß der Rückforderung in Deutschland nach §§ 814, 817 BGB?

Allerdings ist fraglich, ob ein solcher Rückforderungsanspruch nach deutschem Recht durch die Regelungen der §§ 814, 817 Abs. 1 Satz 2 BGB ausgeschlossen ist.

Dem Eigentümer des Kulturgutes ist bei der verbotswidrigen Veräußerung in aller Regel, jedenfalls bei einem abschlägigen Ausfuhrersuchen, bekannt, daß eine Veräußerung gegen das Kulturgüterschutzgesetz verstößt. Damit ist dem Eigentümer als Veräußerer aber auch bekannt, daß er aufgrund des nichtigen Vertrages nicht verpflichtet ist, die Leistung zu erbringen.[750] Allerdings ist bereits fraglich, ob § 814 BGB in den hier untersuchten Fällen einschlägig ist. Denn selbst wenn der Veräußerer Kenntnis von der Nichtigkeit des verbotswidrigen Veräußerungsgeschäftes hätte, so geht er doch von der Erwartung aus, daß der Vertragspartner seinerseits die Gegenleistung erbringen wird. In diesem Fall hat der BGH in seinem Urteil vom 18.01.1979 allerdings entschieden, daß dann § 814 BGB aufgrund seines Schutzzweckes nicht anzuwenden sei.[751]

Diese Rechtsprechung ist auf den vorliegenden Fall anzuwenden. Zwar wird der Eigentümer des Kulturgutes die Verbotswidrigkeit der Veräußerung und damit die Nichtigkeit des Verfügungsgeschäftes kennen, allerdings wird die Veräußerung gerade in der Erwartung der Erfüllung auch der Gegenleistung durch den Käufer erfolgen. Der Fall, in dem sich somit die Parteien bewußt über ein gesetzliches Verbot hinwegsetzen, intern aber die Wirksamkeit des Rechtsgeschäftes voraussetzen, fällt somit nicht unter § 814 BGB.

---

[750] Der Kenntnis der Nichtschuld steht auch die Kenntnis von Einwendungen, hier der Nichtigkeit des Veräußerungsvertrages, gleich, vgl. *Thomas* in: *Palandt*, RN 4 zu § 814 BGB.

[751] Vgl. BGHZ 73, S. 202, 204 f.

Allerdings wird in der Regel bei der untersuchten Fallkonstellation der Tatbestand des § 817 Abs. 1 Satz 2 BGB verwirklicht sein. Fraglich ist, ob dies hier zutrifft. Der BGH hat hierzu in seinem Urteil vom 31.05.1990 entschieden, daß der Ausschluß der Rückforderung dann nicht eingreife, wenn durch diesen Ausschluß ein Ergebnis sanktioniert wird, das als unbillig anzusehen ist.[752] Würde man im vorliegenden Fall die Rückforderung ausschließen, legalisierte dies die verbotswidrige Verbringung des geschützten Kulturgutes in das Ausland. Der Ausschluß der Rückforderung würde somit ein von der Rechtsordnung gerade nicht gewünschtes Ergebnis herbeiführen. Deshalb wird man in diesem Fall entsprechend dem Urteil des BGH zu dem Ergebnis kommen müssen, daß ein Ausschluß der Rückforderung nicht möglich ist und sich der Käufer des Kulturgutes, soweit deutsches Sachrecht Anwendung findet, nicht auf § 817 Abs. 1 Satz 2 BGB berufen kann. Dem Veräußerer des Kulturgutes steht somit trotz der Regelungen in §§ 814, 817 Abs. 1 Satz 2 BGB ein Rückforderungsanspruch gemäß § 812 BGB zu.

c) Rückforderung aufgrund sachenrechtlicher Ansprüche

Wie im einzelnen auf Seite 85 f. dargelegt, ist nach deutschem Recht nicht nur das Verpflichtungsgeschäft, sondern auch das Verfügungsgeschäft nichtig. Damit konnte aber rechtsgeschäftlich bei einer verbotenen Ausfuhr das Eigentum an dem geschützten Kulturgut nicht auf den Erwerber übergehen. Ist der Veräußerer deshalb Eigentümer des Kulturgutes, steht ihm in jedem Fall ein Rückforderungsanspruch gemäß § 985 BGB zu. Eine Anwendung des § 817 BGB auf den sachenrechtlichen Herausgabeanspruch des § 985 BGB ist mit der Rechtsprechung zu Recht abzulehnen.[753] Der damit in der Regel bestehende Anspruch des Verkäufers bzw. des ursprünglichen Eigentümers auf Rückerstattung könnte vom Staat im Wege der Prozeßstandschaft gegen den Erwerber geltend gemacht werden. Auf diese Weise könnte eine Regelung getroffen werden, die das Problem des Auseinanderfallens des prozessualen Herausgabeanspruches nach der EG-Richtlinie berücksichtigt und einen Entscheidungsgleichklang auch mit der materiellen Gesetzeslage ermöglicht.

2. Grundsätzliche Berechtigung einer Klage des Staates in Prozeßstandschaft

Grundsätzlich ist anerkannt, daß auch der Staat selbst in Prozeßstandschaft für einen anderen dessen Anspruch einklagen kann. So besteht in Deutschland für den Passivprozeß eine Prozeßstandschaft des Bundes nach den Artt. 12 Abs. 2,

---

[752] Vgl. BGHZ 111 S. 308, 312 f.

[753] Vgl. BGH LM Nr. 1 und Nr. 20 zu § 817 BGB.

25 AusfG zum Nato-Truppenstatut,[754] dem Land steht in Arbeitsgerichtsverfahren eine Prozeßführungsbefugnis im Aktivprozeß für privatrechtliche Lohnansprüche von Heimarbeitern nach §§ 25, 26 HeimarbeitsG zu.[755]

In bestimmten Bereichen kann der Staat somit bereits aufgrund bestehender gesetzlicher Regelungen auch in Aktivprozessen als Prozeßstandschafter bei positiver gesetzlicher Regelung zur Durchsetzung privater Ansprüche auftreten.

3. Klage in Prozeßstandschaft unter Berücksichtigung der Zielsetzungen

Bevor näher untersucht werden soll, ob und wie eine Prozeßstandschaft für den Staat geschaffen werden kann, soll dargelegt werden, welche Vorteile ein solches Vorgehen gegenüber den bisherigen Lösungsmodellen hätte. Dabei muß auf die grundsätzlichen Konzeptionen zurückgegriffen werden, die den hier untersuchten Kulturgüterschutzgesetzen zugrunde liegen.

a) Respektierung des Privateigentums

Eine der Vorgaben der Kulturgüterschutzgesetze ist die Respektierung des privaten Eigentums von schützenswerten Kulturgütern bei dem jeweiligen Eigentümer. Der Staat soll nur im äußersten Notfall in die dingliche Zuordnung der Kulturgüter eingreifen. Bei der Einräumung einer Prozeßstandschaft für den Staat bleibt die dingliche Zuordnung des Eigentums unberührt. Die Prozeßstandschaft dient gerade der Wiederherstellung der vorher bestehenden Rechtslage. Dieser Weg würde damit der Schutzintention der Kulturgüterschutzgesetze vollkommen entsprechen.

b) Respektierung der privatrechtlichen Beziehungen zu dem Kulturgut

Weiterer Vorteil einer solchen Lösung wäre, daß der Staat über die Eigentumszuordnung hinaus nicht in Rechte Dritter eingreifen würde. Denn sein geltend gemachter Anspruch bestimmt sich aus dem Grundverhältnis zwischen dem ursprünglichen Eigentümer und dem Käufer im Ausland. Nach dieser Rechtsbeziehung würde die Rückübertragung auf den Eigentümer geregelt werden. D.h., es würde nur der status quo ante wiederhergestellt, der genau der Schutzintention des Gesetzes entsprechen würde. Schadensersatzansprüche des Käufers hätte dieser gegen seinen Verkäufer, also gegen den ursprünglichen Eigentümer. Auch dies erschiene sachgerecht, da nicht durch den Anspruch des Staates auf Kontrolle und Bewahrung schützenswerten Kulturgutes der Eigentumserwerb

---

754 Vgl. BGH, Urt. v. 15.05.1991, MDR 1992, S. 271 f.; Urt. v. 07.06.1990, NJW 1990, S. 3085-3088; *Stein-Jonas-Bork*, RN 35 vor § 50 ZPO.

755 Vgl. *Stein-Jonas-Bork*, RN 35 vor § 50 ZPO.

des Käufers verhindert worden ist, sondern durch den Verstoß des Verkäufers gegen das nationale Schutzgesetz. Daher muß auch der Verkäufer für Schäden aufgrund dieses Verstoßes haften.

c) Berücksichtigung gutgläubigen Erwerbs

Die Grenzen der Rückführung von Kulturgütern in Prozeßstandschaft sind allerdings in den Fällen erreicht, in denen der ursprüngliche Eigentümer sein Eigentum durch gutgläubigen Erwerb eines Dritten verloren hat. Aber auch dies würde nicht gegen eine Lösung über die Prozeßstandschaft sprechen. Denn wie bereits dargelegt, geht es bei der Frage des Kulturgüterschutzes auch immer um das Spannungsfeld der Wirksamkeit des privatrechtlichen Rechtsgeschäftes auf der einen Seite, das unter anderem durch die in allen untersuchten Rechtsordnungen vorhandene Möglichkeit des gutgläubigen Erwerbs Dritter gesichert wird und zu einem kondiktionsfesten Eigentumserwerb führen soll, und dem Bedürfnis des Staates andererseits, möglichst jedes illegal ausgeführte Kulturgut wieder zurückführen zu können. Dieses Spannungsverhältnis würde durch eine Klage des Staates aus Prozeßstandschaft in der Weise entschieden, daß der Anspruch des Staates dort seine Grenze findet, wo ein Dritter durch seinen gutgläubigen Erwerb eine kondiktionsfeste Rechtsposition erworben hat. Die Regelung der Rückführung über Prozeßstandschaft würde somit der Sicherheit des Privatrechtsverkehrs den Vorrang einräumen.

Allerdings stünden dem Staat Korrekturmöglichkeiten hinsichtlich der Ausgestaltung der Regelungen des gutgläubigen Erwerbs offen So hat Norwegen die Möglichkeit des gutgläubigen Erwerbs von bestimmten Kulturgütern gesondert eingeschränkt. Insoweit würde tatsächlich die Möglichkeit der Rückführung von Kulturgütern mit der Forderung der Sicherheit im Privatrechtsverkehr harmonieren. Ein Widerspruch zwischen dem Anspruch des Staates auf Rückführung und den Regelungen des gutgläubigen Dritterwerbs besteht hier nicht. Ferner kann durch die Schaffung von Kulturgüterregistern die Anforderung an einen gutgläubigen Erwerb gesteigert werden.

4. Formen der Prozeßstandschaft

a) Abgrenzung zu den bisherigen Lösungen

Ein Vorgehen des Staates gegen den ausländischen Erwerber in Prozeßstandschaft unterscheidet sich von allen bisherigen Lösungsmodellen. Denn der Staat klagt nicht aufgrund eines eigenen Rechts, sondern macht Rechte des ursprünglichen Eigentümers in eigenem Namen geltend. Deshalb stellt dies auch einen anderen Weg als den der Klage nach der EG-Richtlinie dar. Dort klagt der Staat aufgrund der Verletzung einer eigenen, öffentlich-rechtlichen Rechtsposition, er ist also aufgrund eines eigenen Anspruchs in dem Prozeß vor den Gerichten des Staates, in dem sich das Kulturgut befindet, sachlegitimiert.[756] Dabei ist aber nicht zu übersehen und wurde auch oben nachgewiesen, daß sich die Sachlegitimation nicht auf das Kulturgut selbst bezieht. Es wird vielmehr ein Ausweg in der Form gesucht, daß aufgrund des Verstoßes gegen eine öffentlichrechtliche Ordnungsvorschrift dem Staat ein Klagerecht einzuräumen. Die zivilrechtlichen Konsequenzen werden bewußt ausgeklammert.

Akzeptiert man jedoch die fehlende eigene Sachlegitimation des Staates in bezug auf das Kulturgut,[757] aus der eine Klagebefugnis herzuleiten wäre, und berücksichtigt man die Tatsache, daß der Eigentümer des Kulturgutes sein Eigentum aufgrund der verbotswidrigen Verbringung nicht verloren und daher einen einklagbaren Anspruch gegen den ausländischen Ersterwerber hat,[758] den er aber im Zweifel nicht durchsetzen will, so führt dies zwangsläufig zu der Überlegung, dem Staat eine abgeleitete Sachlegitimation in bezug auf das Kulturgut zu geben.

b) Voraussetzungen und Formen der Prozeßstandschaft

Zu unterscheiden sind drei Möglichkeiten, wie eine Prozeßstandschaft begründet werden kann. Zum einen kann sich die Prozeßstandschaft aus materiellem Recht ergeben, zum anderen aus prozessualen Vorschriften oder drittens aus gewillkürtem Recht, d.h. aus Parteivereinbarungen. Das Institut der Prozeßstandschaft ist auch in den nordischen Staaten anerkannt.[759] Je nachdem, auf welcher

---

756 Art. 2 Richtlinie 93/7/EWG.

757 So die h.M., vgl. hierzu auch *Knott*, aaO., S. 114; *Merryman*, Thinking about the elgin marbles, S. 1890.

758 Zu der Frage, ob und wie man auch einen gutgläubigen Dritterwerb des Kulturgutes verhindern und dies im Rahmen einer Prozeßstandschaft nutzbar machen kann, sogleich im Anschluß.

759 Vgl. *Gomard/Møller/Nilas*, Retsplejeloven, S. 321 f. Wie in Deutschland gibt es keine ausdrückliche gesetzliche Regelung, eine Unterscheidung der Fälle der Prozeßstandschaft entsprechend der unterschiedlichen Wurzeln der Prozeßstandschaft im materiellen, prozessualen oder vertraglichen Bereich wird explizit nicht vorgenommen, die Einzelfälle werden aber entsprechend behandelt, vgl. *Gomard/Møller/Nilas*, Retsplejeloven, S. 321 f.

Für Norwegen vgl. *Bratholm/Hov*, Sivilrettergang, S. 110 f. zum Parteibegriff, S. 114 ff. zu den möglichen Formen der Prozeßstandschaft; auch *Augdahl*, Norsk civilprosess, 3. Aufl., Kap. 26, S. 179 ff.; Kap. 40, S. 241-243, der insbesondere das Recht der öffentlichen Verwaltung zur Intervention bzw. Klage in Prozeßstandschaft hervorhebt, aaO., S. 242; auch *Eckhoff*, Sivilprosess, 2. Aufl., § 20, S. 40 f. zur gesetzlichen und gewillkürten Prozeßstandschaft.

Für Schweden *Ekelöf*, Rättegång, 2. Band, 8. Aufl., S. 71.

Grundlage die Prozeßstandschaft beruht, ist für die Prüfung, ob eine Prozeßstandschaft besteht, auf unterschiedliche Rechtsordnungen zurückzugreifen.

aa) Anwendbares Recht bei Prozeßstandschaft aus materiellem Recht

Ergibt sich die Prozeßstandschaft aus materiellem Recht, so ist durch das Gericht, vor dem die Klage aus der Prozeßstandschaft geführt wird, nach der lex causae zu prüfen, ob die Voraussetzungen für die Geltendmachung eines fremden Anspruches im eigenen Namen vorliegen. Dies ist unstreitig[760] und erscheint auch sinnvoll, da die lex causae die materiellen Beziehungen der Parteien prägt. Sieht das dem Vertrag zugrundeliegende materielle Recht die Möglichkeit einer Prozeßstandschaft vor, so sind dort auch die Voraussetzungen geregelt, nach denen eine Prozeßstandschaft, somit die Geltendmachung eines fremden Rechtes unter eigenem Namen, möglich ist.

bb) Anwendbares Recht bei Prozeßstandschaft aus formellem Recht

Streitig ist, ob eine Prozeßstandschaft, die aufgrund der Regelungen des Prozeßrechts selbst folgt, etwa bei einem Wechsel der Rechtszuständigkeit an einem Anspruch oder einer Sache während des Prozesses, § 265Abs. 2 ZPO,[761] hinsichtlich ihrer Gültigkeit nach der lex fori zu beurteilen ist.[762]

Zu trennen ist hier die Frage der Voraussetzungen des Entstehens einer Prozeßstandschaft und die Frage ihrer Geltendmachung vor einem Gericht des Forumstaates. Ob überhaupt eine Prozeßstandschaft möglich ist, muß sich nach dem Recht richten, das die Parteien ihren Vertragsbeziehungen zugrunde gelegt haben. Denn die Parteien müssen beim Vertragsabschluß auch die Möglichkeit der klageweisen Durchsetzung von Vertragsansprüchen erkennen können. Wenn nach dem Vertragsstatut die Möglichkeit der Geltendmachung eines solchen Anspruchs aufgrund formellen Rechtes besteht, so bezieht sich diese Möglichkeit nur auf Verfahren, die im Staat des Vertragsstatutes durchgeführt werden. Dies folgt zwingend aus dem kollisionsrechtlichen Grundsatz, daß sich das formelle Recht nach dem Recht des Forumstaates richtet.[763] Die Frage, ob eine Pro-

---

760 Vgl. *Schütze*, Deutsches internationales Zivilprozeßrecht, S. 76; *Niederländer*, Materielles Recht und Verfahrensrecht im IPR, RabelsZ 20 (1955), S. 1-51, S. 51; *Geimer*, Internationales Zivilprozeßrecht, RN 2235 ff.; *Nagel*, Internationales Zivilprozeßrecht, § 4, RN 45; *Stein-Jonas-Bork*, RN 22, 43 vor § 50 ZPO.

761 Vgl. *Baumbach/Lauterbach/Albers/Hartmann*, RN 17 zu § 265 ZPO; *Thomas/Putzo*, RN 12 zu § 265 ZPO; 19 ff zu § 51 ZPO.

762 So *Geimer*, aaO., RN 2241 ff.; *Nagel*, aaO., § 4, RN 46; BGH, Urt. v. 24.02.1994, BGHZ 125, 196, 199; BauR 1994, S. 399-403.

763 Vgl. *Baumbach/Lauterbach/Albers/Hartmann*, RN 5 ff Übers. § 12 ZPO; differenzierender allerdings *Zöller*, RN 1 ff. zu IZPR, *Thomas/Putzo*, RN 5 f. vor § 1 ZPO.

zeßstandschaft nach formellem Recht besteht, kann somit nur nach dem Recht des Forumstaates beantwortet werden.

Eine andere Frage ist es jedoch, welches Recht zu berücksichtigen ist, wenn eine Prozeßstandschaft aufgrund formellen Rechtes für die Voraussetzungen der Geltendmachung auf materielle Tatbestände verweist. Wenn z.B. nach deutschem Verfahrensrecht eine Prozeßstandschaft für denjenigen besteht, dessen Streitgegenstand während des Prozesses veräußert wurde, § 265 ZPO, so muß sich die Frage des Vorliegens einer Veräußerung nach dem für diesen Vertrag zugrundeliegenden Recht des Vertragsstatuts richten.

Nach diesen Grundsätzen ist auch die umstrittene Frage des anwendbaren Rechts bei gewillkürter Prozeßstandschaft zu beantworten.[764]

cc) Anwendbares Recht für die Ermächtigung zur Prozeßstandschaft

Bei einer Klage des Staates in Prozeßstandschaft für den ursprünglichen Eigentümer kommt allerdings nur ein Vorgehen des Staates aufgrund einer Prozeßstandschaft nach materiellem Recht[765] in Frage.

Eine gewillkürte, öffentlich-rechtliche Prozeßstandschaft scheitert bereits an den entgegengesetzten Interessen des Staates und des ursprünglichen Eigentümers des Kulturgutes. Die Notwendigkeit einer gesetzlichen Prozeßstandschaft entsprechend § 265 ZPO besteht für den vorliegenden Fall nicht. Denn eine prozessuale Prozeßstandschaft beruht auf dem Gedanken, daß ein Prozeß durch die Änderung der Rechtszuständigkeit an dem Streitgegenstand nicht zwingend zu Parteiwechseln führen muß, und soll sicherstellen, daß der ursprüngliche Rechtsstreit zwischen den Parteien zu Ende geführt werden kann.[766] Hier ist jedoch ein Wechsel während des Prozesses nicht gegeben. Vielmehr soll bereits vor einem Prozeß die Zuständigkeit für die Geltendmachung des Eigentumsrechtes an dem Kulturgut auf den Staat übergehen.

Teilweise wird bei der Einbeziehung von öffentlichen Behörden in den Prozeß von einer prozessualen Parteistellung kraft Amtes gesprochen.[767] Für die vorlie-

---

[764] Vgl, BGH aaO., BauR 1994, S. 399-403, S. 401; Aus der Literatur *Schütze*, aaO., S. 75 für die Bestimmung nach der lex causae; *Fragistas*, Die Prozeßstandschaft im internationalen Prozessrecht, in: Festschrift für Lewald, S. 471-484, 483 für die Bestimmung nach der lex fori; differenzierend *Nagel*, aaO., § 4 RN 48. Höchstrichterlich ist diese Frage bisher noch nicht entschieden, vgl. BGH BauR 1994, S. 401.

[765] Vgl. *Stein-Jonas-Bork*, RN 36 vor § 50 ZPO.

[766] Vgl. § 265 ZPO.

[767] So vor allem *Stein-Jonas-Bork*, RN 35 vor § 50 ZPO.

gende Konstellation scheint eine Prozeßstandschaft kraft Amtes nicht zutreffen zu können. Wenn man mit der h.M.[768] davon ausgeht, daß eine Prozeßstandschaft kraft Amtes den handelnden Personen wie Testamentsvollstrecker[769], Konkursverwalter[770], Zwangsverwalter nach § 152 f. ZVG[771] oder dem Nachlaßverwalter[772] aufgrund ihrer gesetzlich zugewiesenen Aufgaben in Ausübung des ihnen übertragenen privaten Amtes zusteht, ergibt sich zu der angestrebten Prozeßführungsbefugnis im Rahmen des Kulturgüterschutzgesetzes ein Unterschied.

Während die vorgenannten Personen ein Amt mit umfassenden Verwaltungsaufgaben übertragen bekommen haben, ist hier nur eine punktuelle Ermächtigung vorgesehen. Auch entspringt die Prozeßstandschaft nicht den Aufgaben eines bereits bestehenden Amtes. Die erstrebte Prozeßstandschaft des Staates aufgrund des Kulturgüterschutzgesetzes korrespondiert nicht mit der Übertragung von weitgehenden Verwaltungsaufgaben.

Die Klage in Prozeßstandschaft ist daher nur aufgrund einer Prozeßstandschaft des Staates aufgrund materiellen Rechtes möglich.[773] Dies heißt, daß in den Schutzgesetzen ein Passus verankert werden muß, der dem Staat das Recht gibt,

---

768 Vgl. die ständige Rechtsprechung seit RGZ 29, S. 29; sowie aus der Literatur etwa Stein-Jonas-*Bork*, RN 25 ff. vor § 50 ZPO; *Baumbach/Lauterbach/Albers/Hartmann*, RN 8 ff. Grdz. § 50 ZPO, jeweils m.w.N. Die beiden weiteren vertretenen Theorien, die Vertretertheorie, *Thomas/Putzo*, Rn 27 ff. zu § 51 ZPO und die Organtheorie, MünchKommZPO-*Lindacher*, RN 36 vor § 50 ZPO; *K. Schmidt*[4], Handelsrecht, § 5 I 1 d aa, sind mit der h.M. abzulehnen.

Die Vertretertheorie leidet bereits an dem formalen Mangel, daß die betreffenden Personen im Gesetz nicht als Vertreter bezeichnet werden, obwohl dieser Begriff geläufig ist. Auch ist die Interessenlage eine andere, da die Parteien kraft Amtes nicht, wie sonst bei Vertretern üblich, zwingend die Interessen der hinter ihnen stehenden Personen wahrnehmen. Darüber hinaus ist auch die völlige Ausschaltung dieser Personen von ihrer Verfügungsmacht mit der Stellung eines Vertretenden nicht vereinbar.

Die Organtheorie übersieht, daß die Vermögensmassen vom Gesetz gerade nicht zu rechtsfähigen Subjekten erklärt werden. Vgl. auch Stein-Jonas-*Bork*, RN 33 a) vor § 50 ZPO.

769 BGH, Urt. v. 29.04.1959, BGHZ 30, S. 67, Urt. v. 22.01.1964, BGHZ 41, S. 23.

770 BGH, Urt. v. 14.04.1987, BGHZ 100, S. 346, 351.

771 BGH, Urt. v. 14.05.1992, ZIP 1992, S. 865.

772 BGH, Urt. v. 28.11.1962, BGHZ 38, S. 282.

773 Auf die Frage des anwendbaren Rechts hat dies jedoch keinen Einfluß. Wie gezeigt wird, ist weder bei einer Ermächtigung aufgrund öffentlichen Rechts noch bei einer Ermächtigung aufgrund einer Amtsposition für die Frage des Bestehens der Prozeßführungsermächtigung das Schuldstatut entscheidend, sondern allein die Vorschriften, aufgrund derer die Ermächtigung erfolgte, vgl. *Geimer*, aaO., RN 2235 ff.; BGH BauR 1994, S. 399, 400.

nach einer verbotswidrigen Verbringung das Eigentumsrecht des ursprünglichen Eigentümers selbst in eigenem Namen einklagen zu können.

Bereits in anderem Zusammenhang wurde dargelegt, daß ein Handeln des Staates durch eine gesetzliche Ermächtigung als öffentlich-rechtliches Handeln zu qualifizieren ist.[774] Auch bei der Einräumung einer Prozeßstandschaft für die Geltendmachung des Eigentumsrechts des ursprünglichen Eigentümers kann nichts anderes gelten. Es geht hier um die Ausübung staatlicher Hoheitsansprüche. Im Gegensatz zu den Ausführungen zum Vorkaufsrecht des Staates ist hier aber der Anspruch, der geltend gemacht wird, ein privatrechtlicher Anspruch. Denn es wird der unzweifelhaft dem Privatrecht unterfallende Eigentumsanspruch des ursprünglichen Eigentümers des Kulturgutes geltend gemacht. Die Tatsache, daß der Staat diesen Anspruch anstelle des Eigentümers geltend macht, kann die Qualifikation des einzuklagenden Anspruchs als privatrechtlich nicht verändern, zumal der Anspruch für den Eigentümer geltend gemacht wird, nicht für den Staat, sondern durch ihn.

Nur die Voraussetzungen der Prozeßstandschaft beruhen auf öffentlichem Recht, der geltend gemachte Anspruch entstammt jedoch dem Privatrecht. Bevor die Frage einer möglichen Anerkennung der Prozeßstandschaft durch ausländische Gerichte erörtert wird, ist zuvor noch zu klären, nach welchem Recht das Gericht des Forumstaates die Gültigkeit der Prozeßstandschaft prüft.

FRAGISTAS hat vorgeschlagen, daß eine Prozeßstandschaft, die auf einem Verwaltungsrecht beruht, sich nach dem Recht richtet, dem das Verwaltungsrecht unterliegt.[775] Diese Ansicht ist überzeugend.

Zwar könnte man überlegen, ob es sich bei dieser Prozeßführungsermächtigung der Sache nach um eine materielle Prozeßführungsermächtigung handelt, deren Vorliegen unstreitig nach dem Vertragsstatut zu prüfen ist.[776] Es käme somit auf das zwischen den Parteien herrschende Recht an. Denn übertrüge man diesen Grundsatz auf die materielle Prozeßführungsermächtigung aufgrund einer öffentlich-rechtlichen Vorschrift, so wäre dieses Recht nicht nur durch die privatrechtlichen Normen geprägt, sondern auch durch die Möglichkeit der Prozeßführungsbefugnis, die sich auf diesen Vertrag bezieht. Man könnte daher der Auffassung sein, daß die Frage der Prozeßführungsbefugnis auch aufgrund Verwaltungsrechts dem Recht unterliegt, das für die Vertragsbeziehungen der

---

[774] Vgl. oben S. 184 ff.

[775] Vgl. *Fragistas*, in: Festschrift für Lewald, S. 482.

[776] Vgl. *Schütze*, aaO., S. 76; *Niederländer*, RabelsZ 20 (1955), S. 1-51, S. 51; *Geimer*, aaO., RN 2235 ff.; *Nagel*, aaO., RN § 4 RN 45.

Parteien maßgebend ist, da das Verwaltungsrecht nicht unabhängig von dem Vertrag anwendbar wäre, sondern gerade durch den Vertrag zur Anwendung berufen würde. Die Prozeßführungsermächtigung des Staates aufgrund des Vertrages über eine verbotswidrige Ausfuhr eines Kulturgutes würde somit dem Recht folgen, das dem Vertrag zugrunde läge.

Diese Überlegungen treffen jedoch nicht den Kern des Problems. Vergleicht man die Fälle, in denen die Prozeßführungsbefugnis auf materiellem Recht oder auf prozessualem Recht beruht, so lassen sich die nachfolgenden Grundsätze herausbilden:

Bei der Prozeßführungsbefugnis aufgrund materiellen Rechts ist es unstreitig, daß die Prozeßführungsbefugnis von dem Gericht des Forumstaates aufgrund der lex causae zu bestimmen ist.[777] Der Grund liegt darin, daß die Normen des materiellen Rechts einem Dritten die Möglichkeit eröffnen, in Prozeßstandschaft ein Recht einzuklagen, dessen Inhaber er nicht ist. Die Prozeßstandschaft des Dritten wird durch die Rechtsnormen desjenigen Rechtes bestimmt, das auch auf den Vertrag zwischen den Parteien Anwendung findet. Somit ist als zwingende Konsequenz die Möglichkeit einer Prozeßstandschaft aufgrund des dem Vertrage zugrundeliegenden Rechts, der lex causae, zu prüfen.

Bei einer Prozeßstandschaft, die aufgrund prozeßrechtlicher Normen ermöglicht wird, wie z.B. nach § 265 ZPO, bestimmen sich deren Voraussetzungen nach dem Recht, dessen Normen den zugrundeliegenden Prozeß bestimmen. Da auf einen Prozeß das Recht des Forumstaates anzuwenden ist, bestimmt sich auch die Möglichkeit einer Klage in Prozeßstandschaft nach diesen Rechtsnormen.[778]

Entscheidend ist somit, aufgrund welcher Beziehung der in Prozeßstandschaft klagenden Partei[779] die Prozeßführungsbefugnis eingeräumt worden ist. Beruht sie auf materiellem Recht, so ist die lex causae maßgebend, da sich aufgrund

---

777 Vgl. *Geimer*, aaO., RN 2235 ff.; *Nagel*, aaO.

778 Dies ist herrschende Meinung, vgl. *Geimer*, aaO., RN 2241 ff.; *Nagel*, 3. Aufl., RN 281, will die Voraussetzungen der Prozeßführungsbefugnis aufgrund prozessualen Rechts nach der lex causae bestimmen. Hier muß man jedoch differenzieren. Verweist die Bestimmung des Prozeßrechts auf eine Rechtsbeziehung oder Rechtsfolge, die sich aus materiellen Normen ergibt, so ist tatsächlich zweifelhaft, ob diese nachgeordnete Frage nach der lex fori oder der lex causae zu beantworten ist. Richtigerweise wird man hier auf das der Rechtsveränderung zugrundeliegende Recht zurückgreifen müssen, vgl. nunmehr *Nagel*, 4. Aufl., § 4, RN 46; auch *Fragistas*, aaO., S. 480.

779 Wobei zu beachten ist, daß der Dritte bei einer Klage in Prozeßstandschaft als Partei anzusehen ist, vgl. *Fragistas*, aaO., S. 471; für das deutsche Recht etwa MünchKommZPO-*Lindacher*, RN 41 f. vor § 50 ZPO.

dieses Rechts die Befugnis des Dritten zur Prozeßführung ergibt, beruht die Prozeßführungsbefugnis auf prozessualem Recht, so ist das für den Prozeß maßgebende Recht, die lex fori, zur Entscheidung über das Vorliegen der Befugnis berufen.

Gibt man nun dem Staat die Möglichkeit, in eigenem Namen die privatrechtlichen Ansprüche des ursprünglichen Besitzers des Kulturgutes vor dem Gericht eines anderen Staates geltend zu machen, weil der ursprüngliche Besitzer durch die Veräußerung des Kulturgutes ohne die erforderliche Zustimmung gegen die Schutzinteressen des Herkunftsstaates verstoßen hat, so ist der Staat aufgrund einer verwaltungsrechtlichen Befugnis zur Geltendmachung des Anspruches berechtigt. Der Forumstaat muß daher die Berechtigung zur Prozeßführung aufgrund des Rechtsverhältnisses zwischen dem ursprünglichen Besitzer und dem Herkunftsstaat prüfen. Dieses Rechtsverhältnis bestimmt sich zwingend nach dem Verwaltungsrecht des Herkunftsstaates, so daß FRAGISTAS zuzustimmen ist, wenn dieser die These aufstellt, daß eine Prozeßstandschaft aufgrund Verwaltungsrechts sich immer nach dem Recht des Staates richtet, dem das Verwaltungsrecht unterliegt.[780]

Dies ist das nationale Verwaltungsrecht, aufgrund dessen die Verfügungsbefugnis des Eigentümers eingeschränkt und dem Staat eine Prozeßführungsermächtigung zugebilligt wird. Es kommt somit nicht etwa auf die Beziehung zwischen dem ursprünglichen Eigentümer und dessen Vertragspartner an. Maßgebliches Recht für die Wirksamkeit der Prozeßführungsermächtigung des Staates ist also allein dessen Verwaltungsrecht.

dd) Anerkennung der Prozeßführungsbefugnis durch den Forumstaat

Die entscheidende Frage ist aber auch hier wieder, ob das Gericht des Forumstaates eine Prozeßführungsbefugnis aufgrund einer verwaltungsrechtlichen Ermächtigung anerkennen würde, auch wenn deren Voraussetzungen vorliegen würden. Man muß sich als Ausgangspunkt für die Beantwortung dieser Frage noch einmal vor Augen halten, daß es bei diesem Lösungsweg nicht um die Durchsetzung eines als öffentlich-rechtlich zu qualifizierenden Anspruches geht; der durchzusetzende Anspruch ist privatrechtlicher Natur. Nur die Voraussetzungen der Prozeßstandschaft sind aufgrund öffentlich-rechtlicher Vorschriften gegeben. Eine solche Konstellation ist, soweit ersichtlich, noch nicht entschieden worden, auch in der Literatur ist die Frage der Anerkennung einer Prozeßstandschaft, die auf einer öffentlich-rechtlichen Befugnis beruht, aber auf die

---

[780] Vgl. *Fragistas*, aaO., S. 482.

Durchsetzung eines privatrechtlichen Anspruches gerichtet ist, kaum behandelt worden.[781]

Wie gesehen, wird öffentlich-rechtlichen Ansprüchen fremder Staaten von den Gerichten anderer Staaten die Durchsetzung nach der herrschenden Ansicht verwehrt. Diese Ansprüche, die letztlich von der hoheitlichen Gewalt des einzelnen Staates abgeleitet sind, sollen nur von den Gerichten der eigenen Staaten durchgesetzt werden. Ein fremder Staat ist nicht berufen, hoheitliche Ansprüche eines anderen Staates durchzusetzen.

Dieser Fall liegt aber nicht vor. Der Anspruch auf Rückübertragung des Kulturgutes besteht aufgrund des Eigentums des ursprünglichen Eigentümers des Kulturgutes. Würde dieser selbst die Durchsetzung seines Anspruches betreiben, so wäre dies nach den allgemeinen Regeln des Internationalen Privat- und Prozeßrechtes bei Bestehen des Anspruches ohne weiteres möglich. Denn es geht nur um die Wiederherstellung der sachenrechtlichen Eigentumszuordnung.

Der einzige Unterschied besteht darin, daß ein anderer die Wiederherstellung der rechtlichen Eigentumsverhältnisse für den Eigentümer klageweise durchsetzt. Es geht somit nicht um die Durchsetzung eines öffentlich-rechtlichen Anspruches eines anderen Staates. Deshalb ist die Situation von der Durchsetzung etwa eines öffentlich-rechtlichen Vorkaufsrechtes verschieden, selbst wenn es sich nur um graduelle Unterschiede handelt. Denn dort bedient sich der Staat der privatrechtlichen Handlungsformen, um die Eigentumszuordnung des Kulturgutes zu seinen Gunsten zu verändern aufgrund seiner hoheitlichen Befugnisse. Hier jedoch wird die privatrechtliche Rechtszuordnung gerade nicht verändert, sondern vielmehr bestätigt. Aus diesem Grund könnte eine größere Bereitschaft des Forumstaates bestehen, eine Klage in Prozeßstandschaft anzuerkennen, da nicht Ansprüche des Staates durchgesetzt werden sollen, sondern private Ansprüche, wenn auch durch den Staat.

Selbstverständlich sind jedoch die Zulässigkeitsvoraussetzungen einer Prozeßführungsbefugnis nach den Regelungen des Forumstaates zu berücksichtigen.[782] Nach deutschem Zivilprozeßrecht ist daher zu prüfen, ob der Staat ermächtigt ist, den Anspruch geltend zu machen.[783] Diese Voraussetzungen wären aber im vorliegenden Fall gegeben.

---

781 Vgl. *Fragistas*, aaO., S. 482.

782 Vgl. BGH BauR 1994, S. 399, 400; BGH, Urt. v. 6.05.1981, NJW 1981, S. 2640; *Geimer*, aaO., RN 2234; *Schack*, Internationales Zivilverfahrensrecht, RN 558.

783 Vgl. BGH BauR 1994, S. 399, 401.

Daher ist davon auszugehen, daß die Geltendmachung des Eigentumsanspruches des ursprünglichen Kulturguteigentümers durch den Staat in Prozeßstandschaft durchaus Chancen hätte, von Gerichten anderer Staaten anerkannt zu werden.

5. Bewertung eines Vorgehens des Staates in Prozeßstandschaft

a) Gleichlauf zwischen materieller Berechtigung des Eigentümers und des Staates

Das Vorgehen des Staates in Prozeßstandschaft würde auch entgegen der Möglichkeit nach der EG-Richtlinie berücksichtigen, daß der Staat für seine Klage gerade keine eigene materielle Sachlegitimation an dem Kulturgut selbst hat. Das Interesse des Staates, daß die ursprüngliche Eigentumslage wiederhergestellt wird und damit u.U. eine Rückführung des Kulturgutes erreicht wird, ist bei der Lösung über die Prozeßstandschaft gerade berücksichtigt. Die Lösung über die EG-Richtlinie gibt dem Staat jedoch ohne jede Sachlegitimation einen Herausgabeanspruch nur aufgrund des öffentlichen Rechts, ohne daß dabei die privatrechtlich zugrundeliegenden Verhältnisse berücksichtigt werden könnten.

So wurde bereits oben ausgeführt, daß es der Staat in gewisser Weise in der Hand hat, eine Eigentumszuordnung des Kulturgutes durch gutgläubigen Eigentumserwerb zu erschweren.[784] Nimmt er diese Möglichkeiten wahr, so definiert er von vornherein die Grenzen zwischen den Interessen der Rechtssicherheit der privatrechtlichen Eigentumsübertragung, muß sich aber andererseits selbst an diese Grenzen halten. Denn nur wenn kein gutgläubiger Erwerb durch einen Dritten erfolgt ist, kann der Staat selbst erfolgreich in Prozeßstandschaft den Eigentumsanspruch des ursprünglichen Eigentümers geltend machen. Nach der EG-Richtlinie brauchte darauf keine Rücksicht genommen zu werden, so daß bei dem Handel mit hochwertigen Kulturgütern ein Risiko auftreten würde, daß jeder Eigentumserwerb unter der Konfiskationsdrohung des Ursprungsstaates stehen würde.[785] Daher ist die Lösung über die Prozeßstandschaft der EG-Richtlinie vorzuziehen.

---

[784] So auch MünchKomm-*Kreuzer*, RN 202 nach Art. 38 Anh. I, der sich ebenfalls gegen die ansonsten notwendige Auflockerung der Situs-Regel wendet.

[785] Vgl. hierzu auch *Schmeinck*, aaO., S. 196 f., die jedoch mit ihrer Kritik an der Richtlinie zu weit geht und die öffentlich-rechtliche Natur des Rückgabeanspruches aus der Richtlinie nicht genügend berücksichtigt, vgl. hierzu S. 190 f.

b) Vorteile der Prozeßstandschaft im Vergleich zu der Rückführung nach der EG-Richtlinie 93/7/EWG

Man kann allerdings einwenden, daß bei einer Klage aufgrund des Eigentumsrechts des Eigentümers der Besitz diesem wieder eingeräumt werden muß. Zunächst ist darauf hinzuweisen, daß die ähnliche Situation auch bei einem Vorgehen nach der EG-Richtlinie eintritt. Durch die EG-Richtlinie erhält der Staat kein Eigentum, so daß entweder der jetzige Besitzer oder der Alteigentümer das Eigentum für sich beanspruchen können.

Außerdem ist der Staat bei dem Vorgehen in Prozeßstandschaft nicht gehindert, seine hoheitlichen Befugnisse gegenüber dem Alteigentümer geltend zu machen, etwa durch die Verhängung von Bußgeldern oder anderer Sanktionen. Auch sieht sich der Alteigentümer den privatrechtlichen Gegenansprüchen des Besitzers ausgesetzt, so daß er durch die Geltendmachung seines Eigentumsrechts durch den Staat nicht etwa reine Vorteile erhält. Letztlich würde durch eine erfolgreiche Klage in Prozeßstandschaft auch genau die Situation wiederhergestellt, die den untersuchten Kulturgüterschutzgesetzen zugrunde liegt. Denn der Ausgangspunkt dieser Gesetze ist das im Privateigentum stehende Kulturgut. Es geht nicht etwa darum, den privaten Eigentümer bei einem Verstoß gegen die Kulturgüterschutzgesetzgebung zu enteignen. Das Entscheidende ist die nationale Zuordnung der Kulturgüter. Gerade diese wird aber durch eine Rückführung in Prozeßstandschaft erreicht.

Auch das im Vergleich zu dem Vorgehen nach der EG-Richtlinie größere Risiko für eine erfolgreiche Rückführung ist hinzunehmen. Denn die gesamte Gesetzgebung bewegt sich in Bereich des Kulturgüterschutzes im Spannungsfeld wirksamer privatrechtlicher Eigentumszuordnungen aufgrund des Verkehrsschutzes und der hoheitlichen Eingriffsbefugnis des Staates. Durch das Vorgehen in Prozeßstandschaft respektiert der Staat wohlerworbene Rechte Dritter. Ausländische Erwerber von Kulturgütern müssen daher nicht befürchten, wohlerworbener Rechte verlustig zu gehen, weil der Machtanspruch eines für sie fremden Staates in diese eingreift. Ihre Rechtsposition ist nur insoweit gefährdet, wie sie auch nach normalen zivilrechtlichen Grundsätzen gefährdet wäre. Denn ausländische Erwerber stehen nicht dem Anspruch eines Staates gegenüber, sondern dem Anspruch ihres Vertragspartners oder des Alteigentümers. Solcher Herausgabeansprüche müssen Parteien im Privatrechtsverkehr immer gewärtig sein. Durch eine Klage in Prozeßstandschaft könnten somit die widerstreitenden Interessen der Beteiligten zu einem sachgerechten Ausgleich geführt werden.

Das Vorgehen des Staates in Prozeßstandschaft würde somit dogmatisch von vornherein einen Gleichklang zwischen der prozessualen Möglichkeit des Vorgehens durch den Staat und der materiellen Rechtslage an dem Kulturgut sichern. Dies ist, wie dargelegt, bei der EG-Richtlinie nicht der Fall, da die prozessuale Klageberechtigung ausdrücklich nicht aufgrund der materiellen Berechtigung (durch eigenes oder übertragenes Recht) an dem Kulturgut gewährt wird, sondern als von der materiellen Rechtslage unabhängiger öffentlich-rechtlicher Herausgabeanspruch[786]. Auch wenn aufgrund des Bestehens der EG-Richtlinie der Herkunftsstaat jedenfalls in den Mitgliedstaaten der EG einen weitergehenden Klageanspruch besitzt, wäre aus den dargelegten Gründen die Schaffung der Möglichkeit eines Vorgehens in Prozeßstandschaft vorzuziehen.

Hinzu kommt, daß der Klaganspruch der Richtlinie nur auf Verbringungen von Kulturgütern innerhalb der EG beschränkt ist. Bei Veräußerungen in Nicht-EU-Staaten würde somit das Vorgehen in Prozeßstandschaft dem Staat einen Klaganspruch auf Herausgabe des Kulturgutes sichern, soweit der ursprüngliche Eigentümer sein Eigentum an dem Kulturgut noch nicht verloren hat. Um eine effektive Durchsetzung der Prozeßstandschaft zu erreichen, ist in einer Regelung sicherzustellen, daß ausschließlich der Staat berechtigt ist, die Rechte an dem Kulturgut geltend zu machen. Dies steht auch im Einklang mit den existierenden Regelungen zu Prozeßstandschaften. Es kann nur jeweils eine Partei (mit Ausnahme der gemeinschaftlichen Berechtigung an einer Sache) ein Recht vor Gericht einklagen. Ein Fall der gemeinschaftlichen Berechtigung liegt jedoch nicht vor, wenn das Prozeßführungsrecht vollständig auf den Staat übertragen wird.

6. Regelungsvorschlag

Die Schutzgesetze sollten entsprechend den vorherigen Ausführungen eine Berechtigung des Staates zur Klage in Prozeßstandschaft mit aufnehmen. Die Regelung sollte sicherstellen, daß dann, wenn der Eigentümer eines geschützten Kulturgutes dieses trotz rechtskräftiger Versagung der Ausfuhrgenehmigung oder ohne Genehmigung der zuständigen Behörde in das Ausland verbracht hat, der Staat berechtigt ist, die Rechte des Eigentümers des Kulturgutes in eigenem Namen vor den Gerichten des Staates, in dem sich das Kulturgut befindet, gegen den jeweiligen Besitzer geltend zu machen, wobei die Klage auf Rückgabe an den Eigentümer gerichtet sein müßte.

VI. Sicherung des Kulturgutes nach erfolgter Rückgabe

Alle untersuchten Rechtsordnungen betreffen nur Kulturgüter in dem Schutzbereich ihrer Kulturgüterschutzgesetze, die im Privateigentum stehen. Dies ent-

---

786 So auch *von Preuschen*, EuZW 1999, S. 41.

spricht auch der grundsätzlichen Schutzrichtung von öffentlich-rechtlichen Verbotsgesetzen. Ein staatliches Verbot richtet sich zwangsläufig gegen den Bürger.

Damit muß aber die Frage beantwortet werden, wie nach der Rückführung die Eigentumsfrage an dem Kulturgut zu lösen ist. Die Klage kann in Prozeßstandschaft nur auf Rückgabe an den Eigentümer gerichtet sein. Dies führt jedoch noch nicht zu der gewünschten Sicherung des Kulturgutes. Es bieten sich zwei Möglichkeiten an: die Pflicht des Eigentümers zur Übertragung des Kulturgutes in öffentliches Eigen8tum oder die Belassung in privatem Eigentum. Zuerst soll die Überführung in öffentliches Eigentum näher untersucht werden.[787]

1. Überführung in öffentliches Eigentum nach erfolgter Rückgabe

Bei der Überführung in öffentliches Eigentum bietet sich die Möglichkeit des Ankaufs des Kulturgutes durch den Staat an. Dies liegt als präventive Möglichkeit der Verhinderung einer illegalen Ausfuhr dem Schutzgesetz von Dänemark zugrunde. Auf die grundsätzlichen Bedenken, aber auch auf die Vorteile dieser Lösung kann hierbei verwiesen werden.[788] Zu berücksichtigen ist jedoch die besondere Situation nach der Rückführung. Der ursprüngliche Eigentümer hat entgegen einem staatlichen Verbot Kulturgüter außer Landes gebracht. Durch den Verstoß gegen das Ausfuhrverbot waren die hierauf gerichteten Verträge nach allen untersuchten Rechtsordnungen nichtig.[789] Eigentum an dem Kulturgut konnte daher nur bei einem gutgläubigen Erwerb erlangt werden.

Bezüglich eines Ankaufsrechts des Staates, wie es in der dänischen Regelung enthalten ist, bestehen Bedenken. Denn es müßte dem ursprünglichen Eigentümer gegenüber ein Ankaufsangebot abgegeben werden.

Damit würde im nachhinein der Verstoß gegen das Kulturgüterschutzgesetz noch belohnt werden. Der Eigentümer des Kulturgutes sähe sich zwar möglicherweise den Schadensersatzansprüchen des Käufers gegenüber, die dem Grunde nach wegen anfänglichen Unvermögens der Erfüllung des Kaufvertrages gegeben wären, so daß er zur Rückzahlung des Kaufpreises und u.U. zur Erstattung eines entgangenen Gewinns aus dem Weiterverkauf des Kunstwerkes verpflichtet wäre. Dies aber auch nur, wenn der Käufer selbst gutgläubig war, was im Regelfall bei den hier untersuchten Konstellationen durch dessen Mitverschulden nicht gegeben sein dürfte. Diese Ansprüche, wenn sie dennoch bestehen sollten, wür-

---

[787] Hiervon geht auch ersichtlich die Richtlinie aus, vgl. KOM (91) 447 ABl. 1992 C 53/11; *Roth*, aaO., S. 173.

[788] Vgl. hierzu S. 171 f.

[789] Vgl. hierzu den 3. Teil, B; der vorliegenden Arbeit.

den aber teilweise kompensiert durch den Kaufpreisanspruch, den der Eigentümer nun gegen den Staat aufgrund seines Kaufangebotes erlangen würde. Damit wäre ein Verstoß gegen das Ausfuhrverbot für den Eigentümer von Kulturgütern ohne jedes finanzielle Risiko. Das zeigt, daß ein Kaufangebot des Staates präventiv als Instrument zur Verhinderung einer illegalen Ausfuhr brauchbar sein kann, nach einer zwangsweisen Rückführung aber keinesfalls ein geeignetes Mittel ist, die Eigentumszuordnung endgültig festzulegen.

2. Einziehung

Eine zwangsweise Überführung des Kulturgutes in öffentliches Eigentum würde der Prämisse widersprechen, daß grundsätzlich privates Eigentum an dem Kulturgut respektiert würde. Allerdings ist bei einem Verstoß gegen das Ausfuhrverbot durch den ursprünglichen Eigentümer kein zwingender Grund zu erkennen, ihm das Kulturgut zu Eigentum zu belassen. Jedenfalls die in den Kulturgüterschutzgesetzen von Deutschland und Schweden verankerte Möglichkeit einer repressiven strafrechtlichen Einziehung scheint deshalb möglich zu sein.

Allerdings findet diese Möglichkeit ihre Grenze, wenn das Kulturgut von einem ausländischen Käufer (gutgläubig) zu Eigentum erworben worden ist. Würde der Staat etwa aufgrund des Rückgabeanspruches nach der Richtlinie 93/7/EWG in den Besitz des Kulturgutes gelangen, so wäre ein repressives Vorgehen gegen den gutgläubigen Eigentümer ausgeschlossen. Dessen nunmehrige Eigentumsrechte wären zu akzeptieren.

3. Vorkaufsrecht des Staates nach erfolgter Rückgabe aufgrund der Prozeßstandschaft

Eine weitere Möglichkeit bestünde darin, dem Staat ein eigenes Vorkaufsrecht zu gewähren. Ein Vorkaufsrecht des Staates ist, wie oben gezeigt,[790] nur öffentlich-rechtlich zu konstruieren. Ein solcher öffentlich-rechtlicher Anspruch könnte im Ausland nicht durchgesetzt werden.[791]

Diese Probleme entfallen aber sobald das Kulturgut wieder im Inland und im Besitz des Staates ist. Denn nun handelt es sich bei dem Vorkaufsrecht um einen hoheitlichen Anspruch, der innerhalb des Hoheitsgebietes des Staates und damit innerhalb seines Machtbereiches geltend gemacht wird. Insoweit unterscheidet

---

790 Vgl. hierzu S. 180 ff.

791 Vgl. hierzu S. 185 ff..

sich die Geltendmachung eines Vorkaufsrechtes in diesem Fall nicht von anderen gesetzlich geregelten öffentlich-rechtlichen Vorkaufsrechten des Staates.

Allerdings könnte die Geltendmachung des Vorkaufsrechtes aus einem anderen Grunde ausgeschlossen sein. Voraussetzung der Ausübung eines Vorkaufrechts ist grundsätzlich das Vorliegen eines wirksamen Kaufvertrages.[792] Ob in einem Fall, in dem zwar der Verkauf des Kulturgutes wegen des Verstoßes gegen das Ausfuhrverbot des Schutzgesetzes unwirksam ist, ein Vorkaufsrecht dennoch ausgeübt werden kann, weil sich der Vorkaufsverpflichtete dann nicht gegenüber dem Staat auf die von ihm selbst verschuldete Unwirksamkeit des Vorkaufrechtes berufen kann, wird unterschiedlich beantwortet.[793] Nach der hier vertretenen Auffassung könnte sich jedenfalls der Eigentümer, der durch die verbotswidrige Ausfuhr das Verbotsgesetz des Staates mißachtet hat, nicht gegenüber dem Staat als Berechtigtem auf die Unwirksamkeit des Kaufvertrages berufen, so daß die Ausübung des Vorkaufrechts jedenfalls möglich erscheint. Fraglich ist, ob allerdings in dem Fall, in dem das Kulturgut wieder in den Herkunftsstaat zurückgeführt ist, ein schutzwürdiges Interesse an der Ausübung des Vorkaufrechts besteht. Denn insoweit besteht ein Unterschied zu dem Fall, in dem durch das Vorkaufsrecht eine Rückführung erst erreicht werden sollte. Dennoch ist durch den bereits begangenen Verstoß des Eigentümers deutlich geworden, daß eine Sicherung des Kulturgutes bei dem Eigentümer zumindest fraglich erscheint. Als Sicherung des Kulturgutes bietet sich deshalb die Ausübung des Vorkaufrechts anstelle der zwangsweisen strafrechtlichen Einziehung an. Die Ausübung des Vorkaufsrechts stellt das mildere Mittel dar, so daß dessen Ausübung eine sinnvolle Möglichkeit zur Sicherung des Kulturgutes beim Staat darstellt.

4. Vorkaufsrecht bei der Rückgabe aufgrund der Richtlinie

Wird das Kulturgut aufgrund der Richtlinie zurückgegeben und steht das Eigentum an dem Kulturgut durch einen wirksamen gutgläubigen Erwerb dem ausländischen Eigentümer zu, so lägen grundsätzlich die Voraussetzungen für die Ausübung des vorgeschlagenen Registervorkaufsrechts vor. Der durch den gutgläubigen Erwerb wirksame Kaufvertrag würde die Ausübung eines Registervorkaufsrechts ermöglichen.

---

[792] Vgl. BGH WM 1969, S. 552; *Putzo* in: *Palandt*, RN 5 zu § 504 BGB.

[793] Bejahend BGHZ 34, 200, 205 f.; BGH WM 1970, 321, 322; WM 70, 1315, 1318. Vgl. auch *Rothe* in: RGRK, RN 10 zu § 1097 BGB m.w.N.; zweifelnd MünchKomm-*Westermann*, RN 22 zu § 504 BGB.

Allerdings müßte dieses Vorkaufsrecht als öffentlich-rechtlicher Anspruch gegenüber einem ausländischen Staatsbürger ausgeübt werden. Da das Vorkaufsrecht nach erfolgter Rückgabe jedoch im Inland durchzusetzen wäre, würde sich die Frage der Anerkennung eines solchen öffentlich-rechtlichen Anspruches vor den Gerichten eines anderen Staates nicht stellen. Unabhängig davon könnte in diesem Fall möglicherweise eine Anerkennung zumindest von den Mitgliedstaaten der EG, die die Richtlinie 93/7/EWG umgesetzt haben, erfolgen. Denn die Ausübung des Vorkaufsrechts würde zur Wiederherstellung des Gleichklangs zwischen Besitz und Eigentümerstellung an dem Kulturgut führen, der durch die Richtlinie erst gestört wurde. Es erscheint gerade im Hinblick auf die konsequente Umsetzung der Richtlinie deshalb angezeigt, das vorgeschlagene Registervorkaufsrecht an den zu schützenden Kulturgütern zu schaffen.

Das Vorkaufsrecht sollte in den beiden vorgenannten Fällen zusammen mit der Eintragung des Kulturgutes in das Verzeichnis der schützenswerten Kulturgüter bestellt und selbst in das Verzeichnis eingetragen werden, um wie dargelegt, eine dingliche Wirkung entfalten zu können. Entsprechend den bestehenden gesetzlichen Vorkaufsrechten, etwa der Gemeinden, sollte die Ausübung des Vorkaufsrechts an eine Frist gebunden sein. Diese Frist sollte den Zeitraum von einem Jahr nicht überschreiten. Fristbeginn wäre sinnvollerweise der Zeitpunkt der Kenntniserlangung des Besitzes des Kulturgutes, spätestens aber der Zeitpunkt der Rückführung des Kulturgutes in das Bundesgebiet.

Durch die vorstehenden Maßnahmen kann ein wirkungsvoller Kulturgüterschutz erreicht werden. Ein spezielles Kollisionsrecht für Kulturgüter oder die Schaffung eines besonderen Mobiliarsachenrechts an Kulturgütern ist deshalb nicht notwendig.

Literaturverzeichnis

Andersen, Lennart Lynge/*Nørgaard*, Jørgen, Aftaleloven med kommentarer, 3. Aufl. København 1999

Andersen, Paul Krüger/*Clausen*, Nils Jul/*Iversen* , Bent /*Jespersen*, Halfdan Karg/*Michelsen*, Aage/*Nørgaard*, Jørgen, Dansk privatret, 11. Aufl. København 1999 (zit.: *Andersen/Clausen/u.a.*)

Adlercreutz, Thomas, Det rörliga kulturarvet, En komparativ översikt av regler för flyttbare kulturföremål, SvJT 1994, S. 39-80

\- in: *Karnov*, Svensk lagsamling med kommentar, Hrsg. Blom, Brigitte/Eriksson, Anders/Romberg, Jan/Sjöberg, Magnus, 3. Band, Stockholm 1996

Augdahl, Per, Norsk civilprosess, 3. Aufl. Trondheim 1961

Axer, Peter, Das Hamburger Stadtsiegel - Ein Problem des Rechts der öffentlichen Sachen, NWVBl 1992, S. 11-13

Badura, Peter, in: *Erichsen*, Hans Uwe (Hrsg.), Allgemeines Verwaltungsrecht, 11. Aufl. Berlin, New York 1998

Banke, in: Karnovs lovsamling (DK), Hrsg. *Gulmann*, Claus/*von Eyben*, W. E./*Nørgaard*, Jørgen, Band 1, S. 1-1438, 13. Aufl. København 1993

Bar, Christian von, Internationales Privatrecht, Band 1, Allgemeine Lehren, München 1987

Bassenge, Peter, in: Palandt, Bürgerliches Gesetzbuch, 59. Aufl. München 2000

Bator, Paul, An Essay on the International Trade in Art, Stanford Law Review 34 (1982), S. 275-384

Baumbach, Adolf/*Lauterbach*, Wolfgang/*Albers*, Jan/*Hartmann*, Peter, Zivilprozeßordnung, 58. Aufl. München 2000

Baumbach, Adolf/*Duden*, Konrad/*Hopt*, Klaus, Handelsgesetzbuch, 29. Aufl. München 1995

Baur, Jürgen F./*Stürner*, Rolf, Lehrbuch des Sachenrechts, 17. Aufl. München 1999

Bergström, Sture, Ogiltighet ur civilrättslig och skatterättslig synvinkel, Stockholm 1984

Bila,, Nationaler Kulturgüterschutz in der Europäischen Union, Diss. Bonn 1997

Blom, Brigitte/*Eriksson*, Anders/*Romberg*, Jan/*Sjöberg*, Magnus (Hrsg.) *Karnov*, Svensk lagsamling med kommentar, 3. Band, Stockholm 1996 (zit.:Karnov(S))

Bogdan, Michael, Expropriation in Private International Law, Lund 1975 (zit.: Expropriation)

- Ordre public och tvingande rättsregler i Haagkonventionern om internationell privat- och processrätt, SvJT 1993, S. 308-318.

- Svensk internationell privat- och prozessrätt, 5. Aufl. Stockholm 1999

- Tillämplighet av avtalslagen 36 § i internationella rättsförhållanden, Lov og Rett 1996, S. 114-122

- 1980 års EG-konvention om tillämpling lag påkontraktsrättsliga förpliktelser - synpunkter beträffande den svenske inställningen, TfR 1982, S. 1-49

Bork, Reinhard, in: Stein-Jonas, Kommentar zur ZPO, Band 1, 21. Aufl. Tübingen 1993

Bratholm, Anders/*Hov*, Jo, Sivilrettergang, 5. Aufl. Oslo, Bergen, Tromsø 1987

Brox, Hans, Allgemeiner Teil des Bürgerlichen Gesetzbuches, 23. Aufl. Köln 1999

Brækhus, Sjur/*Hærem*, Axel, Norsk Tingsrett, 2. Aufl. Oslo 1984

Canaris, Claus-Wilhelm, Gesetzliches Verbot und Rechtsgeschäft, München 1983

Coester, Michael, Die Berücksichtigung fremden zwingenden Rechts neben dem Vertragsstatut, ZVglRWiss 82 (1983), S. 1-30

Coing, Helmut, Zur Anwendung zwingender ausländischer Verträge, Artikel 7 des Übereinkommens über das auf vertragliche Schuldverhältnisse anzuwendende Recht, WM 1981, S. 810-813

Creifelds, Carl, Die Strafrechtliche Einziehung gegen den "Dritteigentümer", JR 1955, S. 403-409.

Damrau, Jürgen, in: Münchener Kommentar zum Bürgerlichen Gesetzbuch, Band 6, 3. Aufl. München 1997

Dennemark, Sigurd, Om svensk domstols behörighet i internationellt förmögenhetsrättsliga mål, Stockholm 1961

Diederichsen, Uwe, in: Palandt, Bürgerliches Gesetzbuch, 59. Aufl. München 2000

Dilcher, Hermann, in: Staudinger, Kommentar zum Bürgerlichen Gesetzbuch mit Einführungsgesetz und Nebengesetzen, Allgemeiner Teil, 12. Aufl. Berlin 1980

Dübeck, Inger, Einführung in das dänische Recht, Baden-Baden 1996

- in: Karnovs lovsamling (DK), Hrsg. Gulmann, Claus/von Eyben, W. E./Nørgaard, Jørgen, Band 1, S. 1-1438, 13. Aufl. København 1993

Dürig, Günter/*Rudolf*, Walter, Texte zur deutschen Verfassungsgeschichte, 2. Aufl. München 1979

Dwinger, Jonna, Kunsten stiger kunstlig, Politiken vom 04.07.1991, S. 1

Eberl, Wolfgang, Probleme und Auswirkungen der EG-Vorschriften zum Kulturgüterschutz, NVwZ 1994, S. 729-731

Eek, Hilding, Lagkonflikter i tvistemål, Stockholm 1972 (zit.: Lagkonflikter)

Eckhoff, Torstein, Sivilprosess, 2. Aufl. Oslo 1962

Ehlers, D., Das öffentliche Sachenrecht - ein Trümmerhaufen, NWVBl 1993, S. 327-333

- in: Erichsen, Hans Uwe (Hrsg.), Allgemeines Verwaltungsrecht, 9. Aufl. Berlin, New York 1992

Erman, Walter, Kommentar zum BGB, neu herausgegeben von *Westermann*, Harm Peter, Band 2, 10. Aufl. Münster 2000

Ekelöf, Per Olof/*Boman*, Robert, Rättegång, 2. Band, 8. Aufl. Stockholm 1996

Erichsen, Hans Uwe (Hrsg.), Allgemeines Verwaltungsrecht, 11. Aufl. Berlin, New York 1998 (zit.: *Erichsen*-Bearbeiter, Allg. VerwR)

Eser, Albin, Die strafrechtlichen Sanktionen gegen das Eigentum, 1969

- in: *Schönke*, Adolf/*Schröder*, Horst, Strafgesetzbuch, 25. Aufl. München 1997, Fortgeführt von Lenckner, Cramer, Eser und Stree

Eser, Albin (Hrsg.), Neue Wege der Wiedergutmachung im Strafrecht, Freiburg i. Brsg. 1990

Esser, Josef/*Weyers*, Schuldrecht Band II, Besonderer Teil, 7. Aufl. Heidelberg 1991

Fechner, Frank, Die Vorhaben der EG zum Kulturgüterschutz, DÖV 1992, S. 609-618.

- Der Hamburger Stadtsiegelfall, JuS 1993, S. 704.

- in: *Groeben*, Hans von der /*Thiesing*, Jochen/*Ehlermann*, Claus-Dieter, Kommentar zum EWG-Vertrag, Loseblatt, 4. Aufl. Baden-Baden 1998

Firsching, Karl, Übereinkommen über das auf vertragliche Schuldverhältnisse anzuwendende Recht (IPR-VertragsÜ) vom 11.6.1980, IPRax 1981, S. 37-43

- in: Staudinger, Kommentar zum Bürgerlichen Gesetzbuch, EGBGB Art. 27-37, 12. Aufl. Berlin 1998

Flume, Werner, Allgemeiner Teil des bürgerlichen Rechts, 2. Das Rechtsgeschäft, 4. Aufl. Berlin 1992

Forbrugerkommissionens Lovudvalget (Hrsg.), Forbrugerkommissionens Betænkning III, Betænkning Nr. 738, København 1975 (zit.: Bet. 738/1975)

Fortscher, Werner, Probleme des öffentlichen Sachenrechts, VerwArch Bd. 62 (1971), S. 153-168

Fragistas, Ch. N., Die Prozeßstandschaft im internationalen Prozessrecht, in Festschrift für *Lewald*, Basel 1953, S. 471-484

Frank, Rainer, Öffentlich-rechtliche Ansprüche fremder Staaten vor inländischen Gerichten, RabelsZ 34 (1970) S. 56-75

Fuchs, Angelika, Kulturgüterschutz im Kulturgutsicherungsgesetz, IPRax 2000, S. 281–286

Gaarder, Karsten, Internasjonal Privat- og prosessrett, in Lassen, Knophs oversikt over Norges Rett, § 136, S. 1228-1237, 10. Aufl. Oslo 1993

Geimer, Reinhold, Internationales Zivilprozeßrecht, 3. Aufl. Köln 1997

Gomard, Bernhard/*Møller*, Jens/*Nilas*, Claes, Kommenteret retsplejelov, Band 1, 4. Aufl. København 1989

Grabitz, Eberhard (Hrsg.), Kommentar zur Europäischen Union, Loseblattsammlung, München 1999 (zit.: Bearbeiter in: Garbitz)

Greve, Vagn/*Larsen*, Bent Unmark/*Lindegaard*, Per, Kommenteret Straffelov, Almindelig del, 5. Aufl. Kopenhagen 1993

Groeben, Hans von der /*Thiesing*, Jochen/*Ehlermann*, Claus-Dieter, Kommentar zum EWG-Vertrag, Loseblatt, 4. Aufl. Baden-Baden 1998

Gropp, Rose-Marie, Die Ware Kunst, FAZ vom 17.09.1994, S. 1

Grönfors, Kurt, Några synpunkter på tvingande rättsregeler i civilrätten, in Festschrift für Håkan Nial, Stockholm 1966, S. 205-225

Grundtvig, Annemette, Minister vil følge kultur-lov nøje, Politiken vom 05.07.1991, S. 2

Gulmann, Claus/*von Eyben*, W. E./*Nørgaard*, Jørgen, (Hrsg.) Karnovs lovsamling, 13. Aufl., Band 1, S. 1-1438 København 1993, Band 3 København 1994, Band 7 København 1995 (jeweils zit.: Karnov(DK))

Hagstrøm, Viggo, Kunst- og Antikvitetsauksjoner i rettslig belysning, TfR 1986, S. 461-499

Hanisch, Hans, Internationalprivatrechtliche Fragen im Kunsthandel, in: Festschrift für Wolfram Müller-Freienfels, Baden-Baden 1986, S. 193-224

Hauschka, Christoph E., Zur privatrechtlichen Wirkung des Verbots nichttariffähiger Handelshemmnisse in der EG, DB 1990, S. 873-876

van Hecke, G., Nochmals: Der ausländische Staat als Kläger, IPrax 1992, S. 205-206

Hefermehl, Wolfgang, in: Soergel, Hans Theodor, Bürgerliches Gesetzbuch, 12. Aufl. Stuttgart, Berlin, Köln, Band 1 1988

Heinrichs, Helmut, in: Palandt, Bürgerliches Gesetzbuch, 59. Aufl. München 2000

Heldrich, Andreas, in: Palandt, Bürgerliches Gesetzbuch, 59. Aufl. München 2000

Hentzen, Matthias K., Zur Anwendung fremden Eingriffsrechts seit der IPR-Reform, RIW 1988, S. 508-511

Hesse, Konrad, Grundzüge des Verfassungsrechts der Bundesrepublik Deutschland, 19. Aufl. Heidelberg 1993 (zit.: Hesse, Verfassungsrecht)

Hjerner, Lars A., Främmande Valutalag och internationell Privaträtt, Stockholm 1956-1957

- Anm. av S. *Dennemark*, Om svensk domstols behörighet, SvJT 1963, S. 191-203 (zit. Hjerner, SvJT)

Hönes, Ernst Rainer, Das Gesetz zum Schutz deutschen Kulturgutes gegen Abwanderung vom 6. August 1955, BayVBl 1989, S. 38-42

v. Hoffmann, Bernd, in: Soergel, Hans Theodor, Bürgerliches Gesetzbuch, 12. Aufl. Stuttgart, Berlin, Köln, Band 10 1996

- Einführung in das internationale Privatrecht, begründet von *Firsching*, Karl, fortgeführt von Hoffmann, Bernd von, 6. Aufl. München 2000 (zit.: Firsching)

Hohloch, Gerhard, in: *Erman*, Walter, Kommentar zum BGB, neu herausgegeben von *Westermann*, Harm Peter, Band 2, 10. Aufl. Münster 2000

Hov, Jo, Avtalerett, 3. Aufl. Oslo 1993

Huber, Ulrich, Der Uncitral-Entwurf eines Übereinkommens über internationale Waren-Kaufverträge, RabelsZ 43 (1979), S. 413-526

- in: Soergel, Hans Theodor, Bürgerliches Gesetzbuch, 12. Aufl. Stuttgart, Berlin, Köln, Band 3 1991

Hærem, Axel, Tingsretten, in: *Lassen*, Knophs oversigt over Norges Rett, 8. Aufl. Oslo 1988

Iuul, Stig (Hrsg.), Danske lov, København 1949

Jaeger, Andrea, Internationaler Kulturgüterschutz, Diss. Köln 1993

Jänterå-Jareborg, Maarit, Internationellt tvingande civilrättsregler, SvJT 1995, S. 374-384

Jayme, Erik, Ausländische Rechtsregeln und Tatbestand inländischer Sachnormen - Betrachtungen zu Ehrenzweigs Datum-Theorie, in: Gedächtnisschrift für Albert A. Ehrenzweig, Heidelberg 1976, S. 35-46

- Kunstwerk und Nation: Zuordnungsprobleme im internationalen Kulturgüterschutz (Sitzungsberichte der Heidelberger Akademie der Wissenschaften, Philosophisch-historische Klasse, Jg. 1991/3), Heidelberg 1991 (zit.: Kunstwerk)

- Nationales Kunstwerk und internationales Privatrecht, Heidelberg 1999,(zit.: IPR)

Jayme, Erik/*Kohler*, Christian, Das Internationale Privat- und Verfahrensrecht der EG nach Maastricht, IPRax 1992, S. 346-356

- Das Internationale Privat- und Verfahrensrecht der EG 1993 - Spannung zwischen Staatsverträgen und Richtlinien, IPRax 1993, S. 357-371 (zit.: IPR EG)

- Europäisches Kollisionsrecht 1994, Quellenpluralismus und offene Kontraste, IPRax 1994, S. 405-415

Jescheck, Hans-Heinrich, Lehrbuch des Strafrechts, Allgemeiner Teil, 4. Aufl. Berlin 1988

Justitiedepartementet (Hrsg.), Förvärv i god tro, SOU 1984:16, Stockholm 1984 (zit.: SOU 1984:16)

Justitsministeriet (Hrsg.), Betænkning om fællesnordiske regler om erhvervelse af løsøre i god tro, Betænkning Nr. 370, København 1964 (zit.: Bet. 370/1964)

Karlgren, Hjalmar, Ett gammalt tvisteämne: nullitet och angriplighet, Stockholm 1951

- Svensk rättspraxis, internationell privat-, straff- och processrätt, 1961-1965, SvJT 1967, S. 511-528

Karnovs lovsamling (DK), Hrsg. *Gulmann*, Claus/*von Eyben*, W. E./*Nørgaard*, Jørgen, Band 1, S. 1-1438, 13. Aufl. København 1993

- Band 3, 13. Aufl. København 1994

Band 7, S. 8051-9394, 13. Aufl. København 1995 (jeweils zit.: Karnov(DK))

Karnov, Norsk Kommenteret Lovsamling, Hrsg. *Lødrup*, Peter/*Kaasen*, Knut/*Tjornsland*, Steinar, Oslo 1994 (zit.: Karnov(N))

Karnov, Svensk lagsamling med kommentar, Hrsg. *Blom*, Brigitte/*Eriksson*, Anders/*Romberg*, Jan/*Sjöberg*, Magnus, 3. Band, Stockholm 1996 (zit.:Karnov(S))

Kegel, Gerhard/*Schurig*, Klaus, Internationales Privatrecht, 8. Aufl. München 2000

- in: Soergel, Hans Theodor, Bürgerliches Gesetzbuch, Band 8, 11. Aufl. Stuttgart, Berlin, Köln 1983

Kegel, Gerhard/*Seidl-Hohenveldern*, Ignaz, Zum Territorialitätsprinzip im internationalen öffentlichen Recht, in Konflikt und Ordnung, Festschrift für Murad Ferid, München 1978, S. 233-277

Kleinschmidt, Peter M., Zur Anwendbarkeit zwingenden Rechts im internationalen Vertragsrecht unter besonderer Berücksichtigung von Absatzmittlungsverträgen, Diss. München 1985

Knott, Hermann, Der Anspruch auf Herausgabe gestohlenen und illegal exportierten Kulturguts, Diss. Baden-Baden 1990

Knudsen, Øystein, Konsesjons- og forkjøpsrett, Oslo 1980

Kreuzer, Karl, Ausländisches Wirtschaftsrecht vor deutschen Gerichten: Zum Einfluß fremdstaatlicher Eingriffsnormen auf private Rechtsgeschäfte, Heidelberg 1986

- in: Münchener Kommentar zum Bürgerlichen Gesetzbuch, Band 10, 3. Aufl. München 1998

- Erklärung eines generellen Vorbehalts zu Art. 7 Abs. 1 des Übereinkommens vom 19.6.1980 über das auf vertragliche Schuldverhältnisse anwendbare Recht, IPRax 1984, S. 293-295

Kromer, Michael, Sachenrecht des Öffentlichen Rechts, Diss. Berlin 1985

Kropholler, Jan, Internationales Privatrecht, 3. Aufl. Tübingen 1997

- Festgabe für Zweigert, RabelsZ 1981, S. 481 ff.

Krüger, Kai, Norsk Kontraktsrett, Bergen 1989

Kulturministeriet (Hrsg.), Kulturværdier, Betænkning Nr. 1040, København 1985 (zit.: Bet. 1040/1985)

Kulturværdiudvalget (Hrsg.), Kulturværdiudvalget beretning 1988-1996, København 1988-1996, (jeweils zit.: Beretning Jahr)

Lackner, Karl, StGB, 23. Aufl. München 1999

Lando, Ole, Kontraktstatuttet, 3. Aufl. København 1981

- Anmerkning av *Bogdan*, Svensk internationellt privat- och processrätt, TfR 1993, S. 565-568

Larenz, Karl, Lehrbuch des Schuldrechts, Band 1, Allgemeiner Teil, 14. Aufl. München 1987

- Lehrbuch des Schuldrechts, Band 2, Besonderer Teil, Halbband 1, 13. Aufl. München 1986

Larenz, Karl /*Wolf*, Manfred, Allgemeiner Teil des deutschen Bürgerlichen Rechts, 8. Aufl. München 1997

Lassen, Birger Stuevold (Hrsg.), Knophs oversikt over Norges rett, 10. Aufl. Oslo 1993

Leisner, Walter, Eigentum, Berlin 1996 (Das Eigentum Privater-Vertragsfreiheit und Sozialbindung, S. 181-190)

Lilleholt, Kåre, Tingsretten, in: *Lassen*, Knophs oversikt over Norges rett, 10. Aufl. Oslo 1993

- Godtruerverv og kreditorvern, 3. Aufl. Oslo 1999

Lindacher, Walter F., in: Münchener Kommentar zur ZPO, Band 1, München 1992

Lovenberg, Felicitas von, Kunst ohne Grenzen, FAZ Nr. 914/1998, S. 39

Lüderitz, Alexander, in: Soergel, Hans Theodor, Bürgerliches Gesetzbuch, 12. Aufl. Stuttgart, Berlin, Köln, Band 3 1991, Band 10 1996

Lødrup, Peter/*Kaasen*, Knut/*Tjornsland*, Steinar (Hrsg.), *Karnov*, Norsk Kommenteret Lovsamling, Oslo 1994 (zit.: Karnov(N))

Maier-Maly, Theo, in: Münchener Kommentar zum Bürgerlichen Gesetzbuch, Band 1, 3. Aufl. München 1993

- in: Staudinger, Kommentar zum Bürgerlichen Gesetzbuch mit Einführungsgesetz und Nebengesetzen, §§ 1018-1296 BGB, 12. Aufl. Berlin 1981

Malmström, Åke/*Agell*, Andersen, Civilrätt, 13. Aufl. Malmö 1990

Mann, Frederick A., Öffentlich-rechtliche Ansprüche im internationalen Rechtsverkehr, RabelsZ 21 (1956) S. 1-20 (zit.: Öffentlich-rechtliche Ansprüche)

- Eingriffsgesetze und Internationales Privatrecht, in: Rechtswissenschaft und Gesetzgebung, Festschrift für Eduard Wahl zum 70. Geburtstag, Heidelberg 1973, S. 139-160 (zit.: Eingriffsgesetze)

Mannsen, Gerrit, Der Hamburger Stadtsiegelfall, JuS 1992, S. 745-748.

Mansel, Heinz-Peter, DeWeerth v. Baldinger - Kollisonsrechtliches zum Erwerb gestohlener Kunstwerke, IPRax, 1988, S. 268-271

Martiny, Dieter, in: Münchener Kommentar zum Bürgerlichen Gesetzbuch, Band 10, 3. Aufl. München 1998

Matthies, Heinrich, in: *Grabitz*, Eberhard (Hrsg.), Kommentar zur Europäischen Union, Loseblattsammlung, München 1999

Maunz, Theodor/*Dürig*, Günther, Grundgesetz, Kommentar, Loseblattsammlung, München Stand 1998

Maurer, Christoph H.M., Die Ausfuhr von Kulturgütern in der Europäischen Union, Diss. Frankfurt a.M. 1997 (zitiert: Kulturgüter)

Maurer, Hartmut, Allgemeines Verwaltungsrecht, 11. Aufl. München 1997 (zit.: Allg. VerwR)

Medicus, Dieter, Das deutsche Bundesrecht, Loseblattsammlung

Merryman, John Henry, Thinking about the Elgin Marbles, Michigan Law Review 83 (1985), S. 1881-1923

Monrad, Kasper (Hrsg.), The golden age of Danish painting, New York 1993

Mühl, Otto, in: Soergel, Hans Theodor, Bürgerliches Gesetzbuch, 12. Aufl. Stuttgart, Berlin, Köln, Band 6 1990

Müller-Graf, Peter-Christian, in: *Groeben*, Hans von der /*Thiesing*, Jochen/*Ehlermann*, Claus-Dieter, Kommentar zum EWG-Vertrag, Loseblatt, 4. Aufl. Baden-Baden 1998

Müller-Katzenburg, Astrid, Internationale Standards im Kulturgüterverkehr und ihre Bedeutung für das Sach- und Kollisionsrecht, Diss. Berlin 1996

Münchener Kommentar zum Bürgerlichen Gesetzbuch, 3. Aufl. München ab 1993, (jeweils zit.: MünchKomm-Bearbeiter)

Münchener Kommentar zur ZPO, Band 1, München 1992, (zit.: MünchKommZPO-Bearbeiter)

Mußgnug, Reinhard, Museums- und Archivgut als "res extra commercium"?, in Reichelt (Hrsg.), Internationaler Kulturgüterschutz/Wiener Symposium 18./19. Oktober 1990, Wien 1992, S. 141-147

Mußgnug, Reinhard/*Roellecke*, Gerd (Hrsg.), Aktuelle Fragen des Kulturgüterschutzes, Beiträge zur Reform des deutschen Kulturgüterschutzgesetzes 1955 und seiner Angleichung an den europäischen Kulturgüterschutz, Heidelberg 1998

Nagel, Heinrich/*Gottwald*, Peter, Internationales Zivilprozeßrecht, 4. Aufl. Münster 1997

Nial, Håkan, Förvarv i strid mot legala förbud, TfR 1936, S. 1-77

Niederländer, Herbert, Materielles Recht und Verfahrensrecht im IPR, RabelsZ 20 (1955), S. 1-51

Nipperdey, Carl (Hrsg.), Die Grundrechte und Grundpflichten der Reichsverfassung, Kommentar, Dritter Band, Berlin 1930

v. *Overbeck*, Alfred E., Das neue schweizerische Bundesgesetz über das internationale Privatrecht, IPRax 1988 S. 329-334.

Palandt, Bürgerliches Gesetzbuch, 59. Aufl. München 2000 (zit.: Bearbeiter in: Palandt)

Pappermann, Ernst/*Andriske*, Wolfgang/*Löhr*, Rolf-Peter, Recht der öffentlichen Sachen, München 1987

Pfeiffer, Thomas, Internationale Zuständigkeit und prozessuale Gerechtigkeit, Frankfurt a.M. 1995

- Die Entwicklung des Internationalen Vertrags-, Schuld- und Sachenrechts in den Jahren 1995/1996, NJW 1997, S. 1207-1216

Pieroth, Bodo/*Kampmann*, Bernd, Außenhandelsbeschränkungen für Kunstgegenstände, NJW 1990, S. 1385-1390

Philip, Allan, Lovvalget i Kontraktforhold, København 1982 (zit.: Lovvalget)

Dansk International Privat- og Procesret, 3. Aufl. København 1976 (zit.: IPR)

v. *Preuschen*, Kulturgutsicherungsgesetz und EG-Recht, EuZW 1999, S. 40-42

Putzo, Hans, in: Palandt, Bürgerliches Gesetzbuch, 59. Aufl. München 2000

Pålsson, Lennart, Utkast till EG-Konvention om tillämpling lag på kontrakts-rättslige förpliktelser, NTfIR 1980, S. 152-171

- in: *Karnov*, Svensk lagsamling med kommentar, Hrsg. Blom, Brigitte/Eriksson, Anders/Romberg, Jan/Sjöberg, Magnus, 1. Band, 4. Aufl. Stockholm 1999

Radtke, Rolf C., Schuldstatut und Eingriffsrecht, ZglRWiss 84 (1985), S. 325-357

Ramberg, Jan, Allmän avtalsrätt, Del 1, 4. Aufl. Stockholm 1996

Reichelt, Gerte (Hrsg.) Internationaler Kulturgüterschutz, Wiener Symposium 18./19. Oktober 1990, Wien 1992

- Kulturgüterschutz und internationales Verfahrensrecht, IPRax 1989, S. 254-255

- Die Rolle von UNIDROIT für den Internationalen Kulturgüterschutz, Neue methodische Ansätze im UNIDROIT-Entwurf 1990 über gestohlene und unerlaubt ausgeführte Kulturgüter, in: Europa im Aufbruch, Festschrift für Fritz *Schwind*, Wien 1993

Roelleke, Gerd, Warum schützen wir Kulturgüter? In: *Mußgnug/Roelleke* (Hrsg.), Aktuelle Fragen des Kulturgüterschutzes, S. 31 -50, Heidelberg 1998.

Roth, Wulf-Henning, Angleichung des IPR durch sekundäres Gemeinschafts-recht, IPrax 1994, S. 165-174.

Rothe, Gerhard, in: Das bürgerliche Gesetzbuch mit besonderer Berücksichtigung der Rechtsprechung des Reichsgerichts und des BGH (RGRK),

12. Aufl. Berlin, New York 1996, Band III, 2. Teil (zit.: Rohte in: RGRK)

Sack, Rolf, in: Staudinger, Kommentar zum Bürgerlichen Gesetzbuch mit Einführungsgesetz und Nebengesetzen, §§ 134-163 BGB, 13. Aufl. Berlin 1996

Schack, Haimo, Internationales Zivilverfahrensrecht, ein Studienbuch, 2. Aufl. München 1996

Schlechtriem, Peter (Hrsg.), Einheitliches Kaufrecht und nationales Obligationenrecht, Baden-Baden 1987

- Kommentar zum Einheitlichen UN-Kaufrecht, 3. Aufl. München 2000

Schmeinck, Sabine, Internationalprivatrechtliche Aspekte des Kulturgüterschutzes, Diss., Berlin 1994

Schmidt, Arthur B., Denkmalschutz, in: *Nipperdey* (Hrsg.), Die Grundrecht und Grundpflichten der Reichsverfassung, Kommentar, Dritter Band, Berlin 1930, S. 99-124

Schmidt, Karsten, Handelsrecht, 4. Aufl. Köln 1994

Schmidt, Ludwig (Hrsg.), Kommentar zum EStG, 19. Aufl. München 2000

Schönke, Adolf/*Schröder*, Horst, Strafgesetzbuch, 25. Aufl. München 1997, fortgeführt von Lenckner, Cramer, Eser und Stree (zit.: Sch-Sch-Bearbeiter)

Schütze, Rolf A., Deutsches internationales Zivilprozeßrecht, Berlin, New York 1985

Schurig, Klaus, Das Vorkaufsrecht im Privatrecht, Geschichte, Dogmatik und ausgewählte Rechtsfragen, Berlin 1975 (zit.: Vorkaufsrecht)

- Zwingendes Recht, "Eingriffsnormen" und neues IPR, RabelsZ 54 (1990), S. 217-250.

Schwarze, Jürgen, Der Schutz nationalen Kulturguts im europäischen Binnenmarkt, JZ 1994, S. 111-117

Schwerdtfeger, Günther, Die dogmatische Struktur der Eigentumsgarantie, Berlin 1983

Seidl-Hohenveldern, Ignaz, Ausfuhr und Rückführung von Kunstwerken, in: Im Dienst der Gesellschaft, Festschrift für Dietrich Schindler, Basel, Frankfurt a.M. 1989, S. 137-145

Siehr, Kurt, Ehrenzweigs Lex-Fori-Theorie und ihre Bedeutung für das amerikanische und deutsche Kollisionsrecht, RabelsZ 34 (1970), S. 585-635 (zit.: Lex-Fori-Theorie)

- Der gutgläubige Erwerb beweglicher Sachen, ZVglRWiss 80 (1981), S. 273-292 (zit.: Gutgläubiger Erwerb)

- Handel mit Kulturgütern in der EWG, NJW 1993, S. 2207-2209

- International Art Trade and the Law, Collected Courses of the ague Academy of International Law, Recueil des Cours 243 (1993), S. 9-292 (zit.: International Art Trade)

- Anm. zu Schmeinck, Internationalprivatrechtliche Aspekte des Kulturgüterschutzes, NJW 1995, S. 853 (zit.: Anmerkungen)

- Kulturgüter als res extra commercium im internationalen Rechtsverkehr, in: Festschrift für Reinhold Trinkner zum 65 Geburtstag, Heidelberg 1995, S. 703-724

- Nationaler und Internationaler Kulturgüterschutz, Eingriffsnormen und der internationale Kunsthandel, in Festschrift für Werner Lorenz zum siebzigsten Geburtstag, Tübingen 1991, S. 525-542 (zit.: Siehr, Eingriffsnormen)

- Vereinheitlichung von Mobiliarsachenrecht in Europa, insbesondere im Hinblick auf Kulturgüter, RabelsZ 59 (1995), S. 454-468

- Wer schläft, der sündigt, FAZ vom 27.02.1991, S. 35

Siesby, Erik, Lærebog i international privatret, 2. Aufl. København 1989

Simitis, Konstantin, Das besitzlose Pfandrecht, AcP 171 (1971), S. 94-154

Skoby, in: Karnovs lovsamling (DK), Hrsg. *Gulmann*, Claus/*von Eyben*, W. E./*Nørgaard*, Jørgen, Band 3, 13. Aufl. København 1994; Band 7, 13. Aufl. København 1995

Soergel, Hans Theodor, Bürgerliches Gesetzbuch, 12. Aufl. Stuttgart, Berlin, Köln, Band 1 1988, Band 3 1991, Band 6 1990, Band 10 1996, (zit.: Soergel-Bearbeiter)

Sonnenberger, Hans-Jürgen, in: Münchener Kommentar zum Bürgerlichen Gesetzbuch, Band 10, 3. Aufl. München 1998

Staudinger, Kommentar zum Bürgerlichen Gesetzbuch mit Einführungsgesetz und Nebengesetzen, jeweils zitiert bei Bearbeiter, 13. Aufl., teilsweise 12. Aufl.

Stein-Jonas, Kommentar zur ZPO, Band 1, 21. Aufl. Tübingen 1993 (zit.: Stein-Jonas-Bearbeiter)

Stich, Rudolf/*Burhenne*, Wolfgang E., Denkmalrecht der Länder und des Bundes, Bielefeld 1983, Ergänzbare Sammlung mit Erläuterungen, Rechts- und Verwaltungsvorschriften, amtlichen Informationen, Rechtsprechung und Literatur, Stand 1990

Stoll, Hans, Probleme des Statutenwechsels nach Erwerb eines Lösungsrechts an einer gestohlenen Sache, IPrax 1987, S. 357-360 (zit.: Statutenwechsel)

- Sachenrechtliche Fragen des Kulturgüterschutzes in Fällen mit Auslandsberührung, in Dolzer/Jayme/Mußnung (Hrsg.), Rechtsfragen des internationalen Kulturgüterschutzes, Heidelberg 1994, S. 53-66 (zit.: Sachenrechtliche Fragen)

- in: Staudinger, Kommentar zum Bürgerlichen Gesetzbuch mit Einführungsgesetz und Nebengesetzen, Internationales Sachenrecht, 13. Aufl. Berlin 1996

Stürner, Rolf, in: Soergel, Hans Theodor, Bürgerliches Gesetzbuch, 12. Aufl. Stuttgart, Berlin, Köln Band 6 1990

Sturm, Fritz und Gudrun, in: Staudinger, Kommentar zum Bürgerlichen Gesetzbuch mit Einführungsgesetz und Nebengesetzen, Einleitung zum IPR, 13. Aufl. Berlin 1996

Thomas, Heinz, in: Palandt, Bürgerliches Gesetzbuch, 59. Aufl. München 2000

Thomas, Heinz/*Putzo*, Hans, Zivilprozeßordnung, 22. Aufl. München 1999

Thormann, Martin, Nochmals: Das Hamburger Stadtsiegel, NWVBl 1992, S. 354-357.

Tröndle, Herbert/*Fischer*, Thomas, Strafgesetzbuch und Nebengesetze, 49. Aufl. München 1999

\- in: Leipziger Kommentar, Hrsg.: Jescheck, Hans-Heinrich; Ruß, Wolfgang; Willems, Günther, Band 1, Berlin, New York 1981

Uhl, Antje-Katrin, Der Handel mit Kunstwerken im europäischen Binnenmarkt, Freier Warenverkehr versus nationaler Kulturgüterschutz, Diss. Berlin 1993

Ussing, Henry, Aftaler paa formuerettens omraade, 2. Aufl. København 1945

Ussing, Henry/Vinding Kruse, Anders, Aftaler på formuerettens område, 3. Aufl. København 1962

Venturini, Gian, Property, in International Encyclopedia of Comparative Law, Vol III, Chapter 21, Tübingen, The Hague, Paris 1976

Vischer, Frank, Der ausländische Staat als Kläger, IPRax 1991, S. 209-215

Vogel, Karl-Heinz, Die Rechtstellung des Dritteigentümers im Falle ungerechtfertigter Einziehung, GA 1958, S. 33-45

Volken, Paul, Das Wiener Übereinkommen über den internationalen Warenkauf, Anwendungsvoraussetzungen und Anwendungsbereich in: Schlechtriem, Peter (Hrsg.), Einheitliches Kaufrecht und nationales Obligationenrecht, S. 81-96, Baden-Baden 1987

Weber, Günter/*Römer*, Wilhelm, Wahrung der Eigentümerrechte bei fehlerhafter Einziehung, NJW 1964, S. 1357-1359

Wengler, Wilhelm, Die Anknüpfung zwingenden Schuldrechts im internationalen Privatrecht, ZVglRWiss 54 (1941), S. 168-212

Wendt, Peter, Dingliche Rechte an Luftfahrzeugen, MDR 1963, S. 448-452

Westermann, Harm Peter (Hrsg.), Kommentar zum BGB, Band 2, 10. Aufl. Münster 2000

- in: Münchener Kommentar zum Bürgerlichen Gesetzbuch, Band 6 (Sachenrecht) 3. Aufl. München 1997

- in: Münchener Kommentar zum Bürgerlichen Gesetzbuch, Band 3 (Schuldrecht) 3. Aufl. München 1995

- Sachenrecht, Band II, Immobiliarsachenrecht, 9. Aufl. Heidelberg 1994

Wiegand, Wolfgang, in: Staudinger, Kommentar zum Bürgerlichen Gesetzbuch mit Einführungsgesetz und Nebengesetzen, §§ 1018-1296 BGB, 12. Aufl. Berlin 1981

Wilhelm, Jan, Sachenrecht, Berlin, New York 1993

Wolf, Manfred, Sachenrecht, 16. Aufl. München 2000

Wolff, Hans/*Bachof*, Otto, Verwaltungsrecht I, 9. Aufl. München 1974

Wolff, Martin/*Raiser*, Ludwig, Sachenrecht, 10. Aufl. Tübingen 1957

Woschnagg, Karl, Das neue schwedische Kaufrecht, RIW 1992, S. 117-121

Zöller, Richard, Zivilprozeßordnung, 21. Aufl. Köln 1999

Zweigert, Konrad, Nichterfüllung aufgrund ausländischer Leistungsverbote, RabelsZ 14 (1942), S. 283-307

Zweigert, Konrad/*Kötz*, Hein, Einführung in die Rechtsvergleichung auf dem Gebiet des Privatrechts, 3. Aufl. Tübingen 1996

FSC
www.fsc.org
MIX
Papier | Fördert
gute Waldnutzung
FSC® C083411

Kolibri 360 GmbH
Ferdinand-Jühlke-Straße 7
99095 Erfurt, Deutschland
produktsicherheit@kolibri360.de

Druck:
CPI Druckdienstleistungen GmbH
im Auftrag der
Kolibri 360 GmbH
Ferdinand-Jühlke-Str. 7
99095 Erfurt